Pages 1 — 244.

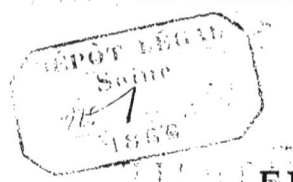

ENCYCLOPÉDIE
THÉATRALE
ILLUSTRÉE

CONTENANT PAR ORDRE ALPHABÉTIQUE

1º L'ANALYSE de tous les ouvrages dramatiques : Mystères, Moralités, Farces, Sotties, Tragédies, Opéras, Drames, Comédies, Opéras-Comiques, Vaudevilles, Opérettes, Ballets, Parodies, etc., représentés tant sur les théâtres de Paris que sur ceux de la Province, depuis l'origine du théâtre jusqu'à nos jours.

2º L'ANALYSE de toutes les Pièces connues du théâtre de l'antiquité, ainsi que de toutes celles des théâtres étrangers (modernes), traduites en français, non représentées sur nos théâtres, avec la liste de toutes les traductions, nom des auteurs, date de l'impression, etc.

3º LE CATALOGUE de toutes les Pièces françaises qui n'ont jamais été représentées, avec le nom des auteurs, la date de l'impression, etc.

4º LA BIOGRAPHIE UNIVERSELLE de tous les Auteurs dramatiques, Compositeurs de Musique et Écrivains qui se sont occupés spécialement du théâtre ; avec les Portraits des principaux, dessinés et gravés d'après les collections authentiques, par nos meilleurs artistes.

5º LA BIOGRAPHIE des Acteurs, Actrices, Chanteurs, Cantatrices, Danseurs, Danseuses, de tous les pays et de tous les temps, avec Portraits authentiques, dans le costume de leurs meilleures créations, dessinés et gravés par nos premiers artistes.

6º LES PORTRAITS authentiques de tous les Personnages historiques dont les aventures ont été le sujet de Pièces de théâtre, avec des Notices propres à guider les Artistes dramatiques dans la représentation de ces personnages.

7º DES ARTICLES TECHNOLOGIQUES, les règles et observations des grands maîtres, dont la réunion à part forme un véritable Traité de l'Art dramatique.

8º L'HISTORIQUE DU THÉÂTRE EN GÉNÉRAL, à toutes les époques, chez toutes les nations, et en particulier de tous les Théâtres de Paris, depuis leur fondation jusqu'à nos jours.

9º ET DE NOMBREUSES ANECDOTES sur les Pièces, les Auteurs, les Directeurs, les Acteurs, les Actrices, etc.

PAR UN ANCIEN JOURNALISTE

PARIS
LIBRAIRIE DES AUTEURS & COMPOSITEURS DRAMATIQUES
10, RUE DE LA BOURSE, & RUE DES COLONNES, 9

SÉRIE.   LIVRAISONS

1869

ENCYCLOPÉDIE THÉATRALE

PUBLIÉE A LA LIBRAIRIE DES AUTEURS ET COMPOSITEURS DRAMATIQUES

10, rue de la Bourse, et rue des Colonnes, 9

Le livre dont nous annonçons la publication était demandé depuis longtemps par les amateurs ; mais son opportunité ne fait pas son seul mérite, c'est de plus un ouvrage de bonne foi et un travail consciencieux. Il suffit de l'ouvrir pour voir que sa rédaction est bien le fruit de l'étude, et non l'un de ces recueils de compilations faciles qui surgissent toutes les semaines sous les titres les plus sonores. La maison qui le met en vente s'étant donné au grand jour la mission de défendre la propriété littéraire, toute idée de spéculation de librairie se trouve dès l'avance écartée.

L'auteur a voulu élever à l'histoire et à l'art théâtral un monument digne de tels sujets, et pour le rendre plus utile et plus durable, il l'a écrit en vue de tous : si, par son intérêt, un tel livre provoque à bon droit l'attention de la masse des lecteurs, par ses renseignements et par sa science il s'élève à la hauteur d'un nouveau manuel de bibliographie, indispensable à tous ceux qui tiennent une plume, comme à toutes les personnes qui, sans écrire, ont fait du théâtre un sérieux objet de leur attention.

Dix grandes années de recherches ont été consacrées à cet ouvrage, qui contient l'analyse sérieuse et nourrie de milliers de volumes spéciaux, dont la plupart sont aujourd'hui très-rares et très-recherchés. L'érudition qui veut plaire doit avoir pour compagne des qualités que l'on retrouvera ici : l'ordre, la clarté et l'exactitude. Enfin, l'auteur d'un dictionnaire encyclopédique de ce genre est aussi, dans sa sphère modeste, un historien : les passions du moment, la critique envenimée et de parti pris, lui doivent rester étrangères. L'ENCYCLOPÉDIE THÉATRALE met en pratique les principes de la plus entière impartialité — et de la plus vraie tout ensemble.

On a fait au goût du public quelques sacrifices indispensables, qui contribueront au succès de l'ouvrage. Le texte a recueilli toutes les anecdotes authentiques, intéressantes et curieuses, qui se rapportent aux auteurs, aux pièces et à leurs interprètes, et, en dehors du texte l'illustration vient apporter le puissant secours de son attrait.

On a fait dessiner les portraits de tous les acteurs et actrices, dans le costume exact, de leurs meilleures créations, de manière à faire en gravures de mérite une véritable et complète histoire du costume scénique.

En un mot, cette Encyclopédie ira droit à son but : instruire en distrayant avec concision. On vit aujourd'hui si rapidement qu'il devient impossible de tout apprendre, et cependant il faut tout savoir, ou le paraître. A tous ceux qui ne peuvent approfondir et se perdre en recherches, il ne sera pas indifférent de trouver sous leur main, dans un seul corps, tout, absolument tout ce qui a été noté jusqu'à ce jour d'intéressant sur le théâtre.

Bien que l'ouvrage entier soit complètement achevé, il ne paraîtra d'abord qu'une livraison par semaine ; mais ce nombre sera doublé très-prochainement, et, afin de terminer cette importante publication en deux années, on finira par mettre en vente un fascicule de cinq livraisons par semaine.

Cette combinaison permettra à l'auteur de profiter des critiques judicieuses et des renseignements qu'on voudra bien lui adresser, toutes choses qu'il acceptera avec reconnaissance, dans l'intérêt de l'ouvrage et celui de ses souscripteurs ; car, quelque consciencieux que soit un travail de ce genre, avec la multiplicité des matières et la difficulté des recherches, il a pu être fait quelques omissions dans les pièces non représentées et dont il n'y a pas d'exemplaires à la Bibliothèque impériale.

Quelques exemplaires sur papier supérieur, et dont les gravures sont tirées spécialement pour être coloriées à l'aquarelle, sont réservés pour les souscripteurs, au prix de 1 fr. le fascicule de cinq livraisons, brochées sous couverture imprimée.

Il suffit, pour les recevoir franco, — d'adresser au directeur de la librairie des auteurs et compositeurs dramatiques — rue de la Bourse, n° 10, — autant de fois 1 franc qu'on voudra de fascicules, et l'on jouira encore d'une bonification sérieuse, car, pour 10 fr. en mandat sur la poste, adressés de suite, on recevra 12 fascicules ; pour 20 fr., 25 fascicules, pourvu qu'on ait le soin d'ajouter 15 cent. par fascicule pour les frais de poste (en province).

On reçoit aussi des souscriptions pour l'édition ordinaire, avec la même bonification, c'est-à-dire en adressant de suite 10 fr. on recevra 24 fascicules.
20 fr. 50

Pour la province ajouter 10 c. par fascicule pour frais de poste.

EN COURS DE PUBLICATION

RÉIMPRESSION

TEXTUELLE

ÉDITIONS ORIGINALES

DES PIÈCES DE

MOLIÈRE

En autant de volumes que de pièces, avec des Notes littéraires, historiques, bibliographiques, et des variantes, sur un carton spécial à la fin de chaque volume.

PAR LOUIS LACOUR

LE format adopté est celui des jolis in-12 du XVIIe siècle, non rognés. Le caractère et l'aspect typographique sont reproduits de tous points. La gravure originale est rendue avec fidélité, et son genre d'exécution a reçu l'approbation des connaisseurs.

On a tiré quelques exemplaires sur parchemin et sur papier de Chine, et le reste de l'édition est imprimé sur papier vergé-Hollande, remarquable par sa blancheur, sa force et sa solidité, et rigoureusement choisi parmi le plus beau de la fabrication actuelle.

La couverture est en parchemin de pâte, imitation de l'ancien cartonnage en vélin.

Enfin les soins apportés à la brochure seront particulièrement appréciés des bibliophiles.

Chaque pièce tirée à part, comme à l'origine, forme un tout à elle seule. Aucune tomaison ne rattache un volume au précédent. Cette disposition a l'avantage de ne forcer personne à poursuivre la collection.

La notice placée à la fin du volume est imprimée sur un carton spécial, de manière à pouvoir être mise à part à la reliure.

EN VENTE :

L'AMOVR MEDECIN

1 vol. in-18 raisin spécial. Fac-simile de la gravure originale, fleurons, lettres ornées, vignettes, tirage restreint. — Tous les exemplaires sont numérotés.

Prix, papier vergé-Hollande 10 francs.

Il a été tiré sur grand papier quelques exemplaires de la gravure.

SOUS PRESSE :

LES PRECIEVSES RIDICVLES

Il paraîtra un volume tous les trois mois, à un prix qui variera suivant l'importance des pièces.

LIBRAIRIE GÉNÉRALE
DES
AUTEURS ET COMPOSITEURS
10, RUE DE LA BOURSE, ET RUE DES COLONNES, 9
A PARIS

LIBRAIRIE DRAMATIQUE
COLLECTION DE LA BIBLIOTHÈQUE SPÉCIALE

SOCIÉTÉ DES AUTEURS ET COMPOSITEURS DRAMATIQUES

Agent général : LOUIS JACOUR

TOUS LES OUVRAGES DU RÉPERTOIRE ANCIEN ET MODERNE

Opéras, opéras-comiques, tragédies, comédies, drames, vaudevilles,
opérettes, saynètes, ballets, pantomimes, parodies,
revues, chansonnettes, etc.

LIVRETS ET PARTITIONS

MUSIQUE DRAMATIQUE

Se trouvent à la Librairie dramatique.

GRAND CHOIX DE MISES EN SCÈNE
DE PIÈCES MODERNES

Pour les Théâtres de Paris, de province et de l'étranger
ET LES SCÈNES DES CHÂTEAUX ET DES SALONS

Paris, imp. JOUAUST, rue S.-Honoré, 338.

ENCYCLOPÉDIE THÉATRALE

MADAME ALLAN-DESPRÉAUX.

ENCYCLOPÉDIE
THÉATRALE

ILLUSTRÉE

A. B.

Initiales dont l'auteur des *Amoureux Brandons de Franciarque et de Calisthène* signa cette pièce, qu'il qualifiait d'histoire morale, lorsqu'il la fit imprimer à Paris en 1606 (in-12, avec figures).

Comme elle ne fut représentée que deux ans après, il put conserver l'anonyme pour la plupart des comédiens; les autres ont bien gardé le secret.

Il est probable que, si la pièce eût eu quelque valeur, ou même quelque succès, ce qui, il faut bien l'avouer, n'est pas toujours une conséquence, l'auteur aurait daigné faire passer son nom à la postérité.

ABACO et MOINA, *tragédie en 5 actes, en vers, par M. de T..., représentée sur le Théâtre-Français de Saint-Pétersbourg, en 1790.*

C'est un ouvrage assez bien conçu, écrit d'un style qui ne manque ni d'énergie ni de brillant; mais dont le sujet, emprunté à l'histoire des Incas, n'est ni assez intéressant, ni assez développé au point de vue scènique, pour lui faire mériter une place parmi les tragédies de second ordre.

Il eut cependant un très-grand succès en Russie; mais on ne le connaît en France que par l'impression.

Il se rattache à la représentation de cette pièce une anecdote dont je ne garantis l'exactitude que d'après les *Annales dramatiques*.

M. de T... était fataliste jusqu'à la superstition, et croyait peut-être plus aux proverbes de la sagesse des nations qu'à l'Évangile. Or, la veille de la première représentation de sa tragédie, sortant fort indécis de la répétition générale, il aperçut, au moment de se coucher, une araignée qui se prélassait sur les rideaux de son lit.

Il en ressentit d'abord une vive joie, fort de l'adage : Araignée du soir, espoir.

Pour que l'événement annoncé par la présence du hideux animal fût réellement heureux, il fallait écraser le messager.

C'est une noire ingratitude; mais la sagesse des nations n'est pas scrupuleuse.

M. de T... se met donc en devoir d'approcher de son araignée, et, armé de sa pantoufle, il se prépare à lui faire passer un mauvais quart d'heure; mais son trouble, sa précipitation, donnent l'éveil à son ennemie, qui lui échappe, et il a beau s'appliquer à la chercher ses efforts restent vains. Il finit par se coucher désespéré en s'écriant : « Ah! ma pauvre tragédie ! c'en est fait; elle tombe; il n'y a plus de remède. »

Il passa des heures horribles, maugréant après sa maladresse, et se reprochant amèrement d'avoir eu le bonheur dans sa main et de n'avoir pas su le retenir.

Mais, comme la nuit porte conseil, il trouva un moyen pour empêcher sa pièce de tomber : c'était d'en suspendre la représentation, et il se dirigeait vers le théâtre pour la retirer, quand il rencontra un ami, qui l'en détourna en riant de sa superstition.

La pièce réussit, et l'histoire ajoute que ce succès ne guérit point l'auteur de ses préjugés de bonne femme.

ABADIA (NATALE).

Compositeur de musique religieuse dont on apprécie en Italie quelques messes et un certain nombre de motets; a travaillé aussi pour le théâtre.

Né à Gênes le 11 mars 1792, il fit, sous la direction de Raymondi, ses premières études musicales, qu'il compléta sous le maëstro L. Cerro.

On connaît de lui :

L'Imbroglio ed il Castigamatti, opéra bouffe, et *la Giannina di Pontieu*, ou *la Villanella d'Onore*, opéra dramatique, qui fut représenté avec quelque succès en 1812 sur le théâtre Saint-Augustin de Gênes.

ABAILARD ET ÉLOISE, *pièce dramatique en 5 actes, en vers libres, par M. Guis, imprimée en* 1752.

Cette pièce ne fut jamais représentée, et ne pouvait guère l'être sans scandale; car il n'y avait pas que les vers qui en fussent libres, le sujet et le dialogue ne se gênaient guère.

Chacun connaît les amours d'Héloïse et d'Abailard, et l'horrible catastrophe qui en fut la conséquence. C'est ce que M. Guis met bravement en scène.

Abailard est dans la maison du chanoine Fulbert, et s'est déjà déclaré à son écolière, qui répond à sa flamme.

Malheureusement, la marquise, sœur de Fulbert, n'a pas vu le jeune professeur avec des yeux indifférents, et, après lui avoir fait des avances qui rappellent trop Mme Putiphar, elle lui dit carrément que le respect qu'il a pour elle l'offense, qu'elle est capable d'inspirer de l'amour et qu'elle en veut.

Abailard est assez bon garçon pour lui avouer alors sa liaison avec Héloïse. Grave imprudence, car la marquise, furieuse, n'a rien de plus pressé que d'aller raconter à Fulbert les amours du maître et de l'élève.

L'ambitieux chanoine, qui devait marier sa nièce à un comte, ne voit pas avec plaisir ses projets entravés ; mais il concentre son ressentiment, et médite en silence la plus horrible vengeance qu'un homme puisse tirer d'un homme.

Il feint d'approuver l'union des deux jeunes gens ; mais Héloïse a comme un pressentiment ; elle éprouve une terreur secrète, que la vue de Frontin, le valet d'Abailard, accourant éperdu, n'est pas faite pour calmer.

Frontin crie, se désole, et, cédant aux supplications d'Héloïse, il lui fait un récit dont il aurait bien voulu se dispenser.

Il lui raconte alors qu'il a vu Abailard et Fulbert entrer dans un appartement isolé, où étaient déjà cachés deux hommes robustes, et de mauvaise mine, qui avaient à l'instant fermé toutes les issues.

La présence de ces hommes l'avait intrigué et effrayé, et il avait regardé par le trou de la serrure...

Mais laissons parler l'auteur :

...... La scène alors change de face ;
On accourt, et de force on entraîne Abailard
Dans un réduit obscur, au fond de la terrasse.
Il parle, on l'interrompt ; il supplie, on menace.
Bientôt l'éloignement, la frayeur et la nuit,
M'empêchent d'écouter et de voir ce qui suit.
La porte redoutable enfin à mes yeux s'ouvre.
Sur un triste sopha, quel objet se découvre ?
Abailard...

ÉLOISE.

Il est mort ! Dites-moi par quels coups.

FRONTIN.

Il n'est pas mort pour lui ; mais il est mort pour vous.

ÉLOISE.

Quel est donc ce mystère ? et que voulez-vous dire ?

FRONTIN.

On a détruit en lui l'homme, sans le détruire ;
Enfin, pour vous parler sans fard,
Il est mort sans mourir, il est vivant sans vivre ;
Abailard n'est plus Abailard.
La douleur, les sanglots, m'empêchent de poursuivre.
Nérine, dans ces lieux, n'attendons rien de bon.
Essayons de sortir, au moins tels que nous sommes,
De cette maudite maison,
Où l'on traite si mal les hommes.

L'infamie de Fulbert ne lui réussit point, car Héloïse console Abailard dans une tirade d'une grande philosophie. Mes parents, dit-elle, se sont imaginé que j'étais le jouet de mes passions,

Et que, courant après un vain fantôme,
Mon cœur dans Abailard n'avait cherché qu'un homme.
Ils ont cru me punir en vous sacrifiant ;
Mais leur espérance est trompée ;
Par le plus faible endroit les cruels m'ont frappée ;
Sans m'ôter mon amour, ils m'ôtent mon amant :
Je ne suis point changée, et, lorsque je vous aime,
Dans vous, cher Abailard, je n'aime que vous-même.

On voit que l'élève a profité des leçons du maître. Malgré cela, Abailard veut se séparer d'Héloïse pour aller cacher sa honte dans un cloître ; il conseille à son amante d'en faire autant, et la pièce finit sur leurs adieux.

ABANCOURT (François-Jean Willemain d').

Auteur fort médiocre ; est né à Paris le 22 juillet 1745. Il ne justifia que trop le jugement qu'en porta l'abbé Sabattier dans *les Trois Siècles de la littérature française* (1772).

« Les poésies de ce jeune auteur n'annoncent que la médiocrité, ce qui ne promet pas de grands progrès. Des commencements faibles ne doivent pas toujours tirer à conséquence ; mais, quand le génie poétique manque de vigueur dans la jeunesse, c'est un triste préjugé pour l'avenir. »

Nous n'avons point à nous occuper des fables, contes et nouvelles, tant en prose qu'en vers, qu'il publia dans le *Mercure de France*, l'*Almanach des Muses*, le *Journal des Dames* et autres recueils littéraires de l'époque. D'Abancourt ne doit sa place ici qu'à ses productions théâtrales, qui sont plus connues par leurs titres que par leurs succès.

Ce sont :

Le PHILOSOPHE SOI-DISANT, comédie, 1764.

L'ÉCOLE DES ÉPOUSES, comédie, 1765.

ÉLISE ET CHARNUS, pastorale, 1766.

LE SACRIFICE D'ABRAHAM, tragédie, 1770.

LE BON FILS, ou *la Vertu récompensée*, drame, 1776.

LE MARIAGE ROMPU, proverbe, 1777.

LE NOUVEL ACTÉON, proverbe, 1777.

LE BOURGEOIS DE TOLÈDE, comédie, 1777.

Et des pièces de circonstance :

LA BIENFAISANCE DE VOLTAIRE.

VOLTAIRE A ROMILLY.

Et la CONVALESCENCE DE MOLIÈRE.

Comme on le voit, il s'essaya à peu près dans tous les genres, sans réussir dans aucun, et les proverbes qu'il fit représenter n'obtinrent que le succès facile que l'on trouve toujours sur les théâtres de société.

Il possédait cependant une certaine entente de la scène; mais il n'avait pas le feu sacré, et on ne lui a jamais reconnu ni originalité ni gaieté.

La Mort d'Adam, qu'il a traduite ou imitée de Klopstock, est peut-être ce qu'il a fait de mieux; malheureusement, cette tragédie en 3 actes ne fut jamais représentée.

D'Abancourt mourut à Paris le 10 juin 1803, laissant une magnifique collection de pièces dramatiques, tant imprimées que manuscrites, ce qui lui fit, à défaut de la réputation d'auteur, celle d'un amateur passionné du théâtre, qui ne reculait devant aucun sacrifice pour se procurer une édition rare ou un manuscrit unique.

ENCYCLOPÉDIE THÉATRALE

M. CASTELLANO, rôle de Henri III, dans la *Dame de Montsoreau*.

ABANDON (L'), *ballade dramatique en un acte, en vers, par M. J. Marie Cournier.*

Non représentée, mais imprimée avec d'autres fragments dans *l'Infanticide*, drame (dont elle est une des parties les plus saillantes). Paris, 1849.

ABARIS.

C'est le titre d'un opéra que l'on a trouvé dans les papiers de Rameau, et qui ne fut jamais représenté ni même terminé.

On ignore le nom du librettiste, qui avait rappelé les exploits fabuleux de ce Scythe célèbre auquel Apollon, dont il était prêtre, avait donné une flèche volante qu'il lui suffisait d'enjamber pour traverser les airs plus commodément que Nadar et ses compagnons dans *le Géant*.

Le sujet prêtait beaucoup au féerique, et je m'étonne qu'il n'ait pas été exploité depuis.

A BAS LA CALOTTE! ou les déprêtrisés, *comédie en un acte, en prose, par M. Rousseau, représentée pour la première fois, sur le théâtre des Variétés amusantes* (Lazzari), *le 21 novembre 1793.*

Il devait paraître tout naturel à ceux qui voulaient établir le culte de la déesse Raison que l'on criât sur les théâtres : *A bas la calotte!*

Cette pièce, du genre de celles qui n'inspirent que du dégoût à l'honnête homme et au critique, n'est pas digne d'analyse.

Elle partage ce sort avec la majeure partie de toutes celles qui furent représentées à cette époque de toutes les libertés et de tous les excès.

Je crois inutile d'ajouter que le Rousseau auteur de cette... *comédie* n'a aucun rapport avec Jean-Jacques, Jean Baptiste, ni même avec Rousseau de Toulouse. Pour le distinguer, nous dirons le citoyen Rousseau.

A BAS LA FAMILLE! *à-propos montagnard en un acte, par MM. A.*

Lefranc et Labiche, représenté pour la première fois, sur le théâtre du Gymnase, le 16 décembre 1848.

Il faut consulter la date de la représentation pour bien s'expliquer ce titre.

C'était le moment de l'effervescence républicaine, et le Français, qui chansonne tout, ne pouvait manquer une si belle occasion de satire.

La satire qui fait rire est toujours la meilleure et celle qui peut donner les plus solides résultats.

Les auteurs n'ont peut-être pas eu de vues si hautes, peut-être n'ont-ils voulu qu'amuser. En tous cas, ils ont réussi, secondés en cela par les acteurs Numa, Geoffroy et Ferville.

Geoffroy surtout était superbe en ouvrier socialiste, traitant de *faignants* les camarades qui travaillaient, et exerçant la profession libérale de porteur de toasts... au plus juste prix, fait et fournit tout ce qui concerne son état... et va-t-en ville.

C'était le cas ou jamais.

A BAS LES CRÉANCIERS! *vaudeville en un acte, représenté pour la première fois, sur le théâtre des Funambules, le 22 septembre 1845.*

Si tous ceux à qui ce titre était sympathique avaient été applaudir la pièce, il est probable que les auteurs se seraient nommés.

Mais une profession de foi ne suffit pas, surtout quand c'est un paradoxe ; il faut qu'il soit développé avec esprit et gaieté, et ce n'est pas par là que pèche la pièce en question.

Peut-être dira-t-on : Bah! c'est toujours assez bon pour les Funambules. C'est un tort : ce sont des considérations commerciales comme celle-là qui amènent la décadence de l'art. Il faudrait qu'on fût bien convaincu qu'il n'y a pas de petits théâtres; l'esprit est bon partout, partout la gaieté est consolante, et, pour dire comme M. Joseph Prudhomme : quand on sacrifie aux Muses, il n'y a pas de petits autels.

A BAS LES DIABLES! A BAS LES BÊTES! *vaudeville à tiroirs*

en un acte, de MM. Dutremblay et Chazet, représenté pour la première fois, sur le théâtre des Troubadours, le 27 floréal an VII (16 mai 1799).

Cette pièce eut un certain succès, qu'elle dut à de jolis couplets, à des traits mordants et satiriques et à des types assez réussis. Le style en était relativement agréable et assez soutenu.

Les auteurs avaient entrepris de démonétiser les diables, vampires et autres animaux de création imaginaire qui étaient des éléments de succès pour les drames d'alors.

Mais c'est un travail d'Hercule que de lutter contre le ridicule ou l'horrible dans la littérature dramatique.

A de pareils travaux on gaspille presque toujours son temps, l'expérience l'a prouvé. — Ce n'est pas avec un plumeau qu'on nettoie les écuries d'Augias.

Il est cependant une consolation pour les courageux, c'est que l'esprit n'est jamais perdu... pour tout le monde.

A BAS LES FEMMES! A BAS LES HOMMES! *vaudeville en un acte, de MM. Joanny Augier et Labie, représenté pour la première fois à Paris, sur le théâtre de la Porte-Saint-Antoine, le 18 mars 1838.*

C'est un petit tableau de mœurs, qui, forcé en couleur, pèche quelque peu par le dessin ; ce qui ne l'empêcha pas d'avoir, dans le quartier de la Bastille, un succès assez retentissant pour inspirer à d'autres auteurs l'idée de traiter le même sujet sur une scène d'un ordre un peu plus relevé, ainsi qu'on le verra par la pièce suivante.

A BAS LES HOMMES! *vaudeville en deux actes de MM. Cogniard, Jaime et Deslandes, représenté pour la première fois à Paris, sur le théâtre des Variétés, le 9 mai 1838.*

On devine que ce titre ne peut être que le cri de guerre des femmes qui éprouvent le besoin de porter ostensiblement la culotte.

« Du côté de la barbe est la toute-puissance », dit le proverbe ; mais ces dames ont changé tout cela, dans la pièce de MM. Cogniard et compagnie.

Nous voyons à la tête du complot une demoiselle Berlinguette, qui a sans doute ses raisons pour détester les hommes; puis Doucette, femme d'un ouvrier nommé Tape-Dur, qui se sert de son nom comme d'une profession de foi.

La réaction a fait tant de progrès que Marguerite, femme d'un certain Mouton, qui est doux et candide comme son nom, s'enrôle parmi les révoltées. Elle n'a pourtant pas à se plaindre, car son mari est le modèle des ouvriers et des époux, obéissant à sa femme comme un enfant, et ne se permettant jamais le plus petit *lundi* sans la permission de Marguerite.

Un certain M. Beaublon, jeune homme madré, qui espère faire agréer ses consolations quand les femmes seront brouillées avec leurs maris, souffle le feu de la discorde.

La guerre éclate : Doucette soufflette Tape-Dur; les autres femmes suivent son exemple de près ou de loin, et les voilà toutes, libres enfin, qui se barricadent et font une petite *noce* entre femmes, — un prétexte à chanson, bien entendu. — Finalement les braves maris capitulent et obtiennent un pardon généreux.

Cette malheureuse charge, imitée de tout ce qu'on voudra, peut-être même d'Aristophane, n'a pas pu se sauver par les détails, malgré les efforts des interprètes : Mlle Flore (Berlinguette), Hyacinthe (Beaublon), Serres (Tape-Dur); et Odry, qui faisait Mouton, n'a pas pu empêcher le public de siffler des passages par trop libres, qu'il soulignait encore.

La pièce est tombée à plat.

A BAS LES HOMMES! *vaudeville en un acte, par M. Jouhaud, représenté pour la première fois, sur le théâtre Saint-Marcel, le 1er juillet 1841.*

Cette pièce n'eut que quelques représentations. Ce n'est pas à dire qu'elle n'obtint pas un succès honorable; mais le théâtre Saint-Marcel, bien que de Paris, n'est, par sa situation et par le public, à peu près toujours le même, qui le fréquente, qu'un théâtre de province, sur lequel trois représentations affirment un succès.

Par lui-même, le vaudeville qui nous occupe n'offre aucun intérêt ni littéraire, ni dramatique.

A BAS LES REVUES! *revue en trois actes et vingt deux tableaux, par MM. Ch. Potier et Hugot, représentée pour la première fois, au théâtre Déjazet, le 27 décembre 1861.*

C'est une critique de l'insignifiance des revues faite avec trop de conscience, car les auteurs qui s'écrient : *A bas les revues!* paraissent avoir voulu prêcher d'exemple, ce qui ne devait pas tout à fait convenir au directeur, qui avait fait de grands frais de décors et de costumes et mis à leur disposition un personnel nombreux d'acteurs et de jolies femmes.

Tissier, Raynard et Mlle Boisgontier auraient sauvé la pièce si elle avait eu quelques éléments de succès; mais il y eut des murmures, des sifflets.

En somme, on n'a remarqué là-dedans, à part les louables efforts des acteurs déjà nommés, que trois fort beaux décors, — *l'Exposition de sculpture, le Châlet des Iles* et *le Sabbat des Revues*, — et quelques couplets pour lesquels M. Bernardin avait fait de la musique très-fraîche et très-légère.

Mais les auteurs avaient atteint leur but, quant à leur revue du moins.

A BAS MOLIÈRE! *vaudeville en un acte, par MM. Merle et Desessarts, représenté pour la première fois à Paris, sur le théâtre des Variétés, le 21 août 1809.*

Comme on le pense bien, c'est un éloge déguisé du père de notre comédie.

Les auteurs avaient trouvé une occasion, et, en gens d'esprit qu'ils étaient, ils ne l'ont point laissée passer sans l'arrêter par son unique cheveu.

En ce temps-là, que l'on ne traitait pas encore Racine de polisson, de par la loi du romantisme, il y avait cependant des amateurs, novateurs trop prématurés, qui considéraient le *Misanthrope* et *Tartuffe* comme des comédies ennuyeuses, *le Malade imaginaire, le Médecin malgré lui* et autres chefs-d'œuvre, comme des farces indignes de la majesté de la scène française; si bien qu'à Rouen, dans la patrie de Corneille, des calicots,—ces messieurs ne s'appelaient encore que commis marchands, sifflèrent deux pièces de Molière, au grand scandale des gens de goût qui faisaient alors la majorité du parterre de Rouen, dont la réputation de sévérité s'est si bien établie depuis, que bien des acteurs n'osèrent jamais l'affronter. — Le fait s'étant renouvelé à Paris, *Georges Dandin* et *le Médecin malgré lui* ayant subi les outrages de quelques puristes trop délicats, MM. Merle et Desessarts décrochèrent leur fouet et leur guitare pour punir les coupables tout en amusant les innocents ; ce à quoi ils réussirent parfaitement en faisant leur pièce sur l'épisode même, et la semant d'un dialogue vif et spirituel, l'émaillant peut-être avec un peu de sans-gêne de scènes entières empruntées à Molière.

Leurs types étaient bien un peu chargés ; mais ils n'en étaient que plus comiques. Bosquier se fit remarquer dans le rôle d'un comédien (Lariffardière), qu'il joua avec beaucoup de vivacité et de verve comique, ce qui ne manquait ni à Tiercelin, qui représentait le *Malade imaginaire*, ni à Dubois, qui faisait Géronte, ni à Blondin (le médecin), ni à Cazot, qui excellait dans l'imitation des comédiens *ordinaires*.

La partie féminine était représentée par Mlle Aldegonde, et on aurait pu plus mal choisir. Elle était jeune alors, et sa gentillesse faisait autant d'effet que sa voix et son talent.

En somme, très-grand succès, beaucoup de couplets bissés, parmi lesquels je ne citerai que celui-ci :

> Par son ignorance poussée,
> Chez nous on vit dans tous les temps
> Des sots la cohorte insensée
> S'armer contre les vrais talents.
> Envers Molière leur audace
> De ces tableaux prouve l'effet :
> C'est le rustre brisant la glace
> Qui lui présente son portrait.

ABBATTINI (Antoine-Marie).
Compositeur de musique religieuse très-connu en Italie par des

ENCYCLOPEDIE THÉATRALE

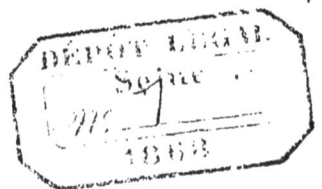

MADAME ALBONI.

productions nombreuses et estimées, et aussi par son peu de stabilité dans les diverses fonctions de maître de chapelle que son talent et sa science musicale lui méritaient. Est né en 1595 à Tiferno, disent la plupart des biographes, et à Castello, suivant l'abbé Baini.

Il était déjà maître de chapelle de Saint-Jean-de-Latran en 1626. Il n'y resta que deux ans, pour venir à l'église du Nom-de-Jésus, d'où il passa à Sainte-Marie-Majeure, puis à Saint-Laurent de Damas, etc.

Nous ne le suivrons pas dans toutes les maîtrises qu'il dirigea avec talent et enrichit de ses compositions. Nous n'avons à nous en occuper ici qu'à cause de l'opéra *del Male in Bene*, qu'il fit jouer vers 1654, à ce que prétend Alacci dans sa *Dramaturgia*.

Abbattini mourut en 1677, laissant des productions excellentes pour son époque, et une réputation qui n'est pas encore oubliée.

ABBAYE AUX BOIS (L'), ou LA FEMME DE CHAMBRE, *histoire contemporaine en trois actes et six tableaux, par MM. Henri Martin et Guilbert de Pixérecourt, représentée pour la première fois à Paris, sur le théâtre de la Gaîté, le 14 février 1832.*

Ce premier ouvrage dramatique de M. Henri Martin est un plaidoyer assez obscur contre le divorce, qu'il était alors question de rétablir.

Si c'est une histoire, comme le disent les auteurs, elle est assez invraisemblable par le fond, mais assurément trop par les détails.

Une orpheline a été recueillie, élevée par les soins de Mme Renaud, qui en mourant n'a pas manqué de la recommander à son fils Émile. Celui-ci, qui ne considère Julie que comme une inférieure, n'hésite pas, en se mariant, à la donner pour femme de chambre à son épouse Adèle.

Ce brave jeune homme ne s'aperçoit pas qu'il froisse doublement la jeune fille et dans l'amour qu'elle a follement conçu pour lui, et dans son amour-propre, qui se révolte à l'idée de servir sa rivale.

Voilà le traître, nécessaire à tous les drames, tout trouvé; il ne s'agit que de lui donner des occasions; il en arrive en foule.

Émile est obligé de s'absenter longtemps pour ses affaires; il écrit à sa femme; mais Julie intercepte les lettres afin de désoler Adèle, qui, se croyant abandonnée, n'accepte cependant que des consolations honnêtes du jeune Armand, son ex-fiancé, et ami d'Émile, qui, venant lui annoncer le retour de celui-ci, profite de l'occasion pour expatrier un amour insensé et sans issue raisonnable en s'embarquant pour New-York.

Tout va donc s'arranger. Ah! permettez : Julie, qui ne veut pas qu'on découvre son indélicatesse, vient demander des conseils à une certaine Mme Dumoulin, autre victime de l'amour d'Émile. (Ce devait être un Adonis cet Émile, toutes les femmes en voulaient.) Celle-ci, qui manque complétement de cœur, n'est pas aussi dépourvue du côté de l'intrigue; elle combine avec Julie un petit plan qui doit démontrer la culpabilité des fréquentes visites d'Armand à Adèle.

Nécessairement, Émile n'est pas plutôt de retour qu'il s'explique avec sa femme, que la soustraction des lettres est découverte, et que Julie est chassée; mais elle ne sort pas sans avoir déclaré à Émile les sentiments qu'elle avait pour lui, puis elle se retire chez Mme Dumoulin, qui à force d'intrigues finit par brouiller le jeune ménage.

Émile demande le divorce pour cause d'adultère, et contraint Adèle à se retirer à l'Abbaye-aux-Bois, en attendant le jugement qui doit les rendre libres l'un et l'autre.

Mais ne voilà-t-il pas maintenant Julie qui se repent; elle vient à l'abbaye demander pardon à Adèle et s'apprête à prouver son innocence. Malheureusement Mme Dumoulin, qui est restée bien avec Adèle, vient lui apprendre qu'Armand a repassé les mers pour la sauver, et qu'il attend une lettre d'elle pour savoir ce qu'il doit faire.

Adèle écrit étourdiment au jeune homme de se trouver au parloir, où doit venir le juge d'instruction, et compromet ainsi elle et le succès des louables efforts du magistrat, qui était parvenu à réveiller l'amour d'Émile et à amener une réconciliation des deux époux. Mais elle sauve la pièce, qui en avait le plus grand besoin : car jusque-là le public ne l'avait écoutée que par égard pour le talent de Mme Dorval et de Mlle Verneuil, qui jouaient les rôles de Julie et d'Adèle, et les mécontents n'avaient pas manqué de prétextes valables pour siffler.

Le dernier acte a tout sauvé. Il a ému les spectateurs par des effets vigoureusement accusés et les a surtout étonnés par le décor et la mise en scène excessivement fidèle de cette Abbaye-aux-Bois, si célèbre par le séjour de Mme Récamier.

Au dernier acte donc, Émile arrive pour faire la paix, et devant le magistrat et un assez grand concours de religieuses, il est tout prêt à renoncer à poursuivre l'action qu'il a intentée contre Adèle, quand paraît le malheureux Armand.

Sa vue fait naître chez Émile une explosion terrible de colère. Il n'écoute plus rien et entraîne celui qui fut autrefois son ami, pour le tuer ou mourir de sa main.

Les deux amis se battent avec un seul pistolet chargé; mais Julie se précipite au milieu d'eux, reçoit la balle en pleine poitrine et meurt en mettant la main d'Émile sur son cœur.

Et voilà! C'est bien suffisant pour un mauvais mélodrame qui ne réussit pas beaucoup. Si M. Henri Martin n'avait jamais fait que cela, il est supposable qu'il n'aurait pas aujourd'hui la réputation qu'il a si bien méritée; mais il aurait eu moins de difficultés à entrer à l'Académie française, et la candidature de M. Cuvillier Fleury n'aurait été que de la Saint-Jean, à côté de celle d'un de nos plus mauvais dramaturges.

ABBAYE DE CASTRO (L'), *mélodrame en cinq actes et sept tableaux, par MM. Dinaux et Gustave Lemoine, représenté pour la première fois à Paris, sur le théâtre de l'Ambigu, le 4 avril 1840.*

C'est une imitation de *Roméo et Juliette*, où les événements multiples, les incidents qui se croisent avec accompagnement de duel, enlèvement, assassinats, empoisonnements et tous les ingrédients nécessaires à la confection d'un bon drame, remplacent avantageusement les interminables récits de la tragédie.

Deux familles sont irréconciliables; leur haine est traditionnelle comme celle des Capulet et des Montaigu, et nécessairement le dernier représentant des Pernetti, brillant cavalier du nom de Jules, adore Hélène, l'espoir des Campiréali.

Je ne détaillerai point les nombreux épisodes qui naissent de cet amour partagé des jeunes gens et de la haine invétérée de leurs parents. Je dirai seulement, pour relever le gros de l'intrigue, que l'amour d'Hélène est protégé par sa mère, qui a beaucoup à combattre la rigueur inflexible du comte Campiréali, et la bouillante ardeur de son fils, lequel veut immoler Jules à sa rage, imitant ses ancêtres à l'égard des Pernetti.

Jules, de son côté, est protégé par un vieux capitaine qui fut l'ami de Don Juan d'Autriche, mais surtout par un personnage mystérieux qui rôde dans toute la pièce, tantôt sous les habits de moine du père Anselme, tantôt sous la pourpre du cardinal Montalte, et qui n'est autre que le fameux *Béquillard*. Reconnu pape, au dernier acte, sous le nom de Sixte-Quint, il profite de cette élection pour arracher Jules aux mains de l'inquisition, qui s'apprêtait à le faire rôtir.

Le mariage des jeunes gens validé par la puissance du saint-père vaut bien des sommations respectueuses, et le comte Campiréali se décide à oublier sa haine.

Ce drame, qui ne brille pas précisément par l'invention; mais qui est habilement charpenté, très-vivement conduit, et écrit plus que suffisamment, eut un très-grand succès.

Les interprètes, MM. Albert, Saint-Ernest, Chilly; Mmes Darcey et Martin, ont bien mérité des auteurs et du public.

ABBAYE DE FERVAQUES (L'), ou les espagnols a saint-quentin, *drame en trois actes, en prose, par M. Halley, représenté pour la première fois, sur le théâtre de Saint-Quentin, le 29 décembre 1845.*

Cette pièce ne présentait qu'un intérêt local... où il entrait encore plus de curiosité que d'amour de l'histoire; aussi l'auteur a-t-il fait sagement de se contenter des applaudissements de ses compatriotes.

C'est une consolation qui en vaut bien une autre, car assez généralement nul n'est prophète en son pays.

ABBAYE DE GRASVILLE (L'), ou le fantome imaginaire, *mélodrame en trois actes, en prose, par MM. Boirie et Clément, représenté pour la première fois, au théâtre du Marais, le 29 pluviôse an XII (19 février 1804).*

Le sujet manque certainement de gaieté; mais, tiré d'un roman qui eut un prodigieux succès, il ne pouvait guère ne pas réussir approprié à la scène.

C'est une vérirable histoire de revenants. Un monsieur, la providence de la pièce, voulant remettre une clef dont la possession est importante aux habitants de l'abbaye de Grasville, et conserver malgré cela le plus strict incognito, emploie, à cet effet, toutes sortes de moyens qui paraissent d'autant plus surnaturels à ses obligés qu'ils ne savent pas que l'abbaye est machinée ni plus ni moins que le théâtre de la Porte-Saint-Martin.

Le public assiste donc à une série d'apparitions fantasmagoriques. Ce sont des soupirs poussés par une poitrine invisible, des mains qui passent au travers des planchers en présentant la clef en question; mais personne n'ose la prendre... Tous ces pauvres diables ont le frisson... Je le crois bien...: moi, qui n'ai fait que lire le roman, j'ai été quinze jours sans dormir. — Il est vrai que je n'avais que douze ans. J'invoque cette circonstance atténuante.

ABBAYE DE PENMARCK (L'), *drame en trois actes, de MM. Tournemine et Toukeray, représenté pour la première fois, sur le théâtre de la Porte-Saint-Antoine, le 2 février 1840.*

Cette pièce eut un certain succès. Je veux bien avouer, en passant, que le public du théâtre de la Porte-Saint-Antoine, aujourd'hui Beaumarchais, n'a jamais passé pour difficile.

L'action, assez obscure, se passe à Douarnenez, village de Bretagne, tout près de l'abbaye de Penmarck, hanté, dit-on, par des loups-garous, la terreur du pays.

La vérité est que cette abbaye, en ruines bien entendu, sert de repaire à une troupe de contrebandiers dont le chef a de terribles comptes à régler avec la justice en général, et avec les douaniers en particulier.

Une prime de mille écus est offerte à qui pénétrera la nuit dans les ruines.

Alice, orpheline, élevée par charité chez Jacques Perkins, le pêcheur, se décide à tenter l'aventure. Ce n'est pas qu'elle soit bien courageuse; mais elle a besoin des trois mille francs pour épouser le fils de Perkins, qu'elle aime. — Elle se met donc en route, pénètre dans l'abbaye, et, au moment où elle va cueillir une branche de saule qui doit prouver son voyage aux douaniers qui l'ont accompagnée et sont cachés aux environs, elle voit paraître deux contrebandiers portant un cadavre. Elle crie pour donner l'éveil; les assassins veulent la tuer pour s'assurer de son silence. Elle se débat, en mord un à la main, et les douaniers qui arrivent en toute hâte la trouvent évanouie à côté d'un cadavre. Elle raconte ce qu'elle a vu, et donne comme pièce de conviction le chapeau d'un des brigrands dont elle a pu s'emparer.

Or, ce chapeau est justement celui de son fiancé. Les soupçons tombent naturellement sur ce jeune homme, qui est innocent comme vous et moi.

Cet événement fait du bruit dans le pays. On ne parle que d'Alice, et un homme vient lui révéler le secret de sa naissance en lui apprenant qu'il est son père.

Voyant la douleur de sa fille, cet homme, qui connaît les vrais criminels, les dénonce et fait mettre le jeune Perkins en liberté.

Un bonheur ne vient jamais seul : Alice va épouser son fiancé, mais comme elle le reçoit de la main de son père, elle reconnaît à celle-ci la morsure qu'elle lui a faite en se débattant.

Son père est tout simplement le chef des contrebandiers si universellement détesté.

Redésespoir de la jeune fille; mais la morale veille. Les vrais assassins veulent venger la trahison de leur chef, et un coup de fusil que reçoit le malheureux père met fin au drame et tranche la difficulté de la position d'Alice.

Comme on le voit, cela ne brille ni par la vraisemblance, ni par la force dramatique; et le style ne rachète rien.

Du reste, j'ai vu applaudir plus mauvais que cela.

ENCYCLOPÉDIE THÉATRALE

MADEMOISELLE ARTOT.

ABBÉ CHEZ LA MÈRE DUCHESNE (L'), *comédie en un acte, en prose, représentée pour la première fois, sur le théâtre des Grands-Danseurs du Roi, le 31 mars 1791.*

L'auteur a eu le bon esprit ou la pudeur de cacher son nom, et il a bien fait, car des pièces du genre de celle-ci sont la, honte d'une époque littéraire.

Si cela peut servir de jalons pour l'histoire des peuples, cela ne sert qu'à embrouiller l'histoire des arts. — Je l'ai déjà dit, je passerai brièvement sur les productions de cette période de fièvre.

ABBÉ COQUET (L'), *vaudeville en un acte, représenté pour la première fois, sur le théâtre des Élèves, le 27 septembre 1805.*

Ce doit être une pièce sans conséquence, car les journaux du temps n'en parlent pas. Ce titre ne figure que dans le programme publié par *le Courrier des Spectacles*, et, comme je ne le trouve pas avant le 27 septembre 1805, tout me porte à croire que cette date est celle de la première représentation.

Nous serons quelquefois obligé de procéder par supposition, car dans la période de *liberté des théâtres*, qui embrasse depuis 1791 jusqu'en 1800, il y eut des quantités de pièces qui ne furent jouées qu'une fois, et dont les auteurs ne jugèrent pas utile de se nommer.

Si l'ont veut bien noter qu'en 1792 il n'y avait pas moins de soixante théâtres à Paris, on se rendra facilement compte de la difficulté qu'il y aurait aujourd'hui à donner l'analyse de toutes les productions qu'ils mirent au jour, — productions, pour la plupart, éphémères, et qui n'ajouteraient rien à l'histoire du théâtre.

ABBÉ DE COURE-DINER (L'), OU QUI S'ATTEND A L'ÉCUELLE D'AUTRUI DINE SOUVENT PAR CŒUR, *proverbe en un acte, de M. Carmontelle, joué en société en 1768.*

M. Carmontelle a mis à contribution presque tous les proverbes de la *Sagesse des Nations* pour en tirer, à l'usage des amateurs qui jouaient la comédie dans les salons, des petites pièces qui n'ont d'autre valeur littéraire qu'une très-grande facilité de style.

Nous en trouverons, à leur ordre alphabétique, une grande quantité dont il n'y a absolument rien à dire d'intéressant, le sujet étant toujours exposé par le sous-titre.

Cette pièce fut cependant représentée publiquement, pour la première fois, sur le théâtre des Grands-Danseurs du Roi, le 11 octobre 1790.

ABBÉ DE L'ÉPÉE (L'), *comédie historique en trois actes, en prose, par M. J.-N. Bouilly, représentée la première fois, au Théâtre-Français, le 14 décembre* 1799.

Le procès célèbre du jeune comte de Solar, sourd-muet de naissance, que son oncle, qui voulait le spolier de sa fortune, avait égaré dans Paris, a fourni le sujet de ce drame intéressant.

Cet enfant, abandonné dans la ville, est recueilli par la police, et remis par elle entre les mains de l'abbé de L'Épée, qui, chacun le sait, avait consacré sa vie à l'éducation des sourds-muets.

Le drame nous fait voir le génie et la patience de ce bienfaiteur de l'humanité à la recherche de la famille de son jeune protégé.

Passant un jour devant le Palais-de-Justice, il voit l'enfant très ému à l'aspect d'un magistrat en robe rouge : il en conclut que son père était magistrat. — La rencontre d'un enterrement, ayant fait naître la même émotion de l'enfant, lui prouve que son père est mort.

Restait à savoir de quelle province il était. On mène le sourd-muet à toutes les portes de Paris ; — il se reconnaît à la barrière d'Enfer, indique l'endroit où la voiture a été visitée. On passe outre. On va jusqu'à Toulouse : l'enfant reconnaît la ville, la rue, et indique même la maison de son père, habitée alors par M. d'Arlemont.

Ici finit l'histoire ; maintenant commence un roman, qui ne s'en écarte qu'autant que c'est utile pour l'intérêt de l'ouvrage.

Adressé à Franval, avocat célèbre, ami de Saint-Alme, fils de d'Arlemont, et fiancé à Clémence, sœur de l'avocat, l'abbé de L'Épée obtient assez de renseignements pour poursuivre l'oncle criminel de son protégé.

D'Arlemont, interrogé, nie tout. On le confronte avec Théodore d'Arancourt (c'est le nom sous lequel on a mis en scène le jeune comte de Solar). Le sourd-muet ne peut supporter sa vue sans un sentiment d'horreur, qu'il oublie bientôt en présence de Saint-Alme, avec qui il a été élevé, et qu'il a même arraché à la mort au prix d'une blessure dont il porte encore la cicatrice.

Après divers incidents très-dramatiques, Saint-Alme obtient de son père un aveu par écrit et la restitution des biens de Théodore.

Ce jeune homme, instruit de tout par l'abbé de L'Épée, avec lequel seul il peut converser, ne veut accepter que la moitié de sa fortune; l'autre moitié servira à doter Clémence, que Saint-Alme épousera.

Cette pièce, que Geoffroy appelle *phénomène dramatique*, parce qu'elle n'est ni comédie, ni tragédie, et que c'est une des premières et une des meilleures de ce genre bâtard, nommé drame, dont on a tant abusé depuis, eut un immense succès. Voici ce qu'en dit l'illustre critique, qui ne partageait pas l'admiration générale, parce que sa foi littéraire était trop fervente et surtout trop exclusive :

« C'est une heureuse idée d'avoir transporté sur la scène une institution tant prônée par les philosophes, et qu'on regarde comme un service important rendu à l'humanité. Quoique tout l'enthousiasme ne soit qu'un fanatisme aux yeux de la saine philosophie, cependant, si jamais enthousiasme fut excusable, c'est celui qu'inspire cet art créateur qui rend à la société des êtres que la nature semblait en avoir séparés ; l'auteur a du moins le mérite d'avoir senti que le public était mûr pour un genre de spectacle qui eût paru très-déplacé sur la scène il y a cinquante ans, et qui, très-probablement, eût été hué comme une farce puérile.

« On avait déjà mis des fous sur la scène ; on n'avait pas encore songé à y mettre un sourd-muet. Celui qui s'empare le premier d'un pareil moyen dramatique ne réussit jamais médiocrement ; il est ridicule ou sublime, il tombe ou il va aux nues. Le siècle ennuyé et fatigué soupire après des idées neuves qui le réveillent. Bientôt on nous présentera sur le théâtre des malades dans leur lit, des moribonds escortés du notaire et du confesseur, et cela sera très-touchant; mais malheureusement cela ne sera pas tout à fait neuf, du moins par rapport aux malades : car, dans l'*Oreste* d'Euripide, on voit cet illustre fils d'Agamemnon malade dans son lit, et auprès de lui sa sœur Electre, qui le garde et le soigne avec la plus vive tendresse.

« Une autre cause de la prodigieuse affluence du public à ce roman historique, c'est le trésor des vertus qu'il renferme. J'entends dire de toutes parts que le siècle est corrompu, que les mœurs sont perdues, que le vice ne fait plus rougir; mais, si la vertu est bannie de la société, du moins elle règne avec empire au théâtre, et jamais on n'eut plus d'empressement pour l'aller voir; jamais on n'accueillit avec plus de transports ses maximes, pour peu qu'elles soient passablement tournées.

« L'abbé de l'Épée est presque aussi vénérable que les saints de l'ancien calendrier; c'est un homme divin, devant lequel il faut se prosterner. L'avocat Franval est aussi un prodige d'équité, de droiture et de zèle. Saint-Alme, comme amant et comme fils, est pareillement un héros. Dupré, quoiqu'il ait eu un moment de faiblesse, n'en est pas moins un valet comme il n'y en a point : un valet qui refuse une pension de douze cents francs, et qui aime mieux se livrer à la justice, pour être puni comme faussaire, que de jouir du sort le plus heureux, n'est pas le personnage le moins extraordinaire de la pièce. Comme on ne voit jamais rien de tout cela dans le monde, il est extrêmement curieux d'aller contempler au théâtre des objets si rares.

« *L'Abbé de L'Épée* est une fable dramatique fort bien conduite, fort intéressante. La faiblesse et l'innocence triomphent enfin d'un oppresseur puissant; c'est un tableau qui doit toujours plaire, dans toutes les histoires et dans tous les romans. L'amour de Saint-Alme n'est qu'un remplissage, et l'auteur convient lui-même que c'est une copie du Saint-Albin du *Père de famille*.

« Le récit de l'abbé de L'Épée est un chef-d'œuvre de narration qui n'avait pas besoin, pour attacher, de ce petit charlatanisme d'un voyage de cent cinquante lieues à pied; l'abbé de L'Épée, ayant découvert que son élève devait être né dans une des villes méridionales où il y avait parlement, pouvait très-bien se rendre en voiture à Aix, à Grenoble, à Toulouse.

« Je suis étonné qu'il intitule sa pièce *comédie historique*, car rien n'est moins constaté dans l'histoire que la naissance et les droits de l'élève de l'abbé de L'Épée : c'est un roman que M. Bouilly a mis à la place de l'histoire, et, comme poëte, il avait ce privilége, que je ne lui conteste point; mais je ne lui accorde pas de même le droit d'insulter, dans sa préface, de calomnier un archevêque de Paris qui a fait plus de bien à l'humanité que l'abbé de L'Épée, et dont les vertus ne furent jamais vertus de théâtre. A-t-il examiné cette affaire avec plus d'attention et de maturité que le tribunal qui a déclaré que l'élève de l'abbé de L'Épée n'était point de la famille dont il usurpait le nom?

« Où sont les preuves, pour affirmer aussi formellement que cette sentence fut le fruit de l'intrigue et des passions? Ce sont là des licences poétiques un peu trop fortes, et, pour tout homme sensé, le jugement des magistrats qui ont eu sous les yeux toutes les pièces de ce grand procès aura toujours plus de poids que l'opinion particulière de M. Bouilly.

« Il faut convenir que l'auteur a de grandes obligations aux acteurs.

« Il s'en faut de beaucoup que la tragédie et même que la bonne comédie soient jouées à ce théâtre avec la même perfection et le même ensemble que les drames de ce genre. Monvel est parfait, et peut-être l'abbé de L'Épée lui-même ne jouait pas si bien son rôle. Le défaut de son organe ne paraît pas. Il est impossible d'être plus décent, plus vénérable, d'avoir plus d'âme, de sensibilité, d'intelligence; c'est surtout dans les prières dévotes et ferventes que Monvel adresse fréquemment à l'Être suprême qu'on le reconnaît grand comédien. — Mlle Vanhove rend le rôle de Théodore aussi parfaitement qu'il est possible : son jeu est plein de vivacité, de naturel et d'intérêt; mais j'avoue que je ne suis pas fort émerveillé de tous ces gestes, de toute cette pantomime de sourd-muet, qui fatigue à la fin.

« Dumas est plein de sentiment, de vérité et de feu dans le rôle très pénible de Saint-Alme. Baptiste a de la dignité et de la noblesse; cependant il m'a paru un peu guindé et empesé : ce n'est peut-être pas un défaut pour un avocat. Dazincourt est très-plaisant, très-fin et très-gai dans le rôle du vieux Dominique. Tous les acteurs en général, et ceux même qui ailleurs sont médiocres, entrent fort bien dans l'esprit de cette pièce et forment un ensemble parfait.

« Quant au style, il n'est pas sans reproche ; ce qui me paraît plus répréhensible que des incorrections, qui échappent quelquefois aux meilleurs écrivains, c'est le ton de déclamation répandu dans la pièce, et surtout dans le rôle de l'avocat Franval. Il est assez ridicule de lui faire prononcer, à son bureau et dans son cabinet, une tirade qui paraîtrait même ampoulée dans la bouche d'un orateur plaidant au barreau.

« O mon siècle, ô mon pays ! je m'élèverai contre cet abus destruc-
« teur (le divorce) qui vous avilit et vous perd ; je fouillerai jusqu'au
« fond de l'abîme pour en montrer la profondeur ; et si l'égoïsme et la
« fausse philosophie s'élèvent contre moi, j'aurai pour les combattre
« les mœurs en deuil et la nature outragée ; j'aurai le spectacle doulou-
« reux de mille et mille enfants abandonnés, et le cri patriarcal de tous
« les pères de famille. » Cela est très-édifiant, mais c'est du Thomas tout pur. » (11 *frimaire an IX.*)

L'abbé de L'Épée est resté au répertoire, c'est-à-dire qu'on le joue quelquefois en province, le dimanche. On a essayé de le reprendre dernièrement à Paris, au théâtre Beaumarchais, mais la tentative est restée obscure. Il est vrai que cette scène ne vaut pas, artistiquement parlant, bien des théâtres de province.

ABBÉ DE PLATRE (L'), *comédie en un acte, en prose, de M. Carmontelle, représentée pour la première fois, sur le théâtre des Italiens, le 26 octobre* 1779.

C'est une petite pièce de circonstance, qui eut un petit succès.

Le tout Paris d'alors avait remarqué et admiré une figure de plâtre, coloriée, représentant un abbé assis, et lisant son bréviaire, qu'il tenait d'une main.

M. Carmontelle fit appel à la curiosité publique en faisant jouer une pièce dont cette statuette était le principal élément.

ABBÉ DE RANCÉ (L'), *drame en trois actes, en vers, par M. Édouard Waken, non représenté, mais imprimé à Liége en* 1841.

ENCYCLOPÉDIE THÉATRALE

M. Abbot, rôle d'Horatio, dans *Hamlet*.

ABBÉ CHANSONNIER (L'), *vaudeville en un acte de M. Deschamps.*

ABBÉ ET LE MOUSQUETAIRE (L'), *comédie en trois actes, en vers, de M. D. G***, non représentée, imprimée en 1797.*

Cette comédie a été inspirée par l'anecdote suivante :

En se promenant au bois de Boulogne, des jeunes gens, dont un mousquetaire, aperçoivent au pied d'un arbre un abbé qui, se croyant seul, chantait... Ils s'en approchent et l'entourent. L'abbé, interdit, s'arrête court.

Une idée folle passe par la tête du mousquetaire; il apostrophe l'abbé, lui dit qu'attirés par le charme de sa voix lui et ses amis sont venus pour l'entendre, et le prie de chanter.

L'abbé s'excuse. On insiste; il refuse. Le bouillant mousquetaire lève sa canne comme pour battre la mesure sur les épaules de M. l'abbé s'il se fait encore prier. Il va jusqu'à le menacer de lui couper les oreilles... Pris dans cette impasse, l'abbé s'exécute et chante mal.

« Remettez-vous, monsieur l'abbé, cela ira mieux la seconde fois. » Et on lui fait épuiser son répertoire, après quoi les étourdis se retirent en lui faisant compliment sur son organe, et surtout sur sa complaisance.

Mais l'abbé, qui avait cette scène sur le cœur, ne perd point de temps; il gagne la porte du bois, suit la voiture qui emmène les jeunes gens, et apprend ainsi la demeure de son maître à chanter, auquel il va le lendemain matin demander raison de son procédé injurieux.

« Vous êtes un galant homme, répond le mousquetaire; j'aime les abbés au poil et à la plume, et je ne refuse jamais de donner ou de recevoir un coup d'épée. — Où sera le champ du combat ?

— Au lieu même de l'insulte, » fit l'abbé.

Ils partent, ils arrivent; et pendant que le mousquetaire met habit bas, l'abbé tire un pistolet de sa poche et le met sous la gorge de son adversaire en lui disant très-poliment :

« Monsieur, vous m'avez fait chanter hier malgré moi; je suis persuadé que vous êtes un très-beau danseur... et vous allez me faire le plaisir de me donner un échantillon de votre talent. »

L'argument était irrésistible. Le mousquetaire eut beau faire des observations, invoquer les lois de l'honneur, l'abbé lui prouva que, comme il les avait lui-même oubliées la veille, il ne faisait que prendre sa revanche.

Le mousquetaire dansa un menuet, une contredanse, puis une allemande que l'abbé fredonna, toujours en tenant son pistolet armé; jusqu'à ce que, se trouvant assez vengé, il laissa son pistolet, et, tirant son épée, il dit au mousquetaire :

« A présent, Monsieur, nous pouvons nous battre à armes égales.

— Dieu m'en garde! fit l'autre, vous êtes un trop galant homme. Vous m'avez corrigé de mon étourderie, et je vous en suis si reconnaissant, que je vous offre mon amitié. »

Les champions s'embrassèrent, et l'histoire ajoute qu'ils s'en allèrent sceller leur nouvelle union le verre à la main.

Chacun sait qu'après cela, c'est comme si le notaire y avait passé.

La même anecdote a fourni le sujet d'une autre comédie. (Voir la *Revanche forcée*.)

ABBÉ GALANT (L'), *vaudeville en deux actes, par MM. Laurencin et Clairville, représenté pour la première fois, sur le théâtre du Gymnase, le 7 janvier 1841.*

Deux jeunes gens vivent ensemble par économie; ils sont pauvres tous deux et espèrent en l'avenir, qu'ils aperçoivent sous des aspects différents. Albert est musicien et Claude abbé; mais ils ont cependant un point de contact qui les a mis en rapport et qui a fini par les unir d'une étroite amitié. Albert est organiste à Saint-Eustache, et Claude compose les homélies qu'y débite l'abbé Poupin, le prédicateur à la mode.

L'abbé est pieux, et même un peu bégueule, comme tous les dévôts qui ne sont pas polis par la fréquentation du monde. Albert est gai, railleur, tant soit peu Voltairien; mais il n'en a pas moins laissé prendre à son ami un certain empire sur ses volontés, à tel point que, pour ne pas déplaire à Claude, il n'ose, malgré son penchant très-prononcé, consacrer sa muse à l'art théâtral.

L'abbé tombe malade; Albert le soigne comme un frère, épuise toutes ses petites économies, et fait même des dettes pour qu'il ne manque de rien; puis, pour gagner de l'argent, il compose la partition d'un opéra intitulé *l'Abbé Galant*, qu'il a trouvé dans des papiers que Claude, craignant de mourir, l'avait prié de faire brûler.

La maladie de l'abbé traîne en longueur; mais il se guérira, et il est déjà en pleine convalescence, quand il trouve de la musique profane qu'Albert avait laissée traîner par inadvertance, car il se cachait bien, inventant des prétextes pour sortir, tant pour surveiller les répétitions de son opéra, déjà reçu à l'Académie royale de musique, que pour visiter Mlle Beaumenard, la cantatrice à la mode, pour laquelle il s'était pris de passion.

Claude devine une partie de la vérité, et sermonne paternellement son ami, lui avouant qu'autrefois lui aussi il avait rêvé la gloire, qu'il avait composé une pièce intitulée *l'Abbé Galant*, mais que, Dieu merci, Albert lui-même l'avait brûlée.

Albert s'étonne à part, et ne fait pas la moindre observation quand l'abbé brûle sa musique, qui, après tout, n'était qu'une copie, puisque la pièce était en répétition et sur le point d'être représentée.

Quel dommage que ce ne soit qu'une fiction! et qu'il serait doux pour les jeunes compositeurs de faire recevoir d'emblée leur premier ouvrage à l'Opéra!

Après cette belle exécution, l'abbé se met à l'œuvre et fulmine contre les comédiens un magnifique sermon que l'abbé Poupin se fera une gloire de prononcer.

Mais voilà bien une autre affaire : les créanciers d'Albert s'impatientent et le font mettre en prison.

Le musicien avoue alors à son ami qu'il a une pièce en répétition à l'Opéra, et le prie, dans l'intérêt de sa liberté plus encore que de sa gloire, de vouloir bien en activer la représentation.

Claude s'y résigne à regret; mais comme en somme c'est sa maladie qui est cause de tout, il se rend à l'Opéra.

Naturellement il reconnaît son *Abbé Galant*, et, scandalisé, il tombe de son haut. Il se croit damné tout d'abord, ensuite il fait de sages réflexions ; il entrevoit une part dans la gloire, son ambition se réveille, et puis, comme il faut bien briser les fers d'Albert, il donne une bonne raison à sa conscience de dévôt, et consent à laisser jouer son œuvre.

Autre incident : ne voilà-t-il pas qu'au moment d'entrer en scène, Jelyotte se trouve malade. Impossible de donner autre chose; les acteurs ne sont pas prévenus, et le public, auquel on a promis une nouveauté, et qui s'impatiente déjà de l'attendre trop longtemps, ne se payera pas d'une indisposition de chanteur.

L'abbé, qui a suivi les répétitions, sait bien le rôle ; mais jamais, jamais il ne le jouera, il n'y faut pas penser... On le supplie, et, ma foi, le mirage d'une double gloire, et puis, pour la conscience, la prison de ce pauvre diable d'Albert, qui n'est cause que Jelyotte est enrhumé, le font se décider à paraître sur les planches au milieu des acteurs juste au moment où l'abbé Poupin prononce avec emphase à Saint-Eustache les anathèmes qu'il a lancés contre eux.

Le séminariste, qui avait une belle voix et probablement une forte éducation musicale, fait merveille; on le couronne de lauriers, et le roi, qui assistait à la représentation, est si enchanté de lui, qu'il lui accorde une place qu'il avait sollicitée en vain. Albert reconquiert sa liberté, vient prendre sa part de gloire, et tout est pour le mieux dans le meilleur des opéras possible.

Ce rôle d'abbé, fait sur mesure pour le talent de Bouffé, fut un très-grand succès pour lui.

Il est bien entendu que les auteurs pouvaient en revendiquer leur part, au moins comme faiseurs, comme arrangeurs habiles; car au point de vue de l'art et des convenances théâtrales, je partage l'opinion que M. Théophile Gautier émit en 1845, lors de la reprise de cette pièce aux Variétés.

« Le sujet nous semble malheureux, l'intrigue à peu près nulle; c'est une suite de scènes vides de situations dramatiques, vides d'observations, vides d'esprit, et reliées seulement entre elles par une foule de petits moyens bien connus des faiseurs; — c'est ce qu'on peut appeler, en style de coulisses, un *paquet de ficelles*. — Nous ne comprenons pas, d'ailleurs, ce qu'il y a de comique à mettre un homme d'église en contact avec des gens de théâtre. — On ne saurait nous taxer de bigotisme; mais il nous répugne de voir le vaudeville mêler ainsi le sacré et le profane, s'égayer aux dépens de ce qui doit être respecté. — On ne nous fera jamais rire en plaisantant sur les choses de la religion, ni en ridiculisant ses ministres, que ce soit un prêtre de Zeus, d'Osiris, de Vishnou, de Teutatès, de Mahomet ou du Christ. D'autres ont le courage de s'en divertir; tant mieux pour MM. Clairville et Laurencin.

« Bouffé a joué le rôle de Claude avec une distinction, une grâce naïve qui nous en aurait fait oublier l'inconvenance, si c'eût été possible; il fallait son talent supérieur pour rendre *l'Abbé Galant* supportable. Il y a montré une jeunesse et une candeur qui font regretter de lui voir jouer si souvent des rôles de vieux. »

ABBÉ MAURI VAINQUEUR (L'), ou les Quatre Pendus, *tragédie burlesque en trois actes, en vers.*

Que l'on se tranquillise, cette œuvre n'a pas été représentée. Le théâtre, malgré ses excès, n'est pas encore arrivé, imitant Aristophane, à traduire des personnages vivants à la barre du ridicule ou de l'odieux.

Cette satire eut cependant une grande publicité, car elle fut imprimée dans *les Actes des Apôtres*, le 23 juillet 1790.

On le sait, c'était un journal qui ne se gênait guère... et il n'y avait pas de censure.

De plus, comme les articles n'étaient pas signés, les libellistes pouvaient s'embusquer au coin des colonnes le masque sur les yeux et l'escopette au poing.

C'était commode : si l'on n'était pas sûr de tuer son homme du premier coup, on était certain de l'impunité..., et puis on pouvait recommencer.

ABBÉ PELLEGRIN (L'), ou la Manufacture de vers, *comédie en un acte, en prose, de MM. Tournay et Audras, représentée pour la première fois sur le théâtre du Vaudeville, le 29 juillet 1801.*

Le sous-titre indique suffisamment le sujet de cette petite pièce qui réussit.

C'est une bluette, sans conséquence dramatique, écrite élégamment, et assez bien présentée.

Voici le couplet final, qui décida du succès.

> A tracer de lâches écrits,
> Je n'avilirai point ma plume ;
> Assez d'autres ont dans Paris
> Vendu le fiel et l'amertume ;
> Mais si j'éprouvais à mon tour
> Le besoin affreux de médire,
> Contre les satires du jour
> Je voudrais faire une satire.

ABBÉ POMPON (L'), *vaudeville en un acte, représenté pour la première fois, au théâtre des Jeunes Élèves, le 13 nivôse an VIII (2 janvier 1800).*

La pièce est imprimée, mais on n'y voit pas le nom de l'auteur.

Elle est du reste peu importante ; c'est la marche banale du vaudeville ordinaire, tout ce qu'il y a de plus ordinaire. Ne parlons pas ici de celui que le Français, né malin, inventa, car il n'y aurait pas de quoi en être fier.

ABBÉ VERT (L'), *fait historique en un acte, de M. de Piis, représenté pour la première fois, sur le théâtre du Vaudeville, le 11 floréal an III (4 mai 1793).*

Je ne sais pas au juste quel fait historique avait traité M. de Piis, car je ne trouve de traces de *l'Abbé Vert* dans aucun journal ; mais, à cette époque, l'histoire était si riche, qu'un fait de peu d'importance peut bien passer inaperçu.

ABBÉS (Le Ballet des), *divertissement allégorique, représenté pour la première fois, en société, chez M*^{me} *la comtesse d'Amblimont, le 13 août 1769.*

On a retracé dans cette petite bluette, qui n'était possible que sur

ENCYCLOPÉDIE THÉATRALE

Madame Abit, rôle de Rebecca, dans *le Temple de Salomon*.

des théâtres de société, une aventure arrivée à M. de Jarente, évêque d'Orléans, et que Bachaumont raconte comme une plaisanterie de M. le duc de Choiseul.

« Avant la comédie, M. le duc de Choiseul avait prévenu quelques actrices. Deux s'étaient pourvues d'habits d'abbé, elle se présentèrent dans cet accoutrement à M. de Jarente. Ce prélat n'aime pas, en général, à rencontrer de ces espèces sur son chemin, parce qu'il se doute bien que ce sont autant d'importunités à essuyer. — Ceux-ci, pourtant, par leur figure intéressante, attirèrent son attention; ils lui adressèrent leur petit compliment, se donnèrent pour de jeunes candidats qui voulaient se consacrer au service des autels, se renommèrent de la protection et même de la parenté de M. le duc de Choiseul, qui n'était pas loin et vint appuyer leurs hommages et leurs demandes. Le cœur de l'évêque d'Orléans s'attendrit; par sympathie, sans doute, il promit des merveilles, et, par une faveur insigne, ne put se refuser à donner l'accolade à ces deux aimables ecclésiastiques.

« Quelle surprise pour le prélat, lorsque, pendant le spectacle, il entrevit sur le théâtre des figures qui ressemblaient beaucoup à celles qu'il avait embrassées. Son embarras s'accrut par une petite parade où il fut obligé de se reconnaître. On y peignait adroitement son aventure. Enfin des couplets charmants le mirent absolument au fait. Il se prêta de la meilleure grâce à la raillerie.

« Les abbés, redevenus des jeunes filles très-jolies et très-aimables, se reproduisirent avec toutes sortes de grâces et de minauderies. On lui rendit les baisers qu'il avait donnés, cela fit l'entretien du souper. On s'était promis entre soi de ne point révéler les secrets de l'Église et d'en faire un mystère aux profanes; mais il est toujours des indiscrets qui n'ont pas de scrupule de manquer à leur serment, et l'histoire perce depuis quelques jours dans le public. »

ABBESSE DES URSULINES (L'), ou le Procès d'Urbain Grandier, *drame en trois actes, en prose, de MM. Mallian et Ch. Desnoyers, représenté pour la première fois sur le théâtre de l'Odéon, le 6 novembre 1830.*

Les auteurs ont mis à la scène l'histoire si regrettable des religieuses de Loudun ; mais leur drame est, relativement à la scène du Second Théâtre-Français, si faiblement écrit, si mal charpenté, si lourd, si diffus et si rempli d'invraisemblances qu'il a fallu tout le talent des interprètes, Frédérick Lemaitre (Urbain Grandier), Mlle Georges (l'abbesse), Mlle Georges cadette, Mlle Noblet et autres, pour que la représentation pût aller jusqu'à la fin.

Le public, affriandé pourtant par la présence des artistes d'élite, qui faisaient de leur mieux, écouta le premier acte avec beaucoup de complaisance ; mais sa mauvaise humeur éclata dès le commencement du second, et la pièce ne se termina qu'au milieu d'un concert de sifflets.

Voici comment les auteurs, qui n'ont pas cru prudent de se faire nommer, ont *dérangé* l'histoire du pauvre curé de Loudun. Urbain a composé un ouvrage contre le célibat des prêtres, et en cela il plaide beaucoup pour sa propre cause, car il aime une jeune fille noble qui ne pense guère à lui et doit épouser un avocat du nom de Fournier, tandis que, d'un autre côté, il est aimé éperdument par l'abbesse des Ursulines, à laquelle il a certainement dû faire un doigt de cour.

Le livre de Grandier fait du bruit et lui suscite un ennemi puissant, le cardinal de Richelieu, qui charge le père Joseph de sa vengeance.

Urbain, poursuivi, se réfugie dans le couvent des Ursulines, où il ne tarde pas à être arrêté et accusé de sacrilége.

L'avocat Fournier prend fait et cause contre lui par la seule raison qu'il est son rival ; il monte la tête de l'abbesse, qui, apprenant qu'Urbain traîne son cœur aux genoux d'une autre, met tout en œuvre pour perdre l'ingrat.

Pauvre femme, on lui fit dire tout ce qu'on voulut, et Urbain, amené devant le sacré tribunal, va indubitablement être condamné comme sorcier, quand Fournier, dont les sentiments d'honneur n'ont pas été tout à fait éteints par un amour jaloux, plaide éloquemment la cause de son rival, et parvient à intéresser le peuple en sa faveur ; il aurait aussi triomphé des juges, mais l'arrêt était prononcé d'avance, il ne restait qu'à l'exécuter avec des apparences de légalité.

On emmène Urbain dans la salle des tortures, et pendant qu'on lui donne la question ordinaire et extraordinaire, et que le peuple trouve moyen de le délivrer, Fournier apprend la mort de son amante. — Et d'une.

Urbain, martyrisé, est laissé pendant quinze jours aux soins de l'abbesse des Ursulines, avec laquelle il a eu sans doute des explications, car ils sont maintenant d'accord et mettent tout en œuvre pour faire évader le condamné; seulement ils s'y prennent trop tard : le père Joseph vient de l'envoyer chercher pour le supplice.

Fournier et l'abbesse essayent encore d'émouvoir le peuple; mais pendant ces quinze jours il s'est convaincu des prétendus crimes d'Urbain Grandier et le laisse brûler comme un possédé.

Bien entendu l'abbesse se précipite sur le bûcher, où elle trouve la mort, partageant enfin le lit de celui qu'elle aime.

Afin qu'il ne restât personne d'intéressant, les auteurs ont jugé convenable de faire tuer Fournier d'un coup de fusil venu on ne sait d'où.

Cette analyse *exacte* prouve suffisamment que la pièce avait mérité son sort. Sur un théâtre de boulevard, en montrant au public la scène de la torture, et en brûlant sérieusement l'acteur chargé du rôle d'Urbain Grandier, cela pourrait avoir du succès; mais pour un public intelligent il ne suffit pas de montrer du savoir-faire théâtral : il faut de l'esprit, de la clarté ou du sens commun.

ABBOTT.

Acteur anglais, qui fit consacrer sa réputation à Paris, en 1827 et 1828, dans la troupe anglaise qui donna des représentations régulières aux théâtres de l'Odéon et des Italiens, et où il brilla même à côté de Kemble, Macready et du célèbre Kean.

Adonné au genre comique, Abbott, qui passait pour le plus beau des acteurs anglais, après Ch. Kemble, voulant mettre en relief ses qualités physiques, aborda les rôles de tenue dans la haute comédie; il joua même celui de Roméo dans la tragédie de Shakespeare, et, ce qu'il y a de plus extraordinaire, c'est qu'il y réussit. — Il trouvait dans le genre noble autant d'élégance, de chaleur et de dignité qu'il avait de gaîté et de laisser-aller dans la farce.

Remplaçant souvent le brillant par du solide, c'était le talent le plus complet de toute la troupe anglaise et celui dont on se lassa le moins. — C'est le seul qui lutta contre l'indifférence du public parisien pendant les deux années que le théâtre anglais eut des représentants honorables sur le continent.

Cela tenait peut-être à ce qu'il comprenait mieux le génie de notre langue, parlant assez bien le français pour créer un rôle dans *Anglais et Français*, un vaudeville que MM. Bayard et de Wailly avaient fait pour une représentation à son bénéfice.

A B C, *vaudeville en un acte, de MM. Maréchalle et Poujol.* Voir ADÈLE ET BELFORT.

ABDALA, *mélodrame en cinq actes, de M. Germé, musique de MM. Quaisain et Morangis, représenté pour la première fois à Paris, sur le théâtre de l'Ambigu, le 15 janvier 1807.*

Cette pièce est de la série de ces gros mélodrames bourrés d'incidents, grotesques à force de chercher l'horrible, qui ne firent que passer, sans laisser ni souvenirs ni regrets au bon public des théâtres du boulevard.

ABDALLAH, *comédie en trois actes, en vers, par M. Alfred Nourrisson, représentée pour la première fois sur le théâtre d'Alger, le 29 novembre 1849.*

ABDAS ET SOHRY, *poëme d'opéra en trois actes, présenté à l'Opéra le 2 juillet 1790, et rendu le 22 août de la même année.*

Beffara, aux manuscrits duquel j'emprunte ce document, ne connaissait pas le nom de l'auteur de ce libretto, qui ne fut jamais mis en musique.

ABDELASER, ou la VENGEANCE AFRICAINE, *tragédie en cinq actes et en vers, de Mme de Belin.*

Ne fut jamais représentée, et n'est pas, du reste, faite en vue de la scène.

Cette tragédie est imprimée dans *le Parnasse des Dames* (tome IX).

ABDELASIS, *comédie en trois actes, en vers libres.*

Ni imprimée ni représentée, ce qui n'est une perte ni pour l'auteur, qui est inconnu, ni pour le public.

Le manuscrit est à la Bibliothèque impériale et remonte au moins au siècle dernier.

ABDELASIS ET ALAHOR, *drame en un acte, en prose, de M. Roussel.*

ABDÉLAZIS ET ZULEIMA, *tragédie en cinq actes, en vers, par M. de Murville, représentée pour la première fois, au Théâtre-Français, le 3 octobre* 1791.

Cette pièce fut reprise au Théâtre-Français le 10 septembre 1807, et voici ce que Geoffroy en disait le surlendemain dans le *Journal de l'Empire* :

« *Abdélazis* est un mélodrame où toutes les règles de l'art sont violées, et ce fut là la cause de son succès dans un temps où l'on violait des règles bien plus importantes que celles de l'art. Ce mari de contrebande qui est le héros de la pièce ne parut point ridicule à une époque où les parades les plus extravagantes dans un genre beaucoup plus sérieux étaient accueillies avec transport. Qui jamais eût imaginé qu'on bâtirait une tragédie sur le stratagème d'un aventurier, lequel, en se mirant dans une fontaine, ayant remarqué qu'il ressemblait beaucoup au général Abdérame, amant de la princesse Zuleima, a l'effronterie de se faire passer pour cet Abdérame, et, sous ce faux nom, épouse la princesse, dont il est éperdument amoureux ? L'imposteur triomphe pendant six ans ; il a un enfant de la princesse ; c'est un ménage fort heureux, et le beau-père Almanzor, roi de Grenade, est très-satisfait de son gendre.

« Mais comme enfin tout se découvre, un vieillard nommé Nasser arrive avec une lettre posthume du véritable Abdérame, mort prisonnier des chrétiens. Le faux Abdérame est très-alarmé de l'arrivée de ce messager ; il emploie la scélératesse la plus hypocrite pour le gagner et le corrompre.

« Cette scène de tartufe est très-indigne de la tragédie et détruit tout l'intérêt qu'on pourrait prendre aux malheurs d'Abdélazis.

« Almanzor, très-entêté comme tous les gens sots et crédules, traite le vieux Nasser de fourbe et veut le faire mourir. Abdélazis le fait prudemment évader; mais, par un hasard qu'il ne pouvait prévoir, la lettre que Nasser avait perdue se retrouve : elle est portée au roi, qui reconnaît l'écriture du véritable Abdérame. Un monarque qui aurait eu un grain de sens commun eût enseveli dans le silence cet odieux mystère, et puisqu'il n'y avait plus de remède, il eût pardonné à son gendre ce coupable artifice en faveur de son amour et des services rendus à l'État; évitant un éclat fatal à l'honneur de sa famille, il eût conservé à Zuléima un époux qui fait son bonheur, au royaume de Grenade un héros son défenseur et son appui. Cela valait beaucoup mieux que de faire périr sur l'échafaud son gendre et son fils, et de déshonorer sa fille. C'est cependant le parti qu'il prend. Mais Zuléima, plus folle encore que son père, veut aller assassiner son mari dans la prison pour le dérober à l'infamie de l'échafaud; l'enfant, qui se réveille, empêche que Zuléima n'exécute ce beau projet. Il s'établit alors entre le mari et la femme une explication intéressante; mais cette situation est trop chère : par combien de folies n'a-t-il pas fallu l'acheter?

« La réconciliation du mari avec la femme ne suffit pas; il faut faire entendre raison au roi Almanzor, ce qui n'est pas facile; l'auteur n'en fût jamais venu à bout sans cet incident banal dont La Bruyère s'est moqué : la révolte du peuple est d'une grande ressource dans les intrigues. Les mutins délivrent Abdélazis, qui fait une sortie contre les chrétiens, et, comme de raison, des prodiges de valeur contre lesquels Almanzor ne peut plus tenir : il est bien forcé de reconnaître pour l'époux de sa fille le libérateur de Grenade.

« Le succès de cette pièce ne fut pas aussi grand qu'on le dit aujourd'hui, quoique ce fût alors le jubilé des poëtes et des auteurs. M. de Laharpe, qui fut présent à la septième représentation, atteste qu'il n'y avait point de monde, et qu'elle fut très-peu applaudie; elle ne fit que se traîner jusqu'à la douzième. Le même critique assure qu'il y a peu de pièces aussi mauvaises. Les applaudissements qu'elle reçut dans la nouveauté sont, selon lui, la preuve de la *dégradation* à laquelle on était alors arrivé; mais les acteurs qui jouèrent dans ce temps-là eurent la

ENCYCLOPEDIE THÉATRALE

M. EDMOND ABOUT.

plus grande part à cette espèce de réussite; et c'est aussi à la même cause qu'il faut attribuer l'indulgence avec laquelle on vient d'accueillir deux représentations de cet ouvrage, où une situation prise dans un roman d'Arnaud se trouve noyée dans un amas d'invraisemblances. »

En effet, le sujet de cette pièce est emprunté à une nouvelle de Baculard d'Arnaud intitulée *Warbuk*, et elle ne dut son petit succès qu'à l'interprétation. Talma faisait Abdélazis ; Mlle Desgarcins, Zuleima, et Monvel, le vieux Nasser.

Le public d'alors était tellement fatigué des pièces politiques, patriotiques ou sociales, qu'il avait accepté ce mauvais drame d'imagination comme un libérateur, et que la pièce eût fourni une carrière honorable si l'impatience de son auteur n'était venue tout gâter.

Monvel tomba malade quelque temps après la première représentation. M. de Murville, las d'attendre son rétablissement, et soit présomption ou soit qu'il ne trouvât pas dans la troupe d'acteur capable de remplacer Monvel, dont il avait dit dans sa préface *qu'il n'avait pas besoin de parler pour être éloquent au théâtre*, annonça qu'il jouerait lui-même le rôle, en sollicitant, pour son inexpérience, l'indulgence du public.

Cette nouveauté attira la foule au Théâtre-Français le 24 décembre 1791, et jamais curiosité ne fut mieux satisfaite.

Le tragédien improvisé vint, avant la représentation, réciter une fable qui expliquait sa détermination et qui eut assez de succès ; mais sitôt qu'il eut joué quelques scènes, le public, favorablement disposé cependant, ne put s'empêcher de rire.

M. de Murville ne savait ni entrer, ni sortir, ni marcher, ni se tourner ; il se tenait toujours dans le fond du théâtre, n'osant approcher de la rampe. Il ne fut pas sifflé, mais ce fut une véritable partie de plaisir pour ceux qui le virent, et sa pièce tomba pour ne se relever que par un hasard inexplicable, par deux représentations en 1807.

M. de Murville put s'appliquer trop tard ce dicton de la sagesse des nations, dont la justesse excuse la trivialité :

« Chacun son métier, les vaches seront mieux gardées. »

ABD-EL-KADER, ou la Prise de Mascara, *drame en trois actes, en prose, représenté pour la première fois, au théâtre du Luxembourg, le 13 octobre 1836.*

Ce n'est pas précisément une pièce militaire, bien que les principaux personnages portent l'uniforme, l'exiguïté de la scène du Luxembourg ne permettant pas d'y introduire des régiments entiers.

Il y est beaucoup parlé d'Abd-el-Kader, de la prise de Mascara, d'honneur, de gloire, de drapeau; mais brochant sur le tout une intrigue amoureuse. Quand je dis intrigue, j'y mets de la complaisance, Avez-vous vu dans les auberges de campagne une série de quatre gravures d'Épinal racontant les aventures d'un officier français en Afrique? — Eh bien, c'est tout à fait cela. Un militaire commence par sauver une demoiselle de la brutalité des Bédouins, et finit par l'épouser.

Le nom d'Abd-el-Kader, palpitant d'actualité alors, n'a pas pu faire un succès à cette œuvre, née si peu viable que les auteurs n'ont pas osé y attacher leur nom.

Je dis les auteurs, car ils ont dû se mettre au moins deux pour faire cela.

ABD-EL-KA-DER, *vaudeville en un acte, représenté pour la première fois, sur le théâtre du Gymnase-Enfantin, le 24 février 1840.*

Encore un Abd-el-Kader, mais celui-là est à l'usage de messieurs les enfants, ce qui n'empêcha pas bien des mamans de s'en amuser.

Il est bien entendu qu'il ne faudrait pas chercher là dedans une leçon d'histoire, ni même un enseignement dramatique. Le théâtre est plus souvent une distraction qu'un sujet d'étude; et, pour les enfants, il ne doit pas avoir la prétention d'être autre chose qu'un amusement.

ABD-EL-KADER A PARIS, *revue-vaudeville en un acte, de MM. Dumersan et Fontaine, représentée pour la première fois, sur le théâtre des Variétés, le 17 décembre 1842.*

Un monsieur de Saint-Chourin, espèce d'agent d'affaires qui place les domestiques des deux sexes moyennant finances, ayant appris qu'Abd-el-Kader arrivait à Paris, met tout en l'air pour le recevoir avec des démonstrations dont il espère, sans doute, récompense, et lui fait passer en revue toutes les nouveautés de l'année.

Voilà le cadre.

On ne s'expliquerait pas très-bien quel caractère officiel pouvait avoir ce Saint-Chourin pour piloter un personnage comme Abd-el Kader. Aussi est-il bon d'ajouter que le personnage qu'il comble d'attentions et de prévenances intéressées n'est autre qu'un spahis qui vient à Paris pour vendre des dattes, du tripoli, et généralement tout ce qui concerne son état; ce qui ne l'empêche pas finalement d'épouser Marie, la domestique de Saint-Chourin, qu'il a connue autrefois à *Bône*, où elle était *bonne*.

Cet échantillon du style de la pièce doit en faire connaître la portée littéraire.

Elle amusa quelque temps le public. Les auteurs ne demandaient pas autre chose ; donc il ne faut pas leur en vouloir.

ABDÉRAME ET ZORAIME, *tragédie en cinq actes, en vers, par M. Quatresoux de Parctelaine.*

Si singulier que paraisse le nom de cet auteur, ce n'est point un pseudonyme. Il est vrai que le public n'a point été habitué à le voir sur les affiches.

M. Quatresoux de Parctelaine a cependant fait un certain nombre de tragédies, mais elles sont toutes en manuscrit et déposées à la Bibliothèque impériale.

M. Henri Duval, qui a classé par genres toutes les pièces de théâtre imprimées ou existant en manuscrit dans les bibliothèques publiques, suppose que celui de la tragédie qui nous occupe date de 1830.

C'était déjà bien tard pour faire des tragédies ; — l'heure du romantisme était sonnée.

LES ABDÉRITES, *comédie en un acte, en vers libres, avec un prologue et des divertissements, par M. de Moncrif, représentée pour la première fois, au Théâtre-Français, le 29 juillet 1732.*

Cette pièce n'obtint qu'un tout petit succès, puisqu'elle n'eut au

Théâtre-Français que sept représentations peu suivies. — On la joua cependant, le 4 novembre de la même année, chez Mme la duchesse de Bourbon, à Fontainebleau.

On trouve dans une *Lettre de l'abbé Cotin à M. de Moncrif*, imprimée en 1744, l'appréciation suivante :

« Les comédies de Molière faisaient rire, celles de La Chaussée font
« pleurer ; vos *Abdérites* ne font ni pleurer ni rire. Semblable à Theo-
« gnis, appelé à Athènes ⸺, c'est-à-dire *poëte de neige*, vous tenez
« l'âme des spectateurs dans une apathie parfaite, sans leur permettre
« de se livrer au moindre mouvement de tristesse ou de joie. »

Quelques puristes se sont demandé si, en parlant des habitants d'Abdère, on devait dire des Abdérites ou Abdéritains ; mais M. de Moncrif, qui était de l'Académie, doit faire autorité.

ABDERKAN, *opéra en trois actes, musique de Boïeldieu*.

Cet opéra, dont on ne connaît pas l'auteur des paroles, ne fut jamais représenté en France, mais il le fut certainement à Saint-Pétersbourg, pendant le séjour que fit le compositeur à la cour d'Alexandre Ier, qui l'avait nommé son maître de chapelle.

Quelques recherches que j'aie faites, je n'ai pu me procurer la date de la première représentation de cette œuvre, qui n'eut pas de retentissement. Je sais cependant que c'est le deuxième opéra que Boïeldieu fit jouer en Russie. Comme il y arriva en 1803, et qu'il en partit en 1811, après avoir donné sept opéras, j'en conclus qu'*Abderkan* dut voir les feux de la rampe pendant l'hiver de 1804-1805.

Le poëme fut imprimé en 1812 (retour de Russie) ; il n'en est pas meilleur pour cela. La température des bords de la Néva ne fait pas sur les vers l'effet qu'elle produit sur le champagne.

ABDICATION D'UNE FEMME (L'), *vaudeville en un acte, de MM. Vilain Saint-Hilaire, Duport et Monnais*. — Voir MIDI.

ABDILLY, ROI DE GRENADE, *tragi-comédie en trois actes, en prose*,

ABD

par M. Delisle et Mme Riccoboni, dite Flaminia, représentée pour la première fois, sur le théâtre des Italiens, le 20 décembre 1729.

Abdilly règne à Grenade, mais il doit sa couronne à Abencerage, qui a détrôné l'usurpateur Muley.

Abencerage a un fils, Abnamet, qui doit épouser Galliane, sœur de Zegri, qui lui-même est fiancé à Moraïselle, fille d'Abencerage; mais Abdilly devient amoureux de Galliane pendant que Moraïselle se prend de passion pour lui.

Toute l'intrigue est là, — et la pièce se termine par le mariage du roi avec Moraïselle et celui d'Abnamet avec Galliane.

Quant à Zegri, il se consolera comme il pourra.

Cette pièce n'obtint aucun succès, et n'eut que cette unique représentation, qui fut marquée par un incident bien connu.

Avant qu'on commençât la pièce, quelqu'un du parterre, voyant un jeune ecclésiastique assis sur le théâtre, s'écria : « A bas la calotte! » Tout le parterre fit chorus — « A bas la calotte! — Messieurs, la voilà, » reprend l'abbé en jetant son couvre-chef au milieu du groupe le plus animé, qui, tout en se la disputant, avait l'air de s'en servir comme d'un volant.

Une main vigoureuse l'envoya jusque dans les cintres. L'abbé facétieux ne perdit pas cette occasion de dire : « Je ne croyais pas qu'elle dût aller si vite au paradis. »

Le mot porta et mit toute la salle en joyeuse humeur, et, après bien des ricochets, la calotte revint à l'abbé, qui la ramassa tranquillement en disant au parterre, qui suivait tous ses mouvements : « Messieurs, depuis qu'on m'a volé une montre d'or en votre compagnie, j'aime mieux qu'il m'en coûte une place au théâtre que de risquer encore ma tabatière. » Ce fut le comble, et un tonnerre d'applaudissements accueillit ce discours, pendant que l'abbé prenait tranquillement une prise de tabac d'Espagne dans une superbe boîte d'or.

ABDIR, *drame tragique en quatre actes, en vers, de M. de Sauvigny, représenté pour la première fois à Paris, sur le Théâtre-Français, le 26 janvier 1785.*

Un événement historique a fourni le sujet de cette pièce.

Sir Charles Asgill, général anglais envoyé en Amérique en 1781 pour servir sous les ordres de Cornwallis, est fait prisonnier dans une rencontre avec les Américains et condamné à mort — malgré toutes les prières de son entourage; Washington, rendu inexorable par la cruauté des Anglais, ne voulait pas lui faire grâce, et il fallut l'intercession du gouvernement français et une demande formelle de M. de Vergennes pour que le Congrès américain révoquât l'arrêt de mort du général, qui accourut à Versailles pour remercier ses bienfaiteurs.

M. de Sauvigny crut pouvoir exploiter la curiosité générale en mettant cet épisode à la scène; mais la censure n'aimait pas les pièces où l'on célébrait l'indépendance, et, bien que cela se passât en Amérique, elle interdit *Asgill*, comme elle avait déjà interdit *la Fête bostonienne, ou l'Anniversaire de l'Indépendance.*

Un auteur n'aime pas à perdre son travail, aussi M. de Sauvigny n'hésita pas: il coupa, trancha dans sa pièce, habilla les Américains en Tartares, — fit passer son action dans l'empire des Nangès, dont une province s'insurrectionne; le général anglais devint Abdir, et l'histoire fut colorée avec un peu de roman.

Un chef des Nangès a fait massacrer le fils d'un ennemi de sa cause, pionnier de l'Indépendance, qui demande le meurtrier pour l'immoler à sa vengeance.—Comme on le lui refuse, il fait tirer au sort parmi les prisonniers que les hasards de la guerre ont fait tomber entre ses mains.

La victime désignée est Abdir: — Vazercan, le chef du parti qui combat pour la liberté, gémit lui-même de cet arrêt; mais l'offensé a seul le droit de faire grâce.

La mère d'Abdir traverse les mers pour venir l'implorer. Ses larmes touchent le vieillard, qui estime le caractère d'Abdir et veut bien lui pardonner s'il consent à embrasser le parti de l'Indépendance.

Abdir préfère la mort à cette honteuse condition. On le mène à l'échafaud, et ce n'est qu'au moment où il s'arrache aux derniers adieux de sa mère pour mourir courageusement qu'un ambassadeur du roi de Perse lui apporte sa grâce.

Comme on le voit, c'était encore assez transparent; aussi l'à-propos

ENCYCLOPÉDIE THÉATRALE

Mademoiselle Abel, rôle de *Dolorida*, dans la pièce de ce nom.

de la pièce, l'énergie du style et la noblesse soutenue des caractères l'ont fait réussir.

On y a cependant trouvé des longueurs ; mais l'auteur, reconnaissant la justesse de cette critique, assura le succès de son ouvrage en le resserrant en trois actes.

ABDOLONIMUS.

C'est le titre d'une tragédie latine qui fut indubitablement représentée dans les collèges, et pour laquelle le père Gabriel Lejay, de la Compagnie de Jésus, composa, en 1703, trois intermèdes en vers français, dont l'auteur de la musique est resté inconnu.

ABDOLONYME, *comédie en trois actes, en vers, avec des intermèdes dont la musique est de Campra, représentée au collége Louis-le-Grand, le 26 mars 1700.*

Le poëte est inconnu. — Il a peut-être eu tort de ne pas se nommer. — On ne pourrait toujours pas lui reprocher aujourd'hui d'avoir imité Métastase, et on trouverait peut-être moyen de prouver que le poëte italien s'est servi de ses idées.

Il est vrai que cela n'ajouterait guère plus de gloire à l'un qu'à l'autre.

ABDOLONYME, *tragédie en cinq actes et en vers, représentée au collége de Nancy, au mois de février 1702.*

L'auteur n'a pas attaché son nom à cette œuvre, qui n'est, à vrai dire, qu'une tragédie de collège.

C'est sans doute quelque jésuite *modeste* que le peu de succès n'aura pas encouragé.

ABDOLONYME, ROI DE SIDON, *comédie en cinq actes, en prose, par M. de Fontenelle.*

Cette pièce, qui est datée de 1725 et qu'on ne trouve que dans l'édition des œuvres complètes de l'auteur, 1751 (7e volume), ne fut jamais représentée.

Fontenelle avait-il conscience de son peu de valeur dramatique, ou, se souvenant de son insuccès d'*Aspar*, craignait-il de s'exposer encore aux sifflets du parterre, toujours est-il qu'il ne chercha pas à la faire jouer.

Cependant c'est une comédie assez agréable à lire. Elle est presque toute d'imagination, et ne se rapporte qu'accidentellement à Alexandre le Grand, — Fontenelle ayant eu le bon esprit de ne pas mettre en scène un personnage qu'il est si difficile de faire parler en prose.

ABDOLONYME, OU LE ROI BERGER, *comédie héroïque en trois actes, en vers libres, par M. Collé, représentée la première fois, au Théâtre-Français, le 6 mars* 1776.

Cette pièce a certainement été écrite en vue de la musique. — On remarque ces tendances à l'opéra-comique à la coupe des scènes, au genre des morceaux et au style souvent trop facile.

Elle était, du reste, mieux faite pour réussir sous cette forme — que comme comédie héroïque.

En voici le sujet, imité de Métastase :

Alexandre le Grand veut placer sur le trône de Tyr un roi juste et bienfaisant.

On lui parle d'un jeune Tyrien qui cultive paisiblement son jardin et qui se fait remarquer par ses vertus privées. — Il le fait venir, et apprend, ce que le jeune homme ne sait pas lui-même, — qu'Abdolonyme est le dernier rejeton de la famille royale.

Il le détermine difficilement à accepter la couronne, car jusque-là il ne s'était attaché qu'à plaire à la jeune bergère Mysis, pour laquelle il n'est pas indifférent.

Il accepte cependant, dans l'intention de faire le bonheur de ses concitoyens.

Mais les soins du trône l'éloignent de son amour, les grandeurs l'empêchent de revoir Mysis,—et il veut abdiquer.—Alexandre, apprenant les raisons de cette détermination, l'unit avec celle qu'il aime.

La pièce finit sur ce mariage et sans aucune protestation ; car c'est surtout au théâtre

Que l'on a vu des rois épouser des bergères.

ABDOLONYME, où le Couronnement, *comédie en un acte, en vers, par un des plus anciens auteurs de la Comédie-Française, non représentée, mais imprimée à Paris.* — 1825.

L'auteur qui se cache sous ce pseudonyme, qui est jusqu'à un certain point une bonne recommandation, est le baron de Manteuffeld.

ABDOUL, *comédie en trois actes, en prose, par lady Craven.*

Représentée, très-probablement en société, à la petite cour du margrave Christian, neveu du grand Frédéric, dont l'auteur, succédant à Mlle Clairon, était devenue la favorite en attendant qu'elle pût être sa femme. (Voir CRAVEN.)

Cette pièce est imprimée dans le recueil intitulé : *Nouveau Théâtre d'Anspach* (1789).

A BEAU MENTIR QUI VIENT DE LOIN, *comédie en trois actes, en prose, de M. Charlemagne.*

A BEAU MENTIR QUI VIENT DE LOIN, *vaudeville-proverbe en un acte, de M. Rostan.*

ABEILARD SUPPOSÉ (L'), *comédie en un acte, en prose, par M. Gorgy, qui ne fut jamais représentée, et qui même ne fut pas faite en vue du théâtre.*

Cette pièce est imprimée dans le *Nouveau Voyage sentimental*. — Paris, 1791.

ABEILLE (Gaspard),

Né à Riez, en Provence, en 1648, partit fort jeune de son pays, et vint à Paris, où, par une suite d'événements heureux, il obtint le prieuré de Notre-Dame de Mercy, et, en 1704, la succession de Ch. Boileau au sixième fauteuil de l'Académie française.

Comme auteur, l'abbé Abeille fut peut-être quelque chose de moins qu'une médiocrité; mais il possédait certains petits talents aimables qui le faisaient rechercher. — Jeune encore, il faisait assez facilement les vers pour que le maréchal de Luxembourg se l'attachât en qualité de secrétaire, et l'emmenât avec lui dans ses campagnes, où il mérita la confiance du maréchal, qui, en mourant, le recommanda particulièrement à ses héritiers.

Le prince de Conty et le duc de Vendôme, à qui il ne tarda pas à plaire par sa conversation vive et spirituelle, l'admirèrent dans leur familiarité, ce qui, comme on le pense bien, aplanit devant lui tous les obstacles que le vrai mérite a toujours à surmonter.

Abeille avait un talent particulier pour faire valoir un mot. Ce qui n'eût été que vulgaire dans la bouche d'un autre devenait piquant et original dans la sienne par le tour qu'il savait lui donner et par les grimaces dont il en accompagnait le débit, merveilleusement servi en cela par un visage fort laid, couvert de rides dont il se faisait différents masques.

Lisait-il un conte ou une comédie, à l'aide de sa physionomie et de différentes intonations de voix il faisait distinguer les personnages de la pièce qu'il récitait.

Talents tout à fait d'agrément, comme on le voit, et qui auraient pu, jusque dans une certaine limite, faire perdre à leur possesseur quelque peu de sa considération s'il n'avait su se faire respecter des grands par un heureux mélange de liberté et de réserve, ce dont il se félicitait lui-même, en ajoutant qu'il n'avait jamais été réduit à crier comme le mal marié de Molière :

Ah! Georges Dandin, où t'es-tu fourré ?

L'abbé Abeille est entré à l'Institut sans grand bagage littéraire : ses *Odes*, ses *Épîtres*, sont écrites trop faiblement, et sont, du reste, aussi bien oubliées que ses tragédies.

Il s'essaya au théâtre, en 1674, par Argélie, reine de Thessalie, tragédie en cinq actes.

A l'unique représentation de cette pièce, l'actrice qui ouvrait la scène étant restée court après avoir dit :

Vous souvient-il, ma sœur, du feu roi notre père ?

un plaisant du parterre répondit :

Ma foi, s'il m'en souvient, il ne m'en souvient guère.

Ce fut l'événement de la soirée, — et il circula bientôt sur Abeille une épitaphe anticipée, qui rappelait assez plaisamment ce dernier vers, qui n'est pourtant pas de lui :

> Ci-gît un auteur peu fêté,
> Qui crut aller tout droit à l'immortalité ;
> Mais sa gloire et son corps n'ont qu'une même bière,
> Et, lorsqu'Abeille on nommera,
> Dame Postérité dira :
> Ma foi, s'il m'en souvient, il ne m'en souvient guère.

L'auteur de cette épigramme était Ollivier, de l'Académie de Marseille. Cet insuccès, qui aurait dû dégoûter Abeille pour jamais des lauriers de Melpomène, ne l'empêcha pas de travailler pour le théâtre.

Il n'y réussit pas mieux avec :

> CORIOLAN, tragédie, en 1676,
> LYNCÉE, id., en 1678.

La chute de cette dernière œuvre le détermina à ne plus donner de pièces que sous le nom du comédien La Thuillerie, qui en avait déjà fait représenter de son cru.

C'est ainsi que parurent sur les affiches du temps :

> SOLIMAN, tragédie, 1680,
> HERCULE, id., 1681,
> CRISPIN BEL ESPRIT, comédie en un acte, 1681,

la seule de ses œuvres théâtrales qui parut faire quelque plaisir au public.

Puis :

> LA MORT DE CRISPIN, tragédie,
> et SILANUS, tragédie,

qui rentraient tout à fait dans ses habitudes.

On n'avait pas attendu sa mort pour faire des épigrammes contre lui. — En voici une qu'on attribua à Racine, bien qu'elle fût de

M. Faydit, et que l'abbé Sabattier n'a pas manqué d'imprimer dans ses *Trois siècles de notre littérature*.

> Abeille, arrivant à Paris,
> D'abord, pour vivre, vous chantâtes
> Quelques messes à juste prix;
> Puis au théâtre vous lassâtes
> Les sifflets, par vous renchéris;
> Quelque temps après fatiguâtes
> De Mars l'un des grands favoris,
> Chez qui pourtant vous engraissâtes;
> Enfin, digne aspirant, entrâtes
> Chez les quarante Beaux Esprits,
> Et sur eux-mêmes l'emportâtes
> A forger d'ennuyeux écrits.

En voici une autre que fit Chaulieu à propos de l'*Ode sur la constance*, que l'académicien venait de publier :

> Est-ce Saint-Aulaire ou Toureille,
> Ou tous deux qui vous ont appris
> Que dans l'ode, seigneur Abeille,
> Indifféremment on ait pris
> *Patience, vertu, constance ?*
> Peut-être en saurez-vous un jour la différence;
> Apprenez cependant comme on parle à Paris :
> Votre longue persévérance
> A nous donner de mauvais vers,
> C'est ce qu'on appelle *constance,*
> Et dans ceux qui les ont soufferts
> Cela s'appelle *patience*.

Tout cela n'empêcha pas l'abbé Abeille de mourir tranquille, riche et honoré, le 22 mai 1718.

On a trouvé dans ses papiers deux opéras, *Hésione* et *Ariane*, que M. de Sacy compare aux opéras de Quinault, mais qu'aucun compositeur de l'époque ne fut tenté de mettre en musique.

ENCYCLOPÉDIE THÉATRALE

Adrienne Lecouvreur.

ABEILLE.

Encore un auteur du nom d'Abeille! Si les succès de l'académicien firent sommeiller le public, ceux de celui-là n'empêchèrent personne de dormir, à Paris du moins, car il ne donna son nom qu'à une seule comédie en un acte, en prose, intitulée Les Fausses Alarmes de l'Opéra, qui fut représentée à Lyon, le 8 février 1708.

On ne sait rien de plus sur cet auteur, qui, à ce que prétend de Mouhy, n'est pas le même que :

ABEILLE (Scipion),

Neveu de l'académicien. Il exerçait la profession de comédien, et s'y fit d'autant moins connaître qu'il n'abandonna la province que pour faire représenter au Théâtre-Français, en 1712, une comédie en trois actes, intitulée *La Fille valet*.

Cette pièce, qui eut peu de succès, ne valait pas *Crispin jaloux*, autre comédie du même auteur, qui ne fut jamais jouée, et que certains biographes attribuent à tort à Gaspard Abeille.

ABEILLE (Melle).

C'est le nom d'une actrice qui débuta au Théâtre-Français, le 11 octobre 1742, par les rôles de *Cléanthis* dans Démocrite, et de *Mathurine* dans Colin-Maillard, et satisfit si peu les spectateurs, qu'elle ne put parvenir à se faire recevoir.

Parfait et les *Anecdotes dramatiques* la disent fille du comédien dont il est parlé ci-dessus. Il faut admettre alors qu'elle n'ait pas débuté dans sa première jeunesse, ou que son père fit la *Fille valet* bien jeune ou la fille *actrice* bien vieux; mais la chose ne vaut pas la peine d'être discutée.

ABEILLES (LES), *pièce en trois actes, de MM. Lockroy et Anicet Bourgeois, représentée pour la première fois, sur le théâtre des Variétés, le 22 novembre 1841.*

C'est une espèce de féerie sans changements à vue, mais dans laquelle on applaudit de jolis décors et une mise en scène remarquable.

Le conseil des génies veut créer des êtres nouveaux appelés abeilles et faux-bourdons, qui vivront dans la même ruche sans jamais se voir ni se connaître.

Bouton d'or, jeune lutin, qui a prétendu que les abeilles et les faux-bourdons ne pourraient pas vivre les uns sans les autres, a été condamné à une détention de trois années dans une cellule de faux-bourdon ; il veut utiliser sa captivité à prouver ce qu'il avance en réunissant abeilles et faux-bourdons.

Une petite abeille, du doux nom d'Églantine, a conçu une passion très-vive pour un coquet bourdon qui est enfermé, comme tous ceux de sa race, dans une cellule dont la reine des génies possède seule la clef. Bouton d'or, le révolutionnaire, par l'intermédiaire de la jeune amoureuse, monte la tête aux abeilles et leur conseille de s'emparer de la clef et de délivrer tous les faux-bourdons, qui deviendront pour elles d'excellents maris.

En effet, on s'arme de pied en cap, et, sous le commandement du général La Tulipe, on assiége la reine, qui donne enfin la fameuse clef.

Ce vaudeville, bizarre et sans portée, n'en a pas moins obtenu un certain succès.

Hâtons-nous de constater, dans l'intérêt de l'art, qu'il ne le dut qu'à l'exhibition de nombreuses et charmantes abeilles, et à leurs gracieuses évolutions militaires, mais peu ou point à la gaîté des faux-bourdons ni à l'esprit des auteurs, dont cette œuvre n'enrichit point le répertoire.

ABEILLES (LES) ET LES VIOLETTES, *revue en six tableaux, de MM. Clairville et Cordier, représentée pour la première fois, sur le théâtre du Vaudeville, le 28 décembre 1852.*

Les auteurs ne se sont pas mis en frais d'imagination ; du reste, ce n'est généralement pas dans les revues qu'il faut en chercher..., et ce n'en est pas meilleur pour cela.

Ces messieurs ont trouvé des prétextes à costumes et à décors en habillant les actrices en abeilles, ce qui avait déjà été fait douze ans plus tôt.

On les voit, au premier tableau, travaillant tranquilles et écoutant les sermons en couplets de leur reine, qui, parodiant un mot célèbre et de fraîche date alors, leur dit : « Le travail, c'est la paix. »

Pour cette fois, la reine se trompe, car Picotin Ier, roi des frêlons, vient leur déclarer la guerre. Il est vaincu, fait humblement sa soumission, et, en guise de *Te Deum*, les abeilles célèbrent leur victoire en se payant le spectacle des nouveautés de l'année.

Alors commence la revue, dans laquelle paraissent tous les artistes de la troupe sous leur jour le plus favorable.

Hoffmann, le directeur-acteur, a donné à ses confrères une leçon de bon goût et de bonne camaraderie en s'effaçant dans un rôle secondaire.

On a beaucoup remarqué un jeune comique, du nom de Chambery, qui disait le couplet comme un vrai chanteur, — ce qui n'a rien d'étonnant, car c'est à ce titre qu'il a depuis cherché et trouvé des succès en province.

ABEL (Mme),

Actrice française, était l'étoile du théâtre du Panthéon, où elle brillait en 1835, 36 et 37.

Voici comment s'exprime à son égard un critique de ce temps-là :

« Une timidité modeste empêche parfois Mme Abel d'obéir aux élans
« de ses inspirations; malgré cela, les encouragements ne lui manquent
« jamais. Ses manières sont distinguées, elle sait prêter à chacun des
« rôles qu'elle joue un ton parfait de comédie, et cette même crainte
« qui l'empêche de donner un libre essor à sa pensée répand sur toute
« sa personne un charme heureux fait pour lui mériter toujours
« l'accueil qui lui est accordé par le public. — Mme Abel compte de
« nombreuses et honorables créations dans le drame. »

Il ne paraît pas, malgré cela, qu'elle ait poursuivi une carrière qui s'annonçait si bien, car il n'en est plus question dans les journaux à partir de 1840.

ABEL.

« L'odieux et sanglant meurtre commis par le maudit Caïn à l'en-
« contre de son frère Abel; extrait du quatrième chapitre de la Genèse.

« Tragédie morale à douze personnages; savoir : Adam, Ève, Caïn,
« Abel, Calmana, sœur et femme d'Abel; Debora, sœur et femme de
« Caïn; l'Ange, le Diable, Remords de conscience, le Sang d'Abel,
« le Péché et la Mort. »

Tel est le titre textuel de cette pièce de Thomas Lecocq, imprimée et représentée en 1580.

C'est une espèce de mystère, sans distinction d'actes ni de scènes, dont l'auteur n'a rien inventé, puisqu'il a pris les noms des personnages et la marche de sa *Tragédie morale* dans *Les Mystères du Viel Testament* (voir ADAM ET ÈVE).

Tallemant des Réaux fait allusion à cette pièce dans son *historiette* de Bois-Robert, quand il dit :

« ..... De ce temps-là, on s'avisa de jouer, dans un quartier de Rouen,
« une tragédie de la *Mort d'Abel*. Une femme vint prier que son fils en
« fût, et qu'elle fournirait ce qu'on voudrait. — Tous les personnages
« étaient donnés ; cependant les offres étaient grandes ; on s'avisa de
« lui donner le personnage du Sang d'Abel. — On le mit dans un
« porte-manteau de satin rouge cramoisi ; on le roulait de derrière le
« théâtre, et il criait : *Vengeance ! vengeance !* »

Si ce renseignement ne jette pas un grand jour sur la pièce, c'est au moins une indication de costume.

ABEL, *tragédie en cinq actes, en vers, du père Duhalde.*

Rien ne prouve que cette tragédie biblique ait été représentée. Cependant il est plus que probable qu'on la joua dans les colléges. — Il n'en est point mention sur la pièce, imprimée en 1720.

ABEL, *tramélogédie d'Alfieri.*

C'est peut-être le meilleur ouvrage dramatique du poëte italien.

La qualification peut en paraître singulière, mais Alfieri, en inventant ce genre bâtard, qui n'est ni tragédie ni opéra, bien que tenant de l'un et de l'autre, voulait exprimer sa pensée en un seul mot.

Il espérait composer six pièces de ce genre, mais la mort l'arrêta dans son œuvre.

Cette pièce a été traduite en français par MM. Petitot et de Gourbillon (Paris, 1802).

ABEL, *opéra en trois actes, poëme de M. Hoffmann, musique de M. Rodolphe Kreutzer, représenté pour la première fois, sur le théâtre impérial de l'Opéra, le 23 mars 1810.*

Le premier acte de cet opéra (dont le sujet n'a rien de risible) a cependant égayé l'auditoire, et cette gaieté a menacé un instant d'être fatale aux auteurs.

L'hilarité avait été provoquée par la coiffure de Nourrit, qui représentait Abel avec une perruque blonde, qui lui donnait une physio- de chérubin du plus heureux comique.

Mais peu à peu on s'est accoutumé à la vue de cette chevelure importune, et l'ouvrage a été écouté avec l'attention qu'il méritait.

M. Hoffmann n'a point fait excès d'imagination. Il s'est inspiré de Gessner et de Legouvé pour dessiner les principales situations de son sujet et les caractères de ses personnages.

La versification est faible, le style négligé; mais on voit cependant que, si l'auteur n'a pas mieux écrit, c'est qu'il n'a pas voulu s'en donner la peine.

Au reste, ce qui à première vue semble être un défaut n'est quelquefois qu'une sorte d'indifférence que l'on rencontre chez les faiseurs de libretti, indifférence inspirée par l'importance tout au plus secondaire que l'on accorde aux ouvrages de musique, et surtout par les mille remaniements qu'exigent les caprices ou la muse du compositeur.

Le premier acte a pour sujet la réconciliation des deux frères. On y voit le tableau édifiant d'une famille vertueuse dont le bonheur est troublé par la haine de Caïn contre Abel. Tous se réunissent pour rappeler à de meilleurs sentiments ce fils dénaturé, et Caïn s'attendrit et embrasse son frère. A ce moment, une voix souterraine invoque la guerre. Adam et ses enfants vont préparer des sacrifices, et laissent la scène libre aux esprits infernaux, qui dressent leurs batteries; mais les démons prennent la fuite en apercevant la pieuse famille qui revient en chantant des hymnes.

Abel et Caïn placent leurs dons chacun sur un autel; l'offrande de Caïn est renversée par le vent et dévorée par les flammes qui sortent de terre.

Celle d'Abel est consumée par une flamme qui descend sur l'autel. Caïn maudit le Ciel et retrouve sa haine pour son frère.

La musique de ce premier acte est bien appropriée au sujet.

L'ouverture est simple, fraîche. Il y a un duo entre Adam et Abel dont le succès prouve l'empire que la mélodie peut exercer sur l'auditeur.

Le second acte se passe au milieu des flammes. Les démons sont assemblés et délibèrent pour savoir comment ils s'y prendront pour faire tuer Abel par son frère. Ils forgent une massue pour Caïn.

Ce deuxième acte a été fort mal accueilli, grâce à l'invraisemblance du sujet. M. Kreutzer a cependant réuni ses efforts pour sauver cette situation par une musique sauvage, terrible.

Il a réussi complétement : les morceaux sont remplis d'opposition, de contraste et d'un caractère diabolique du plus heureux effet.

Le troisième acte s'ouvre par un monologue. Le songe de Caïn est représenté par des danses, qui retracent à ses yeux les malheurs de sa race et l'heureuse destinée des descendants d'Abel.

Ces pas étaient parfaitement réglés par M. Gardel, et exécutés par Vestris, MM^{mes} Gardel, Millière et Bigottini.

Une des plus belles scènes de l'ouvrage, sous le double rapport de la musique et des paroles, c'est celle qui représente le meurtre d'Abel. C'est là que Lainez a produit le plus d'effet.

Le rôle d'Adam était très-favorable à la voix de Dérivis.

Nourrit père, malgré l'incident de la perruque, obtint un grand succès dans celui d'Abel.

Mlle Maillard mettait toute sa noblesse et sa sensibilité dans le personnage d'Ève.

En somme, ce ne fut qu'un succès d'estime, et l'œuvre de Rodolphe n'eut qu'un petit nombre de représentations.

ENCYCLOPÉDIE THÉATRALE

Alfred de Vigny.

«La *Mort d'Abel*, dit M. Castil-Blaze, n'inspira que de l'ennui, malgré les cris de Lainez et la vigueur qu'il mit dans l'exécution du rôle de Caïn. — Un duo gracieux, celui qui sert d'introduction à la pièce, réussît à la scène, et fut chanté dans les concerts ; on doit en féliciter Mozart : la phrase principale de ce duo, la seule qui plaise et mérite d'être applaudie, est empruntée au premier duo des *Noces de Figaro*. »

ABEL WILMORE, *drame en cinq actes, en prose, par MM. Hippolyte Deschamps et Ch. Merville, représenté pour la première fois, sur le théâtre du Panthéon, le 13 octobre 1836.*

Cette pièce eut vraisemblablement peu de succès, car les journaux de théâtre n'ont pas cru devoir en parler autrement que pour l'annoncer.

Nos aristarques considéraient probablement les auteurs qui écrivaient pour le théâtre du Panthéon comme au-dessous de leurs critiques.

Ils auraient dû pourtant savoir qu'on débute rarement par la Comédie-Française, et qu'à moins d'un immense génie ou de puissantes protections, il faut commencer par les petits théâtres.

Il ne paraît pas, du reste, que les auteurs d'*Abel Wilmore* aient jamais abordé les grandes scènes. Si c'est manque de talent, tant mieux, car il y aura toujours assez de mauvais auteurs ; mais si c'est découragement, tant pis, car alors c'est un des malheureux effets de la critique, qui s'obstine à ne juger que les auteurs déjà arrivés, lesquels en ont d'autant moins besoin qu'ils n'écoutent jamais ses conseils — quand elle consent à ne pas les louer toujours.

ABELINO, OU LE GRAND BANDIT, *tragédie allemande de Zschokke, qui fut représentée avec succès, en 1790, par la troupe allemande de Berlin, dont l'auteur faisait partie.*

Cette pièce fut imprimée à Berlin en 1793.— Je n'en parle, du reste, qu'à cause de la traduction, remarquable par son énergie et sa correction, qu'en a faite M. Lamartellière, et qu'il a imprimée à la suite de son *Théâtre de Schiller* (Paris, 1799).

Il n'a jamais pensé à faire représenter cette œuvre en France, ou, s'il en eut l'idée, ce fut lorsque d'autres auteurs en avaient déjà tiré des drames pour les théâtres de second ordre.

ABELINO, *drame en quatre actes, en prose, traduction de Zschokke, par MM. Delrieu et Thuring, représenté pour la première fois, au théâtre Molière, le 28 brumaire an III* (14 *novembre* 1801).

C'est un des ouvrages obscurs de Delrieu ; il eut cependant assez de succès pour donner à son auteur, qui ne manquait pas d'un certain talent d'adaptation théâtrale, l'idée d'une autre traduction, celle de l'*Artaxerce* de Métastase, qui est assurément sa meilleure pièce, car elle lui valut une pension de 2,000 francs.

ABELINO, ou le Héros vénitien, *drame en quatre actes, en prose, imité de Zschokke, par Chazel père, représenté pour la première fois, au théâtre du Marais, le 4 frimaire an X* (25 *novembre* 1801).

C'était la mode des Abelino : en voilà deux seulement à onze jours de distance. Le poëte allemand ne s'attendait pas à avoir un tel succès de vogue. M. Chazel, sans doute pour prouver aux amateurs que son *Abelino* valait mieux que celui du voisin, y a ajouté : *ou le Héros vénitien.*

Diable, voilà le grand bandit de Zschokke qui devient un héros ! Il est vrai qu'il n'y a pas si loin qu'on le croirait au premier abord, et que cela ne dépend souvent que de la manière de présenter le personnage.

Le public n'applaudit guère plus le héros du Marais que le bandit du théâtre Molière. Ils se firent tort réciproquement. On pourrait peut-être ajouter qu'ils firent tort aussi à la réputation de l'auteur allemand ; mais dans ce temps-là on s'occupait si peu de théâtre que le public ne savait seulement pas que Zschokke existât.

ABELINO, *drame en cinq actes, imité de l'allemand, par M. Guilbert de Pixérécourt.*

Cette pièce, qui n'est point imprimée, ne fut vraisemblablement pas représentée. J'ai même peine à croire qu'elle ait jamais existé, car aucun des biographes de Pixérécourt n'en parle ; cependant, comme elle est sur le catalogue de la société des auteurs, j'ai cru devoir la citer.

ABELL (Jean),

Musicien anglais, luthiste renommé et ténor admirable, faisait partie de la chapelle du roi Charles II, qui était aussi charmé de son talent comme exécutant que de son organe de chanteur, et qui voulait l'envoyer au carnaval de Venise, pour prouver aux Italiens qu'il y avait de belles voix en Angleterre.

Mais ce projet ne fut point mis à exécution et Abell fut exilé en 1688 comme papiste. Il n'eut pas d'autre ressource que de parcourir l'Europe en troubadour, et donnant

<blockquote>Des airs de guitare
En échange d'un bon repas ;</blockquote>

Mais il n'était pas si prodigue de sa voix, témoin cette anecdote racontée partout.

A Varsovie, le roi de Pologne, Michel Wiesno-Wieski, lui fit dire qu'il désirait l'entendre. — Abell s'excusa sous le prétexte ordinaire des ténors ; mais le monarque, qui, oubliant ce que l'on doit au rhume, ne voulait pas que le chanteur oubliât

<blockquote>Ce qu'on doit à son roi,</blockquote>

l'envoya chercher d'autorité. Dès qu'il parut à la cour muni de son luth, on l'introduisit dans une grande salle autour de laquelle régnait une galerie où était réunie toute la royale société.

Abell, tout seul en bas, voulut s'excuser encore, mais on l'assit dans un fauteuil, et au moyen d'une corde et d'une poulie on le hissa comme un lustre au niveau des spectateurs, qui plaisantaient en polonais d'une façon qui écorchait autant les oreilles du musicien qu'elle blessait l'amour-propre de l'homme.

Puis on fit entrer des ours, et l'on donna au virtuose à choisir entre chanter tout seul en l'air, ou être descendu pour faire avec messieurs les ours sa partie dans un concert où il n'aurait pas le beau rôle.

Il n'y avait pas à hésiter. — Les préludes des barytons affamés qui sentaient le *ténor frais* guérirent le rhume d'Abell, et il chanta au moins comme un rossignol, car il trouva autant d'admirateurs qu'il s'était trouvé de sauvages pour applaudir à la barbare plaisanterie du roi.

Abell n'est pas seulement apprécié comme chanteur, il composa nombre de romances assez connues, puisque le catalogue de musique d'Étienne Roger cite *les Airs d'Abell* pour le concert de Duole.

Fatigué de pérégrinations qui n'amusent que dans la jeunesse, il profita de l'amnistie de 1701 pour rentrer en Angleterre, où il mourut dans un âge très-avancé, chantant et faisant plaisir jusqu'au dernier moment. Il avait, dit-on, un secret pour conserver sa voix et sa manière de chanter.

Ce secret-là a été retrouvé par Déjazet : c'est la méthode, c'est le talent, c'est l'esprit de l'art.

ABELLE, *oratorio-tragédie-opéra, en vers italiens, avec traduction en prose française en regard, imprimé à Valenciennes en* 1712.

D'après Beffara, l'auteur et le traducteur sont anonymes.

Je n'ai point vu la pièce en question, et je suis porté à croire qu'il y a une erreur de date, et que cet *Abelle* en vers italiens n'est autre que la tramélogédie d'Alfieri.

ABELY et MÉLÉNIDE, ou la Réclamation de l'Amour, *comédie en deux actes, en prose.*

On ne connaît pas l'auteur de cette pièce, qui n'a jamais été ni jouée ni imprimée, et qui n'est citée que dans le catalogue de Soleines.

Le manuscrit est à la Bibliothèque impériale.

ABENCERAGE (L'), *opéra en un acte, en vers, poëme de M*me *Collet, musique de M. Collet, représenté sur le théâtre de l'hôtel Castellane, le* 13 *avril* 1837,

N'eut jamais les honneurs de la représentation publique. Ce fut un succès de société que les critiques de l'époque ont a peine constaté.

ABENCERRAGES (Les), *opéra en trois actes, paroles de M. Jouy, musique de Cherubini, représenté pour la première fois à Paris, à l'Académie impériale de musique, le 16 avril 1813.*

C'est un épisode de l'histoire de la rivalité des Abencerrages et des Zégris, enrichi par l'inspiration malheureuse de M. Jouy, parolier qui n'avait pourtant pas encore conquis la palme du ridicule que lui réservait le livret de *Guillaume Tell*, mais qui la méritait déjà.

Au premier acte, Almanzor, le chef de la tribu des Abencerrages, célèbre son mariage avec la belle Noraïm; Gonzalve de Cordoue, la fleur des chevaliers espagnols, est venu assister à cette fête et partager le bonheur de son ami.

Mais les Zégris ne laissent pas terminer les fiançailles; Alémar, leur chef, qui a juré la perte d'Almanzor, suppose un ordre du roi de Grenade et reprend les hostilités.

Par je ne sais quelle machination, Almanzor, qui tout en étant victorieux s'est laissé enlever par un traître un étendard sacré qui tombe entre les mains d'Alémar, est condamné à mort. Par égard pour lui, on commue sa peine par un exil dans lequel il n'aura pas le droit d'emmener sa femme.

Il part seul, mais pour revenir déguisé en sauvage. Il se cache dans des roseaux auprès d'une barque dans laquelle il doit fuir avec Noraïm.

Elle arrive, mais perd un temps précieux à chanter un duo avec son mari, si bien qu'Alémar, qui ne dormait que d'un œil, s'empare des deux infortunés.

Bien entendu, le traître aimait la jeune personne, ce qui explique pourquoi il détestait Almanzor, qui est derechef condamné à mort.

Cependant, une rumeur vague court dans le camp; quelques-uns ne croient pas à la trahison d'Almanzor, et, selon les lois de la chevalerie, on admet le jugement de Dieu.

Almanzor pourra donc vivre si un guerrier prouve son innocence en tuant son accusateur.

Gonzalve de Cordoue se présente en champ-clos contre le traître, qui a lui-même soustrait l'étendard cause de tant de malheurs. Il est vainqueur, et le confident d'Alémar avoue son crime et la part qu'y a prise le chef des Zégris.

Alémar est alors conduit au supplice pendant qu'on célèbre la victoire de Gonzalve et qu'on danse un ballet pour faire oublier aux époux, heureux enfin, les innombrables dangers qu'ils ont courus.

C'est dans ce ballet qu'Albert introduisit pour la première fois la guitare, dont il pinçait avec talent tout en dansant.

Voilà ce que Cherubini avait pour s'inspirer. Aussi, que fit-il? Sans doute de la musique savante, sagement combinée, car avec sa science musicale et son entente de la scène il ne pouvait pas faire un mauvais opéra; mais les Abencerrages ne firent aucun effet, malgré la présence et les encouragements de Leurs Majestés Impériales, et n'eurent pas le succès qu'ils auraient pu avoir avec n'importe quel autre livret.

Il faut cependant citer, en fait de musique, l'ouverture et les chœurs, la scène d'Almanzor, *Suspendez à ces murs;* les airs : *Enfin j'ai vu naître l'aurore*, et *Poursuis tes belles destinées*, qui étaient dignes d'un meilleur sort.

L'interprétation n'avait rien de bien brillant, mais en somme elle était convenable et en quelque sorte supérieure à l'œuvre. — Lavigne faisait Gonzalve; Louis Nourrit, Almanzor; Derivis, Alémar. — Mme Branchu, qui faisait Noraïm, a été remplacée dès la seconde représentation par Mme Albert Himm pour des raisons indépendantes de l'art.

ABENCERRAGES (Les), ou Octaïr et Zobeïde, *mélodrame en trois actes, en prose, par M. Plancher de Valcourt.*

Ne fut jamais représenté à Paris, mais le fut certainement en province, car il est imprimé dans un recueil intitulé *Théâtre de province,* 1787, et c'est encore beaucoup d'honneur lui faire.

ABEN-HAMET et ZORAIDE, ou les Amants de Grenade, *mélodrame en trois actes, en prose, par M. Charrin, non représenté, imprimé à Paris —* 1806.

ENCYCLOPÉDIE THÉATRALE

M. RAYNARD, rôle de Chabannais, dans *les Chevaliers du Pince-Nez*.

ABEN-HAMET, ou les Héros de Grenade, *mélodrame en trois actes, en prose, de M. Mélesville, musique de Quaisain et Renat, représenté pour la première fois, sur le théâtre de l'Ambigu, le 16 septembre 1815.*

C'est encore un épisode de l'histoire des Abencerrages, tant de fois racontée et de si diverses manières qu'on ne sait plus au juste où commence la fiction qui a fait tous les frais de ce gros mélodrame.

Malgré les prouesses de Aben-Hamet et son amour pour la *Fleur de Grenade*, traversé par le traître obligé, quelque Zégri qui l'aimait avant lui, mais qui n'était pas payé de retour, comme cela arrivera toujours aux troisièmes rôles de tous les drames, la pièce n'eut qu'un tout petit succès.

C'était bien juste ce qu'elle méritait.

ABENHEIM (Joseph),

Musicien et compositeur, attaché à la chapelle du duc de Wurtemberg, est plus remarquable comme instrumentiste que comme auteur.

Il est né à Worms en 1804, et reçut de bonne heure ses premières leçons de piano et de violon de Winkelmaïer; puis il entra dans l'orchestre de la cour de Manheim, où il se perfectionna sur le violon, et étudia l'harmonie sous Frey, maître des concerts de cette cour.

La précocité de son talent le fit admettre en 1825 à l'orchestre de la chapelle royale de Stuttgard. Il se maria dans cette ville, qu'il quitta en 1828 pour venir à Paris apprendre la composition chez Reicha.

De retour à Stuttgard, son talent, qui avait voyagé et qui s'était singulièrement mûri, fut plus apprécié. Il eut la direction de la musique des vaudevilles que la famille royale jouait elle-même sur le petit théâtre de la cour; ce qui ne l'empêcha pas de devenir un professeur très-estimé d'harmonie et de piano.

Il a composé beaucoup de musique pour ce dernier instrument, et des quantités de petits airs pour des vaudevilles et même des drames, notamment le chant de *Thekla* dans le *Wallenstein* de Schiller, un air pour le drame *Der liebe Zamber*, toute la musique d'une espèce d'opéra intitulé *Hariadan*, joué à Stuttgard en 1842, sans compter beaucoup de morceaux de circonstance pour les fêtes de la famille royale de Wurtemberg.

ABEN HUMEYA, ou les Maures sous Philippe II, *mélodrame en trois actes, à grand spectacle, de M. Martinez de la Rosa, musique de M. Goumis pour le chant et d'Alexandre Piccini pour le reste, décorations de M. Lefebvre, représentée pour la première fois, sur le théâtre de la Porte-Saint-Martin, le 19 juillet 1830.*

Voilà bien des détails sur l'affiche, dira-t-on. C'est que l'administration de la Porte-Saint-Martin comptait sur un grand succès, et ses prévisions étaient justifiées à moitié par le nom, la réputation et les hautes relations de M. Martinez de la Rosa, auteur célèbre de l'autre côté des Pyrénées, et homme d'État considéré en France malgré son exil, peut-être même à cause de son exil.

Mais on a toujours tort de compter sans l'avenir. La date de la première représentation du drame de l'écrivain espagnol expliquera le peu de durée de son succès.

Le 19 juillet 1830, on avait déjà autre chose à faire que d'aller au théâtre, et le canon qui quelques jours après tonnait dans les rues de Paris en même temps que dans les coulisses de la Porte-Saint-Martin était d'un autre intérêt pour le public.

Ce contre-temps est regrettable pour l'auteur, qui avait fait une assez bonne pièce avec les aventures de Ferdinand de Valor.

On sait que cet Espagnol, nourrissant une haine profonde pour Philippe II, était passé dans le camp des Maures révoltés, et que ceux-ci, pour reconnaître sa valeur et le mal qu'il était déjà parvenu à faire à l'Espagne, le nommèrent duc de Grenade et de Cordoue, où il gouverna sous le nom d'Aben Humeya, jusqu'à ce que, livré au roi d'Espagne par le traître de la tradition, il fut étranglé délicatement entre la tête et les épaules.

Tel était le drame de M. Martinez de la Rosa, et Bocage, qui était chargé de tout le poids de l'ouvrage et qui le portait crânement sous le personnage d'Aben Humeya, l'aurait certainement fait réussir si les événements l'avaient permis.

ABENSAÏD, empereur du Mogol, *tragédie en cinq actes et en vers*, *par l'abbé Leblanc, représentée pour la première fois, sur le Théâtre-Français, le 6 juin* 1735.

C'est le premier ouvrage de cet auteur, et l'on y sent toute l'inexpérience d'un débutant. — Le caractère d'Abensaïd, qui devrait être le rôle de la pièce, est équivoque, et le public ne sait jamais si c'est un tyran ou un bon prince, si l'on doit l'aimer ou le haïr.

Il n'y a qu'un personnage, un émir, assez heureusement tracé et qui se soutient un peu.

La pièce eut cependant du succès; elle fut jouée douze fois de suite, jusqu'au 29 juin; puis, la cour ayant voulu en avoir une représentation l'hiver suivant, on profita de l'occasion pour la reprendre au Théâtre-Français, où elle eut encore sept représentations, dont la première était le 31 décembre 1735.

Abensaïd eut aussi les honneurs de la parodie, ainsi qu'on le verra à l'article DROITS DU SEIGNEUR.

Les *Anecdotes dramatiques* rapportent un incident assez curieux arrivé à une des représentations de cette pièce.

« Le chevalier de Tinténiac, officier dans les gardes-françaises, étant debout au milieu du théâtre, un spectateur lui cria du fond du parterre : «Annoncez!» Tinténiac ne se remua point. Les clameurs redoublèrent; on poussa les choses jusqu'à lui dire : « Annoncez, « l'homme à l'habit gris de fer, galonné en or; annoncez donc! » Le chevalier, ne doutant plus que l'apostrophe ne s'adresse à lui, s'avance sur le bord du théâtre, et dit : « J'annonce que vous êtes des « drôles que je rouerai de coups. »

Ce qu'il y a de plus curieux, c'est que le parterre se le tint pour dit et ne bougea pas.

Ce n'est qu'un grand enfant qui fait souvent le terrible, mais qu'on apaise toujours avec de l'audace ou de l'esprit, le fouet ou des bonbons.

Voici encore, pour le prouver, deux anecdotes que M. Castil-Blaze assure tenir de Grétry et de Solier, témoins oculaires, et qu'il raconte dans son *Histoire de l'Académie impériale de musique*.

« La salle de l'Académie était comble, fort agitée, le parterre attendait avec impatience le premier coup d'archet de l'ouverture, quand un personnage à figure bizarre, couvert d'un large surtout gris, portant de noires moustaches retroussées, vint s'asseoir au milieu de la troupe brillante et dorée qui se pavanait aux balcons. L'homme gris est à peine assis au premier rang qu'un plaisant s'écrie : — « A bas « la moustache! » Plus d'un écho répondit à l'appel, et le parterre en chœur se mit bientôt à crier : — « A bas la moustache! » Les spectateurs des galeries, ceux des loges, se joignirent ensuite à la clameur publique, et toute la salle entonnait avec un ensemble parfait, une vigueur merveilleuse : « A bas la moustache! »

« L'homme gris regarde autour de lui, cherche la moustache que l'on frappait de proscription; ne la trouvant point, touche la sienne; du geste interroge le public, qui se hâte de lui faire connaître que c'est à lui qu'il en veut. L'homme gris se lève alors, salue respectueusement l'assemblée et se retire. — « Bravo la moustache! » Ces cris mille fois répétés, un tonnerre d'applaudissements, accompagnent cette honorable retraite. Le tumulte s'apaise; on avait presque oublié la cause de ce trouble divertissant, lorsque l'homme gris revient tranquillement reprendre sa place. Nouveaux cris, sabbat infernal. — « A bas la moustache! » L'homme gris ouvre sa redingote, démasque un tromblon, arme la batterie du terrible instrument, se promène sur l'avant-scène, comme un chasseur au guet, dirige la gueule du canon à droite, à gauche, tenant en joue les groupes les plus bruyants. Le silence fut à l'instant rétabli, le calme descendit sur cette mer agitée et les dames se prirent seulement d'applaudir et de crier en voix de soprano : — « Bravo la moustache! » L'homme gris déposa son espingole, s'assit pour goûter les plaisirs du spectacle, qui ne fut troublé par aucune clameur.

« Un abbé galant, donnant la main à deux très-jolies femmes superbement parées, se présente un soir au contrôle de l'Académie, et demande la loge du maréchal de Noailles. — « Passez, monsieur l'abbé, » disent les préposés. — « Entrez, monsieur l'abbé, » dit l'ouvreuse. Et l'abbé s'établit sur le devant de la loge, ayant à ses côtés ses deux compagnes sémillantes. La loge était au premier rang, et tous les yeux se portaient sur ce trio. Cependant un abbé figurant au spectacle au milieu de deux femmes si charmantes et d'une tenue qui n'était pas du tout collet-monté ne paraissait pas une chose si extraordinaire pour que le public criât au scandale. L'abbé faisait des jaloux, il est vrai, mais le parterre semblait éprouver de la sympathie pour lui ; l'abbé n'eut que de l'agrément avant le lever du rideau. Le spectacle une fois commencé, le public le perdit de vue. Mais, vers le milieu du premier acte, on entend le bruit d'une altercation assez violente; les yeux se portent vers le lieu d'où vient la rumeur et rencontrent la loge de l'abbé. Jugez de l'intérêt qu'inspire la dispute ! Le drame avait été trop bien préparé pour manquer son effet. Le maréchal de Noailles, arrivant avec sa compagnie, furieux de trouver sa loge occupée, sommait le prestolet de vider les lieux incontinent et sans délai. L'abbé s'obstinait à rester, disant qu'il avait payé, que nul au monde ne pouvait le déposséder ainsi des places qu'il occupait avec ses deux favorites. L'action était vivement engagée, le public criait : — « A la porte ! — Paix-là ! » Tous les regards se dirigeaient sur l'abbé, qui se posait en héros et défendait sa propriété menacée avec toutes les armes de la logique et la véhémence de l'homme éloquent. Le tumulte était au comble, quand l'abbé, se tournant vers le public, sollicite un moment de silence ; tout se tait et l'orateur dit :

« Messieurs, soyez nos juges. Voilà M. le maréchal de Noailles,
« qui de sa vie n'a pris de places, et qui veut aujourd'hui prendre la
« mienne. Dois-je la lui céder ? — Non ! non ! » criait-on de toutes parts. Le maréchal veut insister, on le siffle ; l'abbé reçoit des applaudissements furibonds. Enfin le maréchal fait prudemment retraite pour mettre un terme à l'émeute.

« Voilà, certes, un calembour mis en scène avec un soin particulier. Était-ce un véritable abbé ? Le malin n'avait-il pas endossé la soutane pour donner plus de mordant à son trait satirique ? L'abbé resta-t il jusqu'à la fin du spectacle pour jouir de son triomphe ? Solier ne me l'a pas dit. »

A BEYROUTH, *vaudeville en un acte, de M. Pilté.*

ABIGAIL, *tragédie en cinq actes et en vers*, *en manuscrit à la Bibliothèque impériale.*

C'est une pièce raisonnable, autant que les situations respectives d'Abigaïl, de son mari, et du roi poëte David, le permettent.

Le sujet portait à la tragédie; mais il prêtait aussi beaucoup à la censure, et je ne m'étonne point que la pièce n'ait jamais été représentée.

ABILIA ET ROMULUS, ou l'Enlèvement des Sabines, *ballet en cinq actes, de M. Le Picq, représenté sur le théâtre royal de Londres, en 1783.*

Ce ballet ne fut jamais joué en France; mais, comme il est l'œuvre d'un Français, il doit figurer dans ce dictionnaire.

C'est un épisode de la guerre des Romains et des Sabins.

Un Sabin, nommé Acronte, aime Abilia, princesse sabine, qui tombe au pouvoir de Romulus.

Le roi de Rome, ayant tué son rival et sauvé la vie à Curtius, frère d'Abilia, obtient sa main au dénouement.

L'idée de ce ballet est au moins singulière. On ne s'était pas encore avisé de faire danser Romulus; il est vrai que le tableau de l'enlèvement des Sabines prête beaucoup à la mise en scène.

Et puis, qui sait? Romulus était peut-être seulement un personnage marchant.

ABIME DE MALADETTA (L'), *opéra en trois actes, traduit de l'italien et arrangé pour la scène française par M. Édouard Duprez, musique de M. Gilbert Duprez, ballet de M. Desplaces; représenté pour la première fois, à Bruxelles, sur le théâtre royal de la Monnaie, le 19 novembre 1851.*

Bien que représentée à l'étranger, c'est une œuvre française. Il est probable que, si Duprez, le ténor célèbre, avait pu se faire ouvrir comme compositeur les portes de l'Opéra, où il avait brillé si longtemps comme chanteur, il n'eût point porté à Bruxelles le fruit de son travail.

Du reste, en fait d'art théâtral, la Belgique ne doit point être considérée comme pays étranger; c'est une province française qui se fournit

ENCYCLOPÉDIE THÉATRALE

Mademoiselle ABINGDON, rôle d'Ève, dans le *Déluge universel*.

D'après la photographie de A. LIÉBERT.

à Paris de pièces et d'acteurs ; — et si, ce qui est loin de ma pensée, il était besoin d'excuses pour les tentatives de décentralisation, n'est-il pas reconnu que le talent n'a pas de patrie? Trop heureux, par ces temps difficiles, de se faire adopter quelque part !

La pièce qui nous occupe n'est certes pas un chef-d'œuvre ; elle eut cependant un succès d'enthousiasme, facile à expliquer en partie par la gloire que Duprez avait attachée à son nom ; la critique la plus sévère ne peut s'empêcher de constater que la partition renferme de grandes beautés, — et, chose étonnante de la part d'un homme qui devait être accablé par les réminiscences, des morceaux d'une originalité remarquable; malheureusement ils sont rares. Le compositeur s'est peut-être un peu trop attaché à donner des preuves de science musicale; on sent qu'il n'a pas osé se livrer à l'inspiration, — ce qui donne une couleur un peu trop uniforme à son ouvrage. Le libretto n'était pas fait non plus pour l'aider beaucoup, et il était difficile de s'élever au sublime avec un drame aussi rebattu que celui que son frère a mis à sa disposition.

En voici le sujet :

Dans les Pyrénées, au bord de l'*abîme de Maladetta*, habite un guide du nom de Stephano. C'est un brave homme, fort connu aux environs, et fort apprécié des touristes qui viennent admirer la belle nature.

Si leur cœur est serré à la vue de la gorge maudite, il peut se dilater à la cabane du guide, et revenir à des idées plus riantes en admirant la beauté de sa fille Joanne.

Un jeune seigneur des environs fait de fréquentes visites à la cabane de Stephano; mais ce n'est pas la Maladetta qui l'attire. Il aime Joanne, qui, de son côté, écoute les propos amoureux de Léonce de Bougard (c'est son nom) sans trop de déplaisir.

Nous les trouvons en tête à tête, au lever du rideau, pendant une absence de Stephano. Leur duo d'amour est interrompu par l'arrivée d'une foule de seigneurs et de dames qui font une partie de chasse. — Chasser dans les Pyrénées et près de l'abîme de Maladetta, il faut avoir du temps à perdre ; mais dans les opéras cela se voit.

Parmi ces jeunes gens se trouve un certain Romuald, un ami de

Léonce, qui, bien entendu, est enchanté de le rencontrer, et comprend parfaitement ce qui a produit ce hasard. — Stephano rentre. Ces messieurs veulent l'emmener pour prendre part à leur collation. Il refuse. — Il veut se recueillir; c'est le dix-huitième anniversaire de la naissance de Joanne, et il a l'habitude de le célébrer seul avec elle. — Les promeneurs se retirent, et le laissent à sa fête de famille, qui manque complétement de gaieté.

Stephano est solennel; il a des révélations à faire à Joanne : — il lui apprend d'abord qu'il n'est pas son père, et lui explique les circonstances qui l'ont porté à l'adopter.

Il y a vingt ans, il quitta le pays pour prendre du service en France; à son départ, il avait une fiancée qui l'attendait. — Joanne pourrait lui demander ce qui le forçait à aller prendre du service ; mais la pauvre fille n'y pense pas, atterrée qu'elle est par cette révélation.

Pendant son absence, sa fiancée s'est laissée séduire par un gentilhomme, et, quand il revint, elle était mère et désespérée. — Elle lui confia Joanne, le fruit de sa faute, et se précipita dans l'abîme de la Maladetta.

Stephano a toujours cherché les traces du séducteur pour se venger sur lui ou ses descendants; mais il n'a rien pu découvrir.

Joanne, émue, va s'agenouiller sur le bord du précipice et prie pour sa mère.

Pendant ce temps, Léonce arrive à la cabane. Stephano l'invite à vider avec lui une bouteille de vieux Jurançon (je crois inutile de faire remarquer que ce n'est pas le fait d'un guide ordinaire). Léonce accepte d'autant plus volontiers qu'il est exténué de chaleur et de fatigue ; malheureusement il boit trop vite, quelques verres de vin le grisent complétement, et le voilà qui bavarde, qui bavarde: il fait parade de ses amourettes, se pose en don Juan, attestant qu'il chasse de race, attendu que son père était un franc libertin; là-dessus, il raconte justement l'histoire de la fiancée de Stephano.

Brave Stephano, qui cherchait si loin sa vengeance quand il l'avait si près de lui !

N'écoutant que sa colère, il saisit sa carabine; mais Joanne arrive juste au bon moment pour sauver la vie de Léonce. On s explique, et le jeune homme emmène sa sœur.

Le deuxième acte se passe à Paris, dans les salons de Romuald, qui donne une fête brillante.

Léonce n'était pas aussi libertin qu'il en avait l'air, et il fut péniblement affecté en apprenant que Joanne était sa sœur, car il l'aimait sérieusement.

Heureusement Romuald, qui sait tout, lui prouve qu'il n'est pas fils du marquis de Bougard, mais simplement un orphelin qu'il avait adopté pour avoir un héritier de son nom et des traditions de sa vie de débauché. — Il lui promet en outre de l'aider à l'accomplissement de ses projets, et c'est chez lui que doit se célébrer le mariage de Léonce et de Joanne.

Romuald, qui est ou léger ou pervers, veut se jouer à la fois des deux jeunes gens. Il n'a invité à sa fête que des figurants et figurantes de l'Opéra, qui se gênent fort peu, si bien que la fête devient une orgie.

Joanne s'en effraye, et Léonce va la soustraire à ce tableau indigne d'elle quand arrive Stephano, qui a tout découvert. Il apprend alors à Joanne que c'est un faux prêtre qui va l'unir à un séducteur indigne de son amour, — et l'emmène, malgré les protestations d'innocence de Léonce.

Au troisième acte, nous nous retrouvons à la Maladetta. Valérie, sœur de Romuald, est honteuse de la conduite de son frère et veut réparer le mal qu'il a fait. Elle accompagne Léonce, qui veut se justifier auprès de Stephano et de Joanne, qu'il aime plus que jamais; mais le guide fait bonne garde; il ne veut laisser approcher personne de Joanne, dont la raison est affaiblie par le chagrin et l'exaltation.

On la voit apparaître, pâle, défigurée; elle s'agenouille au bord de l'abîme, chante une prière, et va se précipiter pour rejoindre sa mère, quand Stephano la retient. On lui prouve alors que, si elle a été trompée, ce n'est pas par Léonce; qu'il l'aime toujours, et qu'il brûle du désir de s'unir avec elle.

L'émotion la fait évanouir; mais, quand elle revient à elle, Stephano a oublié sa vengeance et lui met la main dans celle de son fiancé :

Elle sera heureuse !...

Mlle Caroline Duprez, aujourd'hui Mme Vandenheuvel, a chanté la musique de son père de façon à rendre la tâche impossible à d'autres. — Elle a été rappelée avec l'heureux compositeur, qui jouissait doublement du succès de sa musique et de celui d'une élève qui lui était bien chère.

Le ténor Barbot, qui faisait Léonce, et la basse Belval, qui représentait Romuald, n'ont pas été oubliés dans les applaudissements; pas plus, du reste, que Chaimier, qui avait donné de la couleur au rôle de Stephano.

Ce fut un des succès les plus retentissants que la province ait eus à constater.

ABIMELECH, *tragédie en cinq actes, en vers, représentée au collège de Clermont, le 5 août 1676.*

Le poëte ne s'est pas nommé : — peut-être avait-il conscience de n'avoir rien fait pour Melpomène en taillant dans l'histoire sacrée des rôles et une intrigue *ad usum Delphini*, pour l'ébattement des élèves des bons pères jésuites.

ABIMELECH, *tragédie en cinq actes, en vers, de M. Andebez de Mongaubert, reçue au Théâtre-Français le 17 février 1775, mais qui ne fut jamais représentée.*

L'auteur, quand il se décida à la faire imprimer, expliqua amèrement la raison de ce retard dans sa préface :

« Il faut quinze années, dit-il, avant que cette tragédie puisse pré-
« tendre à la représentation. — Il y a quarante-sept pièces nouvelles
« reçues à la Comédie-Française (le tableau exposé au foyer en fait foi).
« On en joue communément trois par an. *Abimelech* est des dernières
« sur les rangs; d'après cela, il est aisé de voir si je me trompe. »

C'était l'inconvénient des usages en vigueur alors à la Comédie-

Française. Aujourd'hui, les usages ne sont plus les mêmes; mais le résultat n'a pas changé.

L'auteur d'*Abimelech* aurait dû profiter du délai que lui donnaient les comédiens pour corriger sa pièce et n'y pas laisser traîner à toutes les scènes des vers comme :

> Plusieurs même à regret me revoient dans ces lieux,

Ou

> Plusieurs croient avoir vu dans ce choc incertain.

Il aurait pu modifier aussi la marche de son œuvre, qui suit trop le sens biblique pour être intéressante.

Abimelech, bâtard de Gédéon, a usurpé l'autorité sur Joatham, qu'il a enfermé dans la tour de Sichem. Il renonce au Dieu de ses pères pour sacrifier à Baal, ce qui donne aux mécontents occasion de se soulever, guidés en cela par Zorab, vieil israélite, qui a une fille, Thamar, laquelle aime Joatham et méprise Abimelech, qui l'adore.

Secondé par Zébul, Abimelech s'empare de Zorab, le fait enfermer dans la tour avec Joatham, envoie des gardes pour les faire mourir l'un et l'autre, et descend au pied de la tour pour la défendre contre les attaques des révoltés..... Alors,

> Dans ce désordre affreux de la nature entière,
> Thamar, seule insensible au poids de sa misère,
> Rappelle ses esprits, jette un regard au ciel ;
> Chacun pense la voir y fixer l'Éternel ;
> Et, cédant aux transports d'une force inconnue,
> Sur le bord de la tour elle vole éperdue,
> Ébranle ses créneaux, et, d'un bras furieux,
> Une pierre au tyran est lancée à nos yeux.
> Sa tête retentit sous le coup qui l'arrête.

Et il meurt. — Ce n'est pas plus difficile que cela.

Tout compte fait, je crois que les comédiens auxquels on reprochait de ne pas jouer cette tragédie biblique n'avaient eu qu'un tort, c'était de la recevoir.

ABINGDON (Mlle),

Actrice *parisienne*, à peu près du même niveau artistique que toutes les demoiselles qui sont plus connues par leurs photographies que par leurs talents.

Si j'avais à m'excuser de faire figurer leurs petites personnalités dans une histoire de l'art, j'invoquerais le besoin de peindre notre époque. A présent qu'on fait des pièces qui n'ont besoin d'être représentées que par des jambes ou des épaules, il est tout naturel que dans un dictionnaire général de théâtre on trouve le nom des épaules ou des jambes qui ont concouru à leur succès.

Donc Mlle Abingdon a des épaules superbes; quant à son talent, on ne lui en a jamais demandé beaucoup; elle a pourtant un filet de voix, mais les directeurs ne l'ont jamais engagée pour cela.

Elle fit ses premières armes au Vaudeville; mais ses bouts de rôles n'y étaient pas avantageux, et on ne commença à s'occuper d'elle qu'à partir d'une création qu'elle fit aux *Bouffes-Parisiens* en 1857 dans *Les Trois Baisers du Diable*, où elle fut d'autant plus remarquée qu'elle jouait un travesti. Depuis ce temps-là, elle a pérégriné à peu près sur toutes les scènes de genre, dans des costumes plus ou moins décolletés. On pouvait la voir encore dernièrement au Châtelet, dans la *Lanterne magique*, où elle brillait, fort peu vêtue, au milieu d'un innombrable escadron de demoiselles qui jouent les *grues*. Je dois cependant ajouter à sa louange qu'elle a quelquefois l'air de comprendre ce qu'elle dit, ce qui n'arrive pas tous les jours à ses bonnes petites camarades.

ABINGTON (Guillaume),

Fils de Thomas, célèbre antiquaire, et petit-fils du trésorier de la reine Élisabeth, est né en 1605. Il a fait différents ouvrages poétiques et historiques, mais il n'intéresse l'histoire du théâtre que par une tragi-comédie intitulée *La Reine d'Aragon*, qui fut représentée à la cour du roi Charles Ier.

Il mourut en 1659.

ENCYCLOPÉDIE THÉATRALE

Mademoiselle ALPHONSINE, dans le *Royaume des Femmes*.

ABINGTON (Mistress Françoise),

Célèbre actrice anglaise dont le nom de famille est Barton, débuta à seize ans au théâtre de Hay-Market, en 1752.

Elle eut beaucoup de succès sur les théâtres de Bath et de Drury-Lane; puis elle alla à Dublin, où elle épousa, en 1759, M. Abington, et il fallut toute l'insistance de Garrick pour la décider à revenir dans la capitale de l'Angleterre, dont le public la regrettait.

Elle fit de fréquentes allées et venues de Londres à Dublin et de Dublin à Londres, et s'engagea définitivement en 1797 à Covent-Garden, où elle resta.

Sa beauté et ses grâces avaient sans doute fait une partie de ses succès; mais si en vieillissant elle perdit quelques-uns de ses charmes, elle ne fit qu'acquérir des talents, et quand elle se retira du théâtre dans un âge fort avancé, elle n'avait jamais déchu dans l'opinion du public, qui la choya pendant plus de trente ans.

Elle mourut à Londres le 4 mars 1815.

ABIT (Mme),

Artiste dramatique, faisait vers 1844 les belles soirées au théâtre de la Gaîté, — où elle s'était recommandée par de la chaleur, de l'âme et deux ou trois heureuses créations. — Elle a été depuis en province, où elle a gâté sous les ficelles, l'emphase et les éclats de voix qui sont indispensables pour y réussir, un talent que Paris aurait très-probablement consacré.

On ne sait au juste si l'occasion lui a manqué ou si elle a manqué à l'occasion. Ce qu'il y a de certain, c'est que sa carrière, qui n'est pas terminée, est bornée depuis longtemps; elle ne peut plus sortir des troupes de province, où elle joue les premiers rôles marqués, quelquefois même encore des amoureuses, *e sempre bene*.

ABJURATION DU MARQUISAT (L'), *comédie en prose, par M. Boulanger de Chalussay, représentée sans aucun succès en* 1670.

Molière en ayant dit franchement son opinion, se fit un ennemi de plus, et l'auteur fit imprimer contre lui une comédie satirique intitulée *Elomire Hypocondre*.

Elomire est un anagramme assez transparent.

Mais cette nouvelle attaque ne diminua en rien la gloire de l'immortel comique, M. de Chalussay étant de ceux à qui l'on pouvait dire :

Les morts que vous tuez se portent assez bien.

ABLÉCIMOF (ALEXANDRE),

Auteur dramatique russe, doit être considéré comme le père du vaudeville national.

Né à Moscou vers le commencement du XVIIIe siècle, il entra au service, où il parvint au grade d'officier d'état-major.

C'est pendant les étapes de sa vie militaire qu'il composa une très-grande quantité de comédies et de vaudevilles qui n'eurent pas tous du succès, mais qui lui donnèrent de la réputation.

Une de ses pièces lui survécut cependant et mérite encore un succès qui s'est prolongé jusqu'à aujourd'hui. Ce petit opéra-comique, intitulé *le Meunier*, représenté d'abord en 1779, est un tableau fort intéressant et surtout très-fidèle des mœurs populaires de la Russie, qui ne manque ni d'esprit ni de gaieté.

Ablécimof ne dut la découverte, et surtout la bonne direction d'un véritable talent pour le théâtre, qu'au hasard, qui lui fit faire la connaissance intime du poëte Alexandre Soumarokof, dont il fut pendant quelque temps le secrétaire et dont il resta toujours l'ami.

Il est mort en 1784, dans un âge assez avancé.

ABOLARD (D^{lle} LUCILE),

Actrice française, créa, il y a quelques années, différents petits rôles de genre sur nos premiers théâtres de drame, puis elle épousa M. Lacressonnière et se reposa assez longtemps pour pouvoir faire de sérieuses études théâtrales.

Aujourd'hui elle rentre dans la lice, et la façon dont elle joue le rôle de *Lisa la Blonde*, dans LES AMOURS DE PARIS, est une garantie que

Mme Lacressonnière (deuxième) fera facilement oublier Mlle Abolard. Elle a pris un nom qui oblige ; mais elle paraît pouvoir le porter.

ABOLITION DE LA PEINE DE MORT (L'), *drame en trois actes et six tableaux, par MM. Benjamin Antier, Alexis de Comberousse, Raffart et Brienne, musique d'Adrien, représenté pour la première fois, sur le théâtre de l'Ambigu, le 22 février 1832.*

Plaidoyer peu attrayant, mais d'une haute portée philosophique et sociale.

La chambre des députés avait remis sur le tapis cette éternelle question. Les auteurs ont cru que le moment était bien choisi pour frapper un grand coup dans l'opinion.

Mais, pour amener des partisans à leur cause, il aurait fallu que leur pièce fût, je ne dirai pas plus amusante, car on ne va pas souvent à l'Ambigu pour s'amuser, mais au moins plus intéressante, et présentée sous des couleurs moins uniformes.

Il n'y a rien qui fatigue autant que le gris dans les arts, et les six tableaux de l'Abolition de la peine de mort ne cèdent rien, sous ce rapport, aux tableaux ordinaires de M. Ingres.

Les auteurs ont divisé leur drame en trois actions, se passant en Toscane, qui se relient bien quelque peu ensemble, mais qui, prises séparément, pourraient faire trois petits drames en deux tableaux. Le premier nous fait voir un jeune homme amoureux jusqu'à la folie, qui enlève une jeune fille à sa mère. — Francesca ne le déteste point, tant s'en faut ; mais le malheur veut qu'elle soit adorée par un seigneur riche et puissant qui prend ses précautions pour l'enlever au premier occupant.

Celui-ci n'y va pas par quatre chemins, il tue le seigneur et laisse Francesca auprès de son cadavre pendant qu'il va chercher une voiture et tout préparer pour une fuite lointaine.

Alors la gendarmerie arrive, arrête la jeune fille, qui balbutie pour ne pas trahir son amant. Elle est accusée, condamnée, exécutée, malgré la répugnance que le grand-duc Léopold (le même qui depuis fut deux ans empereur d'Autriche) éprouve pour la peine de mort.

Le deuxième drame est l'histoire d'un aubergiste qui, ayant appris que sa femme avait eu avant son mariage des relations avec un cousin à elle, jeune soldat, devenu capitaine des gardes du grand-duc, sort de chez lui la rage dans le cœur, en menaçant de se venger.

Il vient se poster dans la forêt où s'ébat la chasse princière, espérant rencontrer son rival; il se trouve en effet face à face avec lui, mais le capitaine est mort : il vient d'être tué par le jeune homme que nous connaissons déjà, et qui, furieux de l'assassinat juridique de sa maîtresse, a porté son épée sur le premier officier du grand-duc, qu'il a rencontré et insulté.

L'aubergiste ne reste pas longtemps seul à contempler le cadavre de son ennemi : on arrive de tous côtés, on le surprend, on l'entoure, on l'arrête.

Il a beau protester de son innocence (il était au moins coupable d'intention), les discours qu'il avait tenus devant ses voisins, les menaces qu'il avait proférées, sont autant de charges contre lui, — il est condamné et exécuté (toujours au grand regret du grand-duc.) Et de deux.

Mais, direz-vous, puisque le grand-duc a tant de chagrin de voir appliquer la peine de mort dans ses états, pourquoi ne l'abolit-il pas?

C'est ce qui arrive, et tout le premier tableau du troisième drame n'est employé qu'en discours pour ou contre prononcés par les ministres et courtisans de Léopold, qui, pour les besoins du drame, sont tous contraires à l'avis du grand-duc; cependant, comme après tout celui-ci est le maître, l'abolition de la peine de mort est décrétée.

Léopold, fatigué des discussions du conseil, va fumer un cigare sur le boulevard (il doit y en avoir à Florence).

A peine a-t-il aspiré quelques bouffées de son panatellas, qu'un jeune fou se précipite sur lui, le poignard à la main.

On le devine, c'est l'amant de Francesca, qui, ne sachant pas encore que la peine de mort est abolie, veut l'appliquer au grand-duc lui-même.

Heureusement la blessure de Léopold n'est pas grave; il pardonne au jeune homme, qui s'explique, et le nouveau décret est proclamé aux applaudissements de toute la foule, qui bénit l'humanité de son prince.

Ces applaudissements de la scène ne trouvèrent qu'un faible écho dans la salle. Certainement l'intention des auteurs était louable, mais leurs moyens n'étaient pas suffisants.

Le théâtre ne peut être une tribune qu'à la condition qu'on y apporte une éloquence persuasive et un talent de premier mérite; et encore il ne faudrait pas se mettre quatre pour cela, car, s'il y a quelquefois unité de pensée pour le but, il y a toujours divergence d'opinions pour les moyens, ce qui est une cause d'insuccès.

ABOLITION DE L'ESCLAVAGE DES NÈGRES (L'), *comédie en trois actes, en prose, représentée la première fois, sur le théâtre des Sans-Culottes, le 18 ventôse an XI* (9 mars 1794).

Manifestation indigeste, en faveur des hommes de couleur, — qui eut cependant, vu les circonstances, un certain succès de philanthropie.

L'auteur a cru devoir garder l'anonyme.

C'est prudent, et ceux qui font de la politique ou de l'économie sociale au théâtre feront bien de l'imiter.

Ils pourront être certains que tant qu'ils ne feront des pièces que de l'importance de celle qui nous occupe, leur secret sera bien gardé.

A BON CHAT BON RAT, *proverbe en un acte et en prose, de Mme de Maintenon, imprimé dans les* Proverbes inédits. — Paris, 1829.

Il n'est cependant pas prouvé que cette pièce ne fut pas représentée. Je croirais au contraire que Mme de Maintenon, qui a composé toute une série de proverbes, les a faits pour les demoiselles de Saint-Cyr, ou tout au moins pour égayer les longues soirées que Louis XIV passait en père de famille blasé dans les petits appartements.

A BON CHAT BON RAT, *comédie en proverbes en un acte, en prose, par Mme Durant, jouée en société en* 1690.

A BON CHAT BON RAT, *comédie en un acte, en prose, de Desforges, représentée pour la première fois, sur le théâtre de Nicolet, à la foire Saint-Laurent de* 1768.

C'est le succès de cette petite pièce qui détermina Desforges à embrasser la carrière théâtrale comme auteur et comme acteur.

Il est de fait qu'elle resta au répertoire des théâtres de la foire, et qu'elle fut imprimée différentes fois, car M. Henry Duval, qui n'a fait son catalogue qu'au point de vue de la bibliographie, paraît avoir eu sous les yeux une édition de 1775, sur laquelle la première représentation est indiquée en cette même année au théâtre des Grands Danseurs du roi.

D'un autre côté, les anecdotes dramatiques de Laporte citent cette pièce imprimée en 1773 sans nom d'auteur. Ce n'était certainement pas la première édition, car il n'y a pas d'apparence qu'on ait attendu cinq ans pour imprimer une comédie qui avait obtenu un succès si marqué.

A BON CHAT BON RAT, *proverbe en un acte, de M. Carmontelle, représenté en société en 1771.*

A BON CHAT BON RAT, *comédie-proverbe en un acte, en prose, par M. Dorvigny, imprimée à Paris en 1779.* — Rien ne prouve qu'elle fut représentée.

A BON CHAT BON RAT, *comédie-proverbe en un acte, en prose, imprimée sans nom d'auteur dans le Recueil des proverbes.* — Paris, 1785.

A BON CHAT BON RAT, *opéra en un acte, tout en vaudevilles, représenté sur le théâtre des Troubadours, en 1796.*

Tout fait supposer que cette pièce n'eut aucun succès, car elle ne fut jamais imprimée, et on n'en trouve mention que dans les Almanachs des spectacles, qui se contentent d'en donner le titre, sans le nom de l'auteur ni la date précise de la représentation.

A BON CHAT BON RAT, *vaudeville en un acte, de M. Joseph Dumoulin, représenté pour la première fois, sur le théâtre de Liége, au mois de mars 1853.*

Très-faible produit de la décentralisation belge qui eut cependant un certain succès dans la nouveauté.

ENCYCLOPÉDIE THÉATRALE

Mozart.

Il est inutile d'ajouter qu'on le joua trois fois et qu'on ne le reprit jamais; chacun connaît les habitudes de la province.

A BON CHAT BON RAT, *vaudeville en un acte, de MM. Seguin et Camille Michel, représenté pour la première fois, sur le théâtre des Délassements-Comiques, le 26 janvier 1860.*

Petite pièce sans importance et presque sans intrigue, qui renferme autant d'esprit et de gaieté qu'il en faut pour un lever de rideau médiocre.

A BON CHAT BON RAT, ou LA MOUCHE, *comédie-proverbe en un acte, de Mme la comtesse Dash, représentée sur le théâtre de Bade.*

ABONDANCE (L'), *opéra-comique en un acte, de MM. Laffichard et Valois, représenté pour la première fois, à la foire Saint-Germain, le 21 mars 1737.*

Cette pièce était annoncée depuis longtemps, et on savait que la Vertu devait en être un des personnages principaux. Comme on en différait la représentation, quelqu'un demanda au directeur du théâtre quelle était la cause de ce retard.

« C'est, répondit-il, que Mlle Rosette, chargée du rôle de la Vertu, vient de faire ses couches, et qu'on attend qu'elle soit rétablie. »

Cette réponse, qui circula dans le public, fit supprimer le personnage, et la pièce se joua sans *Vertu* comme sans succès.

L'Abondance ayant fixé son séjour à Paris, donne audience à une harengère, puis à une dame italienne, qui, ayant quitté son mari, voyage en divers pays, selon le caprice et le domicile de ses amants successifs; puis vient un gascon qui trouve moyen d'emprunter de l'argent à l'Abondance. — On voit après cela la femme d'un traiteur, un médecin et le Carnaval.

Cette suite de scènes insignifiantes, sans intérêt et presque sans gaieté, est terminée par le mariage du Carnaval et de l'Abondance.

Voilà au moins une union assortie!

ABONDANCE DE BIENS..., *vaudeville en un acte, de M. Félix Savard, représenté pour la première fois, sur le théâtre des Champs-Élysées, le 2 septembre 1863.*

Chacun est tenté de terminer la phrase qui fait le titre de cette bluette et de dire après *abondance de biens...*, ne nuit pas; c'est pourtant le contraire que l'auteur a voulu prouver. J'ajoute bien vite qu'il y a parfaitement réussi.

Un brave ouvrier aime une grisette et est sur le point de l'épouser. Il lui tombe du ciel une fortune que son émotion et son peu d'habitude des chiffres lui fait grossir encore, si bien qu'il veut vivre en grand seigneur et quitter celle qu'il aime parce qu'elle ne veut pas faire la dame; mais les qualités du cœur l'emportant il revient se soumettre aux goûts de la jeune fille, qui accepte sa main, sûre maintenant qu'il n'hérite que de 20,000 francs.

Cette petite pièce a peu de développements, mais elle est très-gentiment conduite; le dialogue en est vif et parfaitement en situation. C'est la première de ce jeune auteur, qui ne manque ni d'esprit ni de gaieté, ni d'un certain talent d'observation qu'il aura plus tard occasion de montrer.

ABONDANCE DU CŒUR (L'), ou LA TRIPLE FÊTE, *comédie en un acte, en prose, par M. Benoît Lepelletier, non représentée, imprimée à Paris. 1776.*

ABONNÉ AU JOURNAL DU LIS (L'), *vaudeville en un acte, de M. E. de Pradel, non représenté, mais imprimé à Paris. 1815.*

Espèce de pièce politique dont je n'ai absolument rien à dire. Je veux bien discuter les pièces, mais non les opinions.

Cela n'aurait aucun intérêt du reste, la situation n'est plus d'actualité.

ABONNEMENTS (LES), *prologue en un acte, représenté pour la première fois, sur le théâtre du Marais, le 29 prairial an III (18 juin 1795), pour l'ouverture de ce théâtre.*

C'est une espèce de boniment qu'on a débité plusieurs jours de suite dans le moment de l'inauguration du théâtre du Marais, comme un prospectus se terminant par une invitation générale à l'abonnement, dont la pièce faisait ressortir les avantages.

On ne saurait en vouloir au directeur d'avoir inauguré par cette œuvre marchande :

Charité bien ordonnée commence par soi-même.

A BONNE VOLONTÉ POINT DE CHANDELLE, *proverbe en un acte, en prose, de M*^me *de Maintenon.*

Les proverbes ont cela d'avantageux, c'est que leur titre est une profession de foi et qu'il faudrait qu'un auteur eut bien peu d'aptitudes pour s'en écarter visiblement.

Ils économisent d'autant la besogne du critique.

Celui-là fut imprimé à Paris en 1829, dans les *Proverbes inédits* dont j'ai déjà eu occasion de parler.

A BON VIN PAS D'ENSEIGNE, *comédie-proverbe en un acte, en prose, d'Aristide-Plancher de Valcourt, représentée pour la première fois, sur le théâtre des Variétés amusantes, le 2 avril* 1781.

C'est une petite pièce sans conséquence dont on devine toute la portée, ce qui fait que je me dispense d'en faire une analyse inutile.

A BON VIN PAS D'ENSEIGNE, *proverbe en un acte, en prose, qui ne fut jamais représenté.*

Il est imprimé sans nom d'auteur dans un Recueil de proverbes déjà cité. — Paris, 1785.

ABOS (Jérôme),

Célèbre compositeur de l'école napolitaine, est d'origine espagnole, bien que né à Malte vers le commencement du XVIIIe siècle.

On ne connaît qu'imparfaitement ses premiers travaux. On sait cependant qu'il étudia la composition sous Léo, et que Durante fut son professeur de chant; mais il est certain qu'il ne se servit de son talent de chanteur que pour faire à son tour des élèves, et il en fit d'assez remarquables, puisque le ténor Aprile est sorti de son école.

Abos ne s'occupa guère de composition musicale avant 1740, — époque vers laquelle il fit représenter à Naples :

LA PUPILLA EL TUTORE,
LA SERVA PADRONA,
et l'IFIGENIA IN AULIDE ;

mais le premier de ses ouvrages qui fit du bruit fut l'ARTASERSE, représenté en 1746, sur le théâtre Saint-Jean-Chrysostôme, à Venise.

De là il vint à Rome, où il fit jouer quelques opéras, parmi lesquels on ne peut guère citer que ADRIANO, représenté en 1750 sur le théâtre Argentino.

Sa réputation avait été jusqu'en Angleterre ; car, en 1756, il fut appelé à Londres comme *maestro al cembalo* du Théâtre-Italien, sur lequel il fit représenter, dans la même année, TITO MANLIO, son œuvre la plus forte et la plus dramatiquement entendue.

Ce succès fut suivi de CRESCO, opéra seria en trois actes, représenté aussi à Londres en 1758, mais qui n'ajouta rien à sa gloire.

C'est alors qu'il revint à Naples, où il était appelé comme maître de chapelle au Conservatoire de la Pieta. — Il y mourut dans un âge très-avancé, ne s'occupant plus que de musique sacrée. Il dut en composer beaucoup, car on trouve de ses manuscrits à Naples, à Rome, à Vicence et au Conservatoire de Paris.

« La musique d'Abos, dit M. Fétis, a quelque ressemblance de
« style avec celle de Jomelli ; son harmonie est pure et ses mélodies
« ne manquent point d'élégance ; mais rien n'y indique de l'originalité
« dans les idées. »

ABOU-ASSAN, *opéra-comique en un acte, traduit de l'allemand et arrangé pour la scène française par MM. Nuitter et Beaumont, musique de Weber, représenté pour la première fois, au Théâtre-Lyrique, le 11 mai 1859.*

Abou-Assan remonte à 1810 ; c'est un des premiers essais du maître immortel qui a fait *Euryanthe*, *Obéron* et le *Freyschutz*. Si l'on y ressent quelques inexpériences scéniques, on y respire la fraîcheur de la mélodie, la jeunesse et l'originalité.

L'introduction est ravissante. — L'air d'Abou-Assan est admirable, et le chœur : *De l'argent, de l'argent*, ne vieillira jamais.

Quant au libretto, il est tiré des *Mille et une Nuits*, cette source inépuisable.

Abou-Assan est un pauvre diable nanti d'une jolie femme qui fait son bonheur, mais de créanciers qui lui mangent le sang. Il trouve le moyen de se débarrasser de ceux-ci en jouant le mort, tout en faisant une peur effroyable à un vieux médecin, venu pour constater son décès, qui veut conter fleurette à sa femme.

Meillet (Abou-Assan) et Mlle Marimon ont obtenu un grand succès. — Le rôle du médecin a été très-bien tenu par Wartel.

C'était une bonne idée que de présenter le génie de Weber à l'admiration des Parisiens. Le directeur, M. Carvalho, a continué depuis dans la même voie, et nous lui sommes redevables de la vulgarisation de quelques chefs-d'œuvre étrangers ou du siècle passé. Il serait peut-être préférable pour l'art, et au point de vue de l'emploi de sa subvention, qu'il nous fît connaître des talents nouveaux ; mais il vaut encore mieux applaudir les anciens que rien du tout.

ABOU-HASSAN, *opéra-comique en un acte, en prose, par M. Ernest Deschamps.*

Ce libretto a été présenté et reçu à l'Opéra-Comique en 1852 ; mais l'administration ne l'a confié à aucun compositeur.

ABOUL-HASSAN, ou le Dormeur éveillé, *pièce-féerie en six tableaux, à grand spectacle, de M. Henri Duffaud, avec changements à vue, transformations, etc., etc. ; ballets de M. Renauzy ; musique de M. Lautz ; décors de MM. Philastre et Cambon ; mise en scène de M. Berthault ; représenté pour la première fois, sur le théâtre du Gymnase-Enfantin (passage de l'Opéra), le 28 novembre* 1832.

Je ne ferai pas l'analyse de cette pièce, non pas seulement parce que, écrite pour amuser des enfants, elle n'appartient guère à l'histoire de l'art théâtral ; mais encore parce que, tirée des *Mille et une Nuits*, c'est le même épisode qui a servi depuis à faire *Si j'étais Roi*, comme il avait déjà servi avant pour *Arlequin toujours arlequin*. On trouvera à cet article l'anecdote véritable, si anecdote il y a.

ABOUT (EDMOND-FRANÇOIS-VALENTIN),

L'excellent écrivain que tout le monde connaît soit par le roman, ou, ce que j'apprécie infiniment moins, par le *Petit Journal*, est une preuve vivante que les *forts en thèmes* peuvent arriver à quelque chose, et que la science n'exclut pas l'imagination, non pas qu'en lui l'auteur dramatique soit à la hauteur du romancier ni même du journaliste, malgré ses opinions assez singulières en économie sociale et l'humilité mal entendue qui le fait consentir à porter dans le *Petit Journal* une des queues de la robe du pacha Timothée Trimm ; — toutes choses que je regrette au double point de vue de son talent d'abord, et de l'intérêt de mon Dictionnaire ensuite.

Né à Dieuze (Meurthe) le 14 février 1828, M. About a fait de très-brillantes études au collége Charlemagne, si bien qu'il remporta, en 1848, le prix d'honneur de philosophie au Concours général. — Il entra à l'École normale, d'où on l'envoya, en 1851, à l'École française d'Athènes. Ce voyage décida de sa vocation, car, de retour en France, il publia, en 1854, *l'Ile d'Égine*; en 1855, *la Grèce contemporaine*, roman si l'on veut, mais étude historique, qui eut assez de succès pour lui ouvrir les portes du Théâtre-Français. Il est vrai que M. Buloz qui dirigeait en même temps notre première scène et la *Revue des Deux-Mondes* avait déjà publié de lui un roman intime, *Tolla*, qui fit assez de bruit et souleva une polémique violente dans laquelle on reprocha à l'auteur de s'être approprié un livre peu connu : *Vittoria Savorelli, storia del secolo XIX...*, imprimé en 1841. La discussion n'était pas encore éteinte, quand, pendant les jours gras de 1856, le Théâtre-Français représenta *Guillery, ou l'Effronté*, comédie en trois actes, montée avec solennité, et qui tomba avec non moins d'éclat. M. About se consola en publiant dans *le Moniteur* : *les Mariages de Paris, le Roi des montagnes, Germaine, les Échasses de maître Pierre*, et autres nouvelles qui réussirent parfaitement.

En 1859, il fit représenter, au Gymnase, *Risette, ou les Millions de la*

Mademoiselle Agar, dans *Phèdre*.

mansarde, comédie en un acte. Ce fut un tout petit succès qui ne tarda pas à être effacé par la chute retentissante de *Gaëtana*, à l'Odéon, sur laquelle je passe brièvement, ayant occasion d'approfondir ailleurs si l'on a sifflé la pièce ou bien l'auteur.

Ces tentatives malheureuses auront sans doute convaincu M. About qu'il a trop ou trop peu de ce qu'il faut pour être un auteur dramatique de *primo cartello*.

D'abord il est paradoxal, ce qui n'est pas toujours un défaut au théâtre, mais ce qui n'est jamais une qualité. Ensuite il brille peu par le sentiment et ne sait pas toucher la corde tendre. — S'il a quelquefois bien rendu l'amour filial, le dévouement conjugal, il ne s'est jamais essayé avec l'amour passionné; il est, du reste, trop matérialiste pour créer des héros dépourvus de toutes les qualités qui distinguent la société actuelle, sérieuse jusqu'au positivisme.

Ce qui caractérise M. About, c'est son style brillant, clair, pur, spirituel, énergique, sa connaissance profonde et son respect pour la langue; mais ces qualités-là, qui ont fait sa réputation dans le livre, lui sont inutiles et peut-être nuisibles au théâtre, où il n'est pas nécessaire d'écrire je ne dirai pas avec pureté, mais seulement en français, pourvu qu'on charpente habilement, solidement; que l'on coupe son dialogue par petits morceaux pour les digestions difficiles, et surtout pour ne pas nuire à l'action.

Indépendamment de sa paternité avouée pour les trois comédies dont je viens de parler, M. About a collaboré plus ou moins officiellement aux pièces suivantes :

Le Capitaine Bitterlin, comédie en un acte, avec M. de Najac.

La Clé sous le paillasson, vaudeville en un acte, avec MM. de Najac et Grangé.

Germaine, drame en cinq actes, avec MM. Crémieux et Dennery.

Un Mariage de Paris, comédie en un acte, avec M. de Najac.

Ma tante dort, opérette en un acte, avec M. Hector Crémieux; musique de M. Caspers.

Nos Gens, comédie en un acte, avec M. de Najac.

Plus on est de Fous, vaudeville en un acte, avec M. de Najac.

Le Savetier et le Financier, opérette en un acte, avec M. Hect. Crémieux; musique de M. Offenbach.

ABRADAN.

Auteur dramatique, qui n'est connu que pour avoir fait représenter la Bergerie de Myrtil, en 1602.

ABRADATE et PANTHÉE, *tragédie en cinq actes, en vers, par M. Boissel de Monville.*

Cette pièce ne fut jamais représentée; mais l'auteur n'a pas cru que le public en dût être privé, car il la fit imprimer dans ses œuvres diverses sous le titre : *Mon Théâtre*. Didot, 1828.

Malgré cette précaution, peu de personnes la connaissent, et ceux qui l'ont lue font comme moi, ils n'en parlent pas.

ABRADATE, *tragédie en cinq actes et en vers, par M. d'Olgibaud de la Grange, représentée sur le théâtre de Valenciennes, en 1772.*

C'est la troisième de cet auteur, qui ne travailla guère que pour les théâtres de province.

Son courage était digne d'un meilleur sort, car ses tragédies ne sont pas plus mauvaises que toutes celles qui composent l'immense collection des pièces de troisième ordre représentées au Théâtre-Français avec licence et privilége.

ABRAHAM (François),

Né en 1769,—danseur de l'Opéra de 1786 à 1797,—ne s'est jamais illustré sur les planches du théâtre *de la République et des Arts*. Je crois même qu'il n'est jamais sorti de la figuration; mais ce qu'il ne savait ou ne pouvait exécuter, il l'enseignait habilement. — Tels bien des prédicateurs auxquels on pourrait appliquer ce dicton : *Faites ce que je vous dis et non pas ce que je fais.*

Abraham avait formé *Treinitz*, qui n'eut à la vérité que des succès de salon; mais la fameuse Gavotte, composée par le maître et exécutée par l'élève, n'en fit pas moins leur fortune à tous les deux.

Abraham eut le bon esprit de se retirer de l'Opéra en 1797, et de n'être plus que danseur *ex professo*.

ABRAHAM (D^{lle} ADÉLAÏDE)

Fut danseuse à l'Opéra, où elle brilla fort peu de 1785 jusqu'en 1787, — époque à laquelle on n'entendit plus parler d'elle.

ABRAHAM (ÉMILE),

Vaudevilliste contemporain, fait la critique dramatique au *Petit Journal* et fournit des articles à quelques journaux spéciaux; ce dont je n'ai point à m'occuper ici.

M. Émile Abraham a signé seul :

CETTE BONNE MADAME CRACOVERT, vaudeville en un acte.

CHAPITRE V..., vaudeville en un acte.

LE LORGNON DE L'AMOUR, vaudeville en un acte.

En collaboration :

L'AMOUR D'UNE INGÉNUE, comédie en un acte, avec M. Gabriel Guillemot.

LE CARNAVAL DES GUEUX, vaudeville en un acte, avec MM. Hugot et Ch. Potier.

UN DRAME EN L'AIR, opérette en un acte, avec MM. Adrien Marx et Cartier.

LA FOIRE AUX BÊTISES, vaudeville en un acte, avec M. Saint-Aignan Choler.

L'HOMME ENTRE DEUX AGES, opérette en un acte, avec M. Cartier ; — musique de M. Léo Delibes.

JACQUOT RENCHÉRI, vaudeville en un acte, avec M. Ch. Potier.

UN JEUNE HOMME CRIBLÉ DE DETTES, vaudeville en un acte, avec M. Firmin.

Les Leçons de Betzy, vaudeville en un acte, avec M. Ch. Potier.

Madame a sa migraine, vaudeville en un acte, avec M. Joltrois.

Les Nuits de la Mi-Carême, vaudeville en un acte, avec M. Eugène Déjazet.

Les Parents de province, vaudeville en un acte, avec M. Jules Prevel.

Les Vilains Bonshommes, parodie en un acte, avec M. A. de Jallais.

ABRAHAM, *comédie en un acte, de Hroswitha, auteur latin du Xe siècle, traduite en prose par Ch. Magnin, imprimée à Paris*. Théâtre Européen.— 1835.

ABRAHAM et AGAR, *tragi-comédie, de Duvivier, représentée en* 1577.

Ce devait être une espèce de moralité, sinon de mystère; mais comme elle n'a jamais été imprimée, on ne peut que faire des suppositions.

Cette pièce figure dans le travail de M. Henri Duval; — il l'annonce sous le même titre, en cinq actes et en vers, mais de Gérard Devivre, représentée sur le théâtre de l'hôtel de Rennes, en 1577. — Comme il ne dit point s'il a vu le manuscrit, je la laisse au nom cité par tous les dictionnaires antérieurs.

ABRAHAM (De), et de MELCHISEDECH, et de la Délivrance de Loth.

C'est le cinquième des Mystères imprimés sous le titre générique des *Mystères du Viel Testament*, in-folio gothique de 336 feuillets, *par Martin-Pierre Ledru, pour Geoffroy de Marnef, libraire juré de l'Université de Paris, etc.*

Cet exemplaire, qui est sans date, est assurément de la première édition, car il ne peut pas être postérieur à l'année 1500.

On ne connaît pas plus l'auteur de cet ouvrage que l'époque à laquelle il a été représenté. Cependant, à l'entrée d'Isabeau de Bavière, il est dit qu'on représenta sur divers échafaudages des *Mystères du Viel Testament*. La question serait de savoir si celui qui nous occupe était du nombre, car l'ouvrage entier contient vingt-trois histoires et quelque chose comme soixante-cinq mille vers. Quoi qu'il en soit, la date de sa représentation doit être antérieure à l'entrée du duc de Bedfort (8 septembre 1424), où, dit le journal de Jehan de Paris, « les « enfants de Paris représentèrent le *Mystère du Viel Testament et du* « *Nouvel*, sans parler et sans signer, comme cy fussent ymages esle-« vées contre un mur. »

Les frères Parfait, dans leur *Histoire du Théâtre-Français*, le datent de 1406.

Ce mystère, comme tous ceux de son époque du reste, s'écarte peu du sujet biblique.

Abraham, qui a quitté la cour du roi d'Égypte,—où on le voit, dans le *Mystère de la Tour de Babel*, précédant celui-ci, — est en Palestine, qu'il a partagée avec son neveu Loth.

Ce dernier a choisi la contrée de Sodome, où il n'habite pas tranquille. Cordélamor, roi des Élamites, ravage son pays et emmène les habitants en captivité. Abraham vole au secours de son neveu, et, avec ses simples domestiques, il bat à plate couture Cordélamor et deux ou trois rois voisins qui lui avaient prêté main-forte. — Jugeant bien que c'est un miracle, il en rend grâces à Dieu, et en guise de *Te Deum* il lui fait offrir un sacrifice par Melchisedech, qui devait être quelque chose comme un grand prêtre.

Cette première action finie, l'auteur en recommence une autre plus intime, qui se lie bien, si l'on veut, à la première, mais qui n'est point annoncée par les trois titres.

Sara, ennuyée de n'avoir point d'héritiers, et sachant que Dieu a promis à Abraham une génération aussi nombreuse que les étoiles du firmament et les grains de sable de la mer, fait abnégation de sa situation de femme légitime d'un patriarche et propose à Abraham de prendre Agar pour se procurer un héritier.

Abraham, qui sait bien que c'était écrit, ne fait pas de difficultés.

Alors Sara va chercher Agar, et, après lui avoir déclaré son intention, lui tient à peu près ce langage :

> Accomplissez à son désir,
> Obtempérez à sa demande ;
> Si quelque chose vous commande,
> Gardez-vous bien de l'esconduire,

Agar promet une soumission pleine et entière.

« Icy prent Abraham Agar, et la maine en sa chambre, » dit une indication de l'auteur.

Bien qu'on se gênât fort peu alors pour mettre toutes sortes d'actions en scène, il en était cependant qui étaient censées se passer dans un petit cabinet construit sur le théâtre même, et dont on masquait l'entrée par un rideau.

Lorsqu'on revoit Agar, elle s'est déjà aperçue que la grâce de Dieu opère; elle devient servante maîtresse, se montre insolente, et répond à une observation de Sara :

> Au moins, ne suis-je pas brehaigne
> Comme vous.

SARA.

> Ung jour vous vous repentirez.

AGAR.

> Et quesse que vous me ferez ?
> Je ne vous crains, ne ne vous doubte.

C'était pousser trop loin l'impudence ; aussi Sara va se plaindre à Abraham, qui tance Agar et la met dehors par les épaules.

L'ange du Seigneur la console, et, après lui avoir ordonné de retourner chez son maître, il vient annoncer à Abraham la naissance d'un fils.

Ce mystère finit là-dessus.

Il était d'usage que l'acteur qui disait le dernier mot entonnât le *Te Deum*, que les orgues et les assistants achevaient.

Il ne faut pas oublier que les mystères, malgré leur liberté d'allure, qui aujourd'hui ferait plus que friser l'indécence, mais qui alors ne choquait pas, conservaient un caractère semi-religieux.

ABRAHAM (LE SACRIFICE D'), *mystère à huit personnages, à savoir : Dieu, Miséricorde, Raphaël, Abraham, Sara, Isaac, Ismaël et Éliézer, représenté devant le roi François I*er*, en l'hôtel de Flandres, à Paris, en* 1539.

Cette indication, que l'on trouve dans une édition in-8°, gothique,

ENCYCLOPÉDIE THÉATRALE

DIDEROT.

1542, n'est pas celle de la première représentation ; car ce mystère, qui a été, comme le dit l'imprimeur, *nouvellement corrigé et augmenté*, est à quelques vers près le même qui fait partie des mystères du Viel Testament dont j'ai déjà parlé.

C'est une espèce de suite d'Abraham et Melchisedech.

Sara, suivant la promesse de l'ange, a mis au monde un fils qu'Abraham a nommé Isaac.

Pendant que cet enfant, qui devient grand tout d'un coup, s'amuse avec Ismaël, son frère, et Éliézer, jeune garçon qu'Abraham leur a donné pour camarade, à toutes sortes de jeux de leur âge, mais surtout de l'époque de la représentation du mystère, le Seigneur ordonne à Abraham de lui sacrifier ce fils qu'il chérit d'autant plus que c'est de lui seul que peut venir maintenant cette immense génération si bien promise.

Le patriarche n'hésite pas, et Isaac est bien étonné à son retour quand son père lui annonce le commandement de Dieu et lui ordonne de le suivre.

Isaac fait bien quelques cérémonies, mais les remontrances de son père le décident et il lui dit :

> Mais veuillez moi les yeux cacher
> Afin que le glaive ne voye
> Quant de moy voudrez approcher,
> Peut-être que je fouiroye.

On voit qu'il n'est pas très-sûr de son courage, aussi Abraham lui réplique :

> Mon ami, si je te lyoye,
> Ne seroit-il point deshonneté ?

Hélas ! c'est ainsi que une beste.

dit Isaac ; mais il se laisse lier et préparer sur le bûcher, pendant que dans l'étage supérieur qui représente le ciel, Miséricorde obtient de Dieu la révocation de cet arrêt. Dieu, qui n'a voulu qu'éprouver son serviteur, envoie un ange, Raphaël, pour arrêter le bras d'Abraham, qui en ce moment embrasse Isaac et lui fait des adieux solennels :

ABRAHAM.

Adieu mon fils...

ISAAC.

Adieu mon père,
Bendé suis, de bref je mourray,
Plus ne vois la lumiere clere.

ABRAHAM.

Adieu mon fils...

ISAAC.

Adieu mon pere,
Recommandez-moi à ma mère,
Jamais ne la reverray.

ABRAHAM.

Adieu mon fils...

ISAAC.

Adieu mon père,
Bendé suis, de bref je mourray.

Il y a des gens qui pourraient trouver cette répétition d'adieux trop longue; elle était cependant utile, car une fois de moins et Raphaël arrivait trop tard pour empêcher le sang de couler et annoncer au patriarche que Dieu était satisfait de son obéissance.

Abraham et Isaac se retirent non moins satisfaits, comme on le pense, et viennent faire part de cette aventure à Sara, qui profite de la grande joie qu'elle éprouve pour placer le *Te Deum* de la tradition.

ABRAHAM SACRIFIANT, *tragédie séparée en trois pauses, avec des chœurs, un prologue et un épilogue, par Théodore de Bèze, représentée en* 1552.

C'est à peu de chose près un mystère, moins la longueur, et plus un tout petit peu d'intérêt dramatique et le délassement des chœurs.

Ce qu'il y a d'étonnant, c'est que Théodore de Bèze n'ait pas profité de l'occasion pour émettre les fameuses doctrines qui par la suite divisèrent Luther et Calvin.

Il paraît n'avoir cherché qu'un succès purement théâtral, car il s'est renfermé dans le sens biblique et n'en est sorti que pour se rapprocher le plus possible de la manière de Sophocle.

Ah! s'il eût pu prévoir son succès au colloque de Poissy!

Il est de fait que celui-ci amena bien d'autres tragédies, sans parler même de la Saint-Barthélemy ni des dragonnades.

ABRAMS.

Ce nom a été porté par deux célèbres cantatrices anglaises, la mère et la fille, qui concoururent avec Mme Mara, chanteuse allemande, encore plus célèbre, à embellir les concerts donnés à Londres pour la commémoration de Haëndel, en 1784 et 1785.

Rien ne prouve qu'elles aient consacré leur talent au théâtre.

La fille, miss Henriette, était aussi quelque peu compositeur ; elle a publié quelques airs, quelques chansonnettes *anglaises*, et l'une d'elles, qui commence par *Crari Jane*, est populaire de l'autre côté du détroit.

A BREBIS TONDUE DIEU MÉNAGE LE VENT, *proverbe en un acte, en prose, de Mme de Maintenon, imprimé dans les Proverbes inédits.* — Paris, 1829.

Quant à la question de la représentation, je fais toujours la réserve que j'ai déjà émise, car il est impossible que Mme de Maintenon ait travaillé uniquement pour la postérité, ou pour le roi de Prusse, ce qui, au point de vue actuel, est exactement la même chose.

ABSALON, *tragédie en cinq actes, en vers, tirée de l'Écriture sainte, par Duché de Vancy, représentée pour la première fois, par les demoiselles de Saint-Cyr, en présence de Louis XIV.*

Elle y fut vivement applaudie et valut à son auteur une pension de mille livres.

Elle fut ensuite représentée à Versailles, à l'hôtel du prince de Conty, pendant le carnaval de 1702, avec la cour pour interprètes, Mme la duchesse de Bourgogne représentant Thamar, fille d'Absalon; le duc d'Orléans jouant le rôle de David, etc., etc.

Mais elle ne fut définitivement soumise à l'approbation du public que le 7 avril 1712, au Théâtre-Français de la rue des Fossés-Saint-Germain, où elle fut jugée favorablement.

C'est une des meilleures pièces que les nombreux imitateurs de Racine aient mises au théâtre.

Laharpe, qui n'a jamais essayé de cacher sa partialité, n'y trouve que des défauts relativement légers, des allées et venues trop multipliées, deux rôles de remplissage, celui de la femme de David et celui de Thamar, fille d'Absalon, et un cinquième acte où David n'agit point et renfermant un interminable récit de la mort d'Absalon qui fait languir le dénoûment.

« Mais, dit-il, ils sont compensés par des beautés réelles; la marche
« des quatre premiers actes est bien entendue, et le trouble et le péril
« croissent de scène en scène; les principaux caractères sont bien tra-
« cés. David est plus père que roi, mais la tendresse paternelle porte
« avec elle son excuse, et de plus les remords d'Absalon justifient celle
« de David.

« Ce jeune prince n'est point représenté dans la pièce comme un
« méchant et un pervers; il n'en veut ni à la vie, ni à la couronne de
« son père, il l'aime et le respecte; mais sa fierté ne peut supporter
« que Joab, ministre et général d'armée, abuse de son crédit pour le
« rendre suspect à son père. Les artifices et les séductions d'Achitopel
« ont aigri et irrité cette âme impétueuse. C'est Achitopel qui est le
« vrai coupable, et dont l'ambition se sert habilement des passions du
« fils pour le porter à la révolte contre son père et les perdre l'un par
« l'autre. »

Mais tous ses plans sont déjoués par la réconciliation du père et du fils, très-savamment amenée par l'intermédiaire de Tharis, femme d'Absalon, qui, unie à son époux par l'amour le plus tendre, lui arrache l'aveu des complots qu'il a formés et l'en fait repentir.

Je passe par-dessus tous les incidents dramatiques, et les difficultés qui naissent de la situation de Tharis, un peu suspecte au roi et à la reine parce qu'elle est fille de Saül, concurremment avec les machinations d'Achitopel, pour arriver au quatrième acte, réellement très-beau.

Au moment où David arrive à la tente de son fils, Absalon, occupé avec Achitopel, est confus et troublé à l'aspect de son père.

Juste ciel! c'est David que je vois!...

DAVID.

Oui, c'est moi, c'est celui que ta fureur menace.
Tu frémis, soutiens mieux ton orgueilleuse audace :
Le trouble où je te vois fait honte à ton grand cœur,
Et la crainte sied mal sur le front d'un vainqueur.

ABSALON.

Seigneur...

DAVID.

Quitte un respect qui n'est que dans ta bouche
Et t'apprête à répondre à tout ce qui me touche.
Mais quand ton bras impie est levé contre moi,
M'est-il permis d'attendre un service de toi?

ABSALON.

Votre puissance ici, Seigneur, est absolue.

DAVID.

Chasse donc ce perfide, odieux à ma vue,
Ce monstre dont l'aspect empoisonne ces lieux.

ACHITOPEL

Je puis...

ABSALON.

Obéissez, ôtez-vous de ses yeux.

Ce mouvement est d'un effet certain sur le public et le prépare à comprendre et à goûter le repentir qui doit animer Absalon un moment après.

Le père et le fils restent seuls et s'expliquent assez longuement, mais la scène finit d'une façon très-noble et très-pathétique. Absalon, en proie aux remords, est aux genoux de son père, et lui dit :

> Dans le funeste état, Seigneur, où je me vois,
> Mes serments peuvent-ils vous répondre de moi ?
> En moi la vérité doit vous sembler douteuse.
> Quel affront, juste Dieu ! pour une âme orgueilleuse !
> De quel opprobre affreux viens-je de me couvrir !
> Je l'ai trop mérité pour ne pas le souffrir.
> Oui, Seigneur, n'en croyez ni ma fierté rendue,
> Ni ma honte à vos yeux sur mon front répandue,
> Ni les pleurs que je verse à vos sacrés genoux,
> Punissez un ingrat, suivez votre courroux.

DAVID.

Lève-toi.

ABSALON.

Qu'allez-vous ordonner de ma vie ?

DAVID.

Es-tu prêt à mourir ?

ABSALON.

Contentez votre envie.

DAVID.

> Mon envie ! ah ! cruel ! dis plutôt mon devoir.
> Je devrais te punir, je ne puis le vouloir.
> Que dis-je ! à quelque excès qu'ait monté ton audace,
> Mon sang s'émeut pour toi, ton repentir l'efface.
> Mes pleurs, que vainement je voulais retenir,
> T'annoncent le pardon que tu vas obtenir.
> C'en est fait, ma tendresse étouffe ma colère ;
> Sois mon fils, Absalon, et je serai ton père.
> Je te pardonne tout, je vois qu'un séducteur
> D'un horrible complot a seul été l'auteur ;
> Le perfide a séduit ta crédule jeunesse.
> Redonne-moi ton cœur, je te rends ma tendresse.
> Ton heureux repentir me fait tout oublier :
> C'est à toi désormais à me justifier.

ENCYCLOPÉDIE THÉATRALE

Madame ALEXIS, rôle d'Adolphine, dans *la Famille Benoiton*.

Je ne donne pas ces vers comme des modèles de poésie; mais tout est relatif, et au théâtre les situations font souvent plus d'effet que le style.

Reste le cinquième acte, qui est malheureusement aussi long que faible.

Achitopel a fait courir le bruit dans l'armée des rebelles que David veut enlever Absalon; le combat s'engage, et, fidèle à l'histoire sainte, Duché fait mourir Absalon, accroché par sa chevelure aux branches d'un arbre, d'un trait parti de la main de Joab.

Cet acte, nécessairement tout en récit, a dû nuire beaucoup à la réussite de la pièce.

Elle eut cependant seize représentations consécutives, ce qui, pour l'époque, est un succès d'autant plus énorme qu'Absalon est une des rares tragédies du répertoire qui ne renferment pas d'intrigue amoureuse.

Laharpe trouve que c'est un mérite de plus. Au point de vue de l'art, c'est possible, mais pas à celui du spectateur.

ABSALON, *tragédie sainte en trois actes, en vers, par le père Xavier Marion, de la compagnie de Jésus, représentée à Marseille en* 1740.

Il n'est mention de cette pièce que sur les catalogues; il est probable qu'elle ne fut jamais jouée que dans les colléges ou maisons religieuses, et qu'elle n'eut pas beaucoup de retentissement.

De Mouhy dit qu'elle eut un grand succès au collége de Belzunce.

M. Henri Duval dit qu'elle fut représentée au collége des Nobles de Milan, au carnaval de 1770.

ABSENCE (L'), *opéra-comique en un acte, avec un divertissement, par M. Pannard, représenté pour la première fois, à la foire Saint-Laurent, le* 26 *juin* 1734, *jour de l'ouverture de la foire.*

L'Absence, personnifiée, donne audience aux mortels pour savoir ce qu'ils pensent d'elle.

Arrivent : un peintre, qui fait les portraits de plusieurs officiers présentement à l'armée; un écrivain du charnier des Innocents, à qui l'absence des auteurs procure de l'ouvrage ; une médisante, qui se loue de pouvoir cancaner des absents ; puis deux époux, qui viennent la supplier de les séparer.

Viennent ensuite un financier et un médecin, qui regrettent l'absence de leurs maîtresses ; — puis l'ambassadrice des quatre théâtres, qui se plaint que l'absence du public leur fait du tort.

L'Absence les console tous de son mieux, et conclut qu'elle a plus souvent raison que tort.

Elle se résume dans un vaudeville dont voici un couplet :

> L'an passé, les petits collets
> Touchaient peu les jeunes objets ;
> Leur règne aujourd'hui recommence.
> Tous, jusqu'aux auteurs,
> Trouvent des cœurs
> En abondance.
> Qui fait cela,
> Laritara ?
> L'absence.

Le public murmura beaucoup à cette représentation, et ne pardonna pas à l'auteur d'avoir fait une pièce faible, et surtout d'avoir personnifié l'absence.

ABSENCE (L'), *vaudeville en un acte, de MM. Picard et Mazères, représenté pour la première fois à Paris, sur le théâtre du Gymnase, le 1ᵉʳ mars 1823.*

Un jeune homme, du nom de Rigobert, absent depuis dix ans de son pays, se fait une joie d'y rentrer, comptant n'y trouver que des sujets de plaisir.

Mais, ô désappointement ! ses amis l'ont presque tous oublié et le reçoivent comme un étranger ; en revanche, ses créanciers lui souhaitent la bienvenue d'une façon trop pressante.

De là, des quiproquos assez amusants, où se trouvent mêlées, entre autres caricatures, une femme sentimentale et une vieille aubergiste, qui ne sont absolument là que pour égayer la situation.

En somme, tout finit pour le mieux : Rigobert épouse celle qu'il aime, et paye ses dettes avec la dot provenant de la générosité d'un vieux parrain, qui a peut-être d'autres titres à l'affection de la jeune personne.

Le succès de cette petite pièce n'a pas été très-bruyant; elle est cependant meilleure que les vaudevilles ordinaires; les situations sont peut-être multiples, mais elles naissent très-naturellement; les caractères sont peut-être trop nombreux pour le cadre; mais ils sont esquissés avec cette vérité et cette délicatesse de touche qui ont fait la réputation de Picard.

ABSENCE (L'), ou UN AMI INTIME, *drame en trois actes, en prose, représenté pour la première fois, au théâtre du Luxembourg, le 22 avril 1837.*

Cette pièce était déjà tombée sous le titre de SOPHIE, *ou les Dangers de l'intimité*, mais les auteurs ont cru devoir en appeler de nouveau au jugement du public, — qui ne s'est probablement pas souvenu de Sophie, mais qui a laissé tomber l'ABSENCE.

Mauvais titre, du reste, et prêtant trop à cet esprit français qui, chacun le sait, court les rues.

Un plaisant ayant ajouté au crayon sur l'affiche, après le mot l'Absence « du public », les auteurs n'ont pas voulu qu'on y mît leur nom; probablement pour qu'on ne dise pas qu'ils n'ont pas brillé par leur absence.

ABSENCE DU MAITRE (L'), *comédie en un acte, en prose, de* M. Cailleau,

Non représentée et peu digne de l'être, en tant du moins que comédie. — Cette pièce est imprimée, sans lieu ni date, sous le titre de: *Les Gorges chaudes de Thalie.* — *Athènes, chez Thespis, rue des Farceurs, à la Marotte.*

ABSENCE (L') ET LE RETOUR, *comédie en deux actes et en vers, par* M. Huguet dit Armand,

Fut représentée en province par son auteur avant qu'il fût venu à Paris jouir de la vogue que son talent de... comédien devait attacher à son nom.

On ne pourrait assigner de date à la première représentation de cette pièce, qui a, du reste, fort peu d'importance.

Elle est imprimée dans le *Théâtre de Province*. — *Paris*, 1770.

ABSENCES (Les) DE MONSIEUR, *vaudeville en un acte, de MM. Fournier et Laurencin, représenté pour la première fois à Paris, sur le théâtre du Vaudeville, le 16 août 1856.*

Il ne s'agit pas d'un monsieur qui, s'absentant trop souvent, est la cause de ses infortunes conjugales...; non, et pour cette fois, par extraordinaire, les auteurs n'ont point songé à faire rire d'un mari malheureux, c'est tout simplement un Distrait qu'ils ont mis à la scène.

Ce brave Jouvenel, qui a des absences, prend l'habitude de faire des nœuds à son mouchoir pour se rappeler ce qu'il doit faire; mais le naturel revient toujours..., et il commet des erreurs que les auteurs ont rendues le plus drôles possible.

Va-t-il chez un notaire pour toucher de l'argent, il se trompe d'étage et entre chez un monsieur qui le prend pour un autre et l'invite à manger la soupe aux choux. — Il pousse la distraction jusqu'à ne pas décacheter une lettre qui lui aurait appris l'arrivée de sa femme. — Celle-ci, furieuse de ne point trouver son mari au chemin de fer, se laisse reconduire par un petit jeune homme qui lui fait la cour. Jouvenel persiste à prendre le galant pour son ami Blondeau, et, lorsque tout s'explique, on a bien du mal à lui faire comprendre tous les dangers qu'il a courus.

Cette petite pièce réussit complétement. Delannoy, qui avait fait de Jouvenel un type très-réjouissant, est pour beaucoup dans le succès.

ABSENT (L') DE CHEZ SOI, *comédie en cinq actes et en vers, par M. Douville, représentée pour la première fois sur le théâtre de l'hôtel de Bourgogne en 1643.*

L'intrigue de cette pièce est difficile à démêler et ne justifie guère son titre qu'au premier acte.

On voit là-dedans un certain Clitandre qui fait la cour à Élise, la fille de l'Absent, et qui la quitte pour revenir à Diane.

Diane a déjà un autre amant, espèce d'original, tantôt jaloux, tantôt complaisant.

Les valets imitent leurs maîtres; ils se quittent, se remettent, se brouillent et se raccommodent encore.

Cet imbroglio eut cependant du succès. L'auteur ayant demandé à son frère, l'abbé de Boisrobert, ce qu'il en pensait, celui-ci lui avoua franchement qu'il trouvait la pièce mauvaise et sans liaison. — Douville, piqué, lui dit : « Je m'en rapporte au parterre. — Vous faites bien, reprit l'abbé, mais je crains que vous ne vous en rapportiez pas toujours à lui. »

Ce qui ne manqua pas d'arriver, car, quelque temps après, Douville, ayant fait représenter une pièce qui fut sifflée, répondit à son frère, qui le raillait, — que le parterre n'avait pas le sens commun. — « Eh quoi! se récria l'abbé, vous ne faites que de vous en apercevoir? Pour moi, j'en avais fait la remarque dès votre première pièce. »

Boisrobert était méchant, mais la comédie de son frère n'en était pas meilleure.

ABSENT ET PRÉSENT, *vaudeville en un acte, par M. d'Avrecourt, représenté pour la première fois, au Vaudeville, le 8 septembre 1837.*

Cette pièce, d'une conception impossible, fut sifflée sans miséricorde.

Il est question là-dedans d'une baronne de Charançay dont le mari, *absent*, a émigré.

On ne sait pas qu'il est *présent* sous un autre nom, et qu'il a trouvé moyen de se faire nommer premier président du tribunal, ce qui est un peu violent au point de vue de la vraisemblance. Je voudrais bien savoir comment un émigré peut rentrer en France, prendre ses grades à la Faculté, et obtenir de l'avancement dans le barreau sans être reconnu ; mais, pour le théâtre il y a des faveurs spéciales, et

Il est avec les lois des accommodements.

Bien entendu, on surprend ce brave président, et son affaire serait mauvaise si le décret d'amnistie n'arrivait juste à propos à la fin de la pièce, qui fut écoutée avec difficulté, malgré les efforts que fit Bardou pour la soutenir. Mais à l'impossible nul n'est tenu.

C'est inepte!!

ABSENT et PRÉSENT, *vaudeville en deux actes, de MM. d'Artois, Fulgence et Derancé.* — Voir L'EXILÉ.

ABSENTS (Les), *opéra-comique en un acte, paroles de M. Alphonse Daudet, musique de M. Poise (Ferdinand), représenté pour la première fois, à l'Opéra-Comique, le 26 octobre* 1864.

La phrase sacramentelle : *Ce qui n'est pas digne d'être dit, on le chante,* n'est pas applicable à M. Daudet. C'est le plus charmant poëte de notre époque ; il a des naïvetés dignes du bonhomme, et les fragments de la fable des *Deux Pigeons* qu'il a intercalés dans les *Absents* ne font nullement disparate.

Sa collaboration avec M. Poise, l'heureux auteur des *Charmeurs* et de *Bonsoir, voisin,* ne pouvait produire qu'un excellent résultat ; aussi leur opéra-comique eut un succès très-franc.

Il est évident qu'on ne s'écriera pas, en parlant des *Absents* : C'est beau, c'est magnifique ; mais il est impossible de ne pas dire : C'est charmant, c'est amusant.

C'est une bluette sans prétention, où il y a plus de vraie littérature et de vraie musique que dans bien des ouvrages proclamés sérieux.

Eustache, un étudiant étourdi et gouailleur, est adoré chez sa tante :

1º D'abord, par dame Brigitte, qui aime aussi beaucoup les faïences et qui s'évanouit à l'odeur du tabac (on n'est pas parfait).

2º Par Mlle Suzette, sa fille, qui a été élevée avec Eustache et qui compose de la musique à ses moments de loisir.

3º Par le vieux Brèchemain, un de ces serviteurs dont la race se perd... et qui est l'esclave de son jardin.

Il y a bien aussi à la ferme un certain Léonard, un voisin ; mais

Madame Arnould-Plessy, dans *les Fausses Confidences*.

celui-là aime Suzette, et par conséquent n'est pas très-enchanté du retour du cousin.

Ce retour est annoncé, il y a des années que l'enfant chéri ne s'est rendu, et il vient d'être reçu docteur. Vous pensez si l'on met tout sens dessus dessous pour le recevoir. Il est décidé qu'on ira le chercher à la diligence et que Léonard gardera la maison.

Pendant ce temps-là, l'étudiant arrive : en écervelé, il a quitté la voiture et pris au plus court en passant par-dessus les haies et même en pillant un peu les plates-bandes respectées du bon Brèchemain ; bien plus, il casse la faïence de sa tante et il fume chez elle en allumant son cigare avec une romance que sa cousine lui avait dédiée.

Aussi, après les embrassements du premier moment viennent les malédictions ; c'est à qui renchérira sur son compte.

Il s'en retourne, et personne ne dit un mot pour le retenir.

Fort heureusement, il se ravise et revient juste au moment où on le regrettait déjà.

Persuadé alors que les absents ont toujours raison, Léonard, qui veut se faire aimer de Suzette, décampe fort lestement, sans même regretter qu'Eustache prenne auprès d'elle à table la place qui lui était destinée.

La musique de M. Poise est ravissante d'un bout à l'autre. Les couplets

> Deux pigeons s'aimaient d'amour tendre

sont charmants de simplicité et ont été admirablement chantés par Mlle Girard, qui a dit non moins bien une ronde d'une facture très-vive et très-légère.

Capoul (Eustache) était tout feu, il brûlait les planches et chantait très-bien, avec Sainte-Foy (Léonard), un duo très-original.

> Le tambour est une mazette

Il chevrotait un peu dans la romance remplie de poésie et de sentiment,

> Voilà le soleil qui se cache ;

mais malgré cela il s'est montré très-satisfaisant et plus comédien que

de coutume. (Il n'était pas alors aussi à la mode qu'aujourd'hui.)
Sainte-Foy était superbe et faisait bisser tous les soirs ses couplets

Mais comment voulez-vous qu'on m'aime,

dont le commencement est très-vif et la fin d'un sentiment exquis.

Mlle Revilly faisait la tante Brigitte, et Nathan le jardinier Brèchemain.

On pourra reprocher à M. Poise de n'avoir fait dans les Absents que de la musique de romance; mais on pourrait reprocher à tant d'autres de ne faire que de la musique impossible à chanter, et, pour mon compte, je l'avoue bourgeoisement, j'aime encore mieux ce qui m'amuse et ce que je comprends que ces compositions d'une facture si haute et si savante où l'on bâille en s'extasiant.

ABSENTS N'ONT PAS TOUJOURS TORT (Les), *vaudeville en un acte, de MM. Barrière aîné et Désaugiers.* — Voir TROIS POUR UNE.

ABSENTS ONT RAISON (Les), *comédie en deux actes, en prose, par Mme Anaïs Ségalas, représentée pour la première fois, sur le théâtre de l'Odéon, le 7 mai 1852.*

Il y en a qui disent que les absents ont tort, d'autres qu'ils ont raison. Cette dernière opinion est plus répandue, mais ce n'est pas à la comédie de Mme Ségalas qu'il faut attribuer cette majorité, car ses arguments ne sont pas convaincants; c'est un tissu d'invraisemblances qui n'est pas même égayé par des situations comiques ni saupoudré de ces traits d'esprit qui font le plus souvent le succès des comédies sans intrigue.

On peut en juger par cette analyse :

Un jeune marié, Max, et sa femme, Irma, viennent de gravir une montagne de la Suisse. Arrivés à la porte d'un chalet, le jeune homme y laisse entrer sa femme et se plaint amèrement d'être obligé de la traîner dans son voyage de touriste. Ce qui l'horripile, ce sont les mille coups d'épingle obligés de la prévenance la plus élémentaire.

Si l'on fait une excursion, il faut qu'il porte le châle, l'ombrelle, le parapluie, que sais-je encore !

En somme, il voudrait se débarrasser de cette compagne gênante à laquelle nous l'avons déjà vu chercher une querelle d'Allemand. — Rentrer chez lui, cela contrarierait son but, car il aime les voyages et veut dire, comme le poëte :

> Sur ces rocs décharnés où la nature expire
> J'égare avec transport mes pensées et mes pas ;
> J'y pense librement, librement j'y respire,
>   Et ma femme n'y viendra pas.

Alors il n'imagine rien de mieux que de feindre un suicide. Il est près d'un pont qui donne sur un abîme ; il écrit un billet qui annonce sa résolution, jette son manteau sur le bord du précipice et s'élance... dans une chaise de poste pour continuer son voyage, laissant sa femme aux soins d'un de ses adorateurs de Paris qu'elle a rencontré là, par hasard, mais qui n'inspire pas au mari le plus petit mouvement de jalousie.

Au second acte, nous retrouvons Irma chez elle ; elle vient de quitter le deuil et se dispose à épouser Timoléon, le jeune soupirant qui l'a ramenée respectueusement des montagnes de la Suisse ; mais au moment de contracter un second hymen, elle fait de sérieuses réflexions sur son premier, compare les qualités de Max et celles de Timoléon, qui est nécessairement battu sur tous les points.

Vous pensez bien que, de son côté, Max est ramené par les regrets aux genoux de son Irma, et il arrive juste à temps pour l'empêcher de devenir bigame.

Et voilà ce qui est censé prouver que les absents ont raison.

Il est fâcheux que M*me* Ségalas, qui a fait si bien et tant de vers, ait eu la pensée d'écrire sa comédie en prose ; car elle eut probablement obtenu un succès littéraire, ce qui vaut toujours mieux que rien.

ABSENTS ONT TORT (Les), *comédie en un acte, en vers, par*

M. *Arthur Berr de Turique, représentée pour la première fois, au théâtre de Nancy, le 14 juin* 1849.

Cette pièce, qui eut beaucoup de succès et dont on devine aisément l'intrigue, ne fut jamais jouée qu'à Nancy. Je sais qu'on y est très-partisan de la décentralisation; pour ma part, je l'approuve aussi, mais jusqu'à un certain point. Le temps n'est pas encore venu où les brevets d'auteur pourront se signer ailleurs qu'à Paris, — et M. Arthur Berr aurait dû savoir que pour la presse, qui fait les réputations, les absents ont toujours tort.

ABSENTS ONT TORT (Les), *opéra en deux actes, de M. Sewrin, musique de M. Jadin*. — Voir CLAUDINET.

ABSINTHE (L'), *parade en un acte, en prose, de M. Henrion, représentée sur le théâtre des Délassements, le 24 nivôse an XIII* (13 janvier 1805).

Il y a un proverbe qui prétend qu'on n'attrape pas les mouches avec du vinaigre. L'auteur de cette parade a voulu prouver le contraire, et il a attrapé avec de *l'absinthe* un public qu'il n'aurait point attiré avec du miel.

ABUFAR, ou la FAMILLE ARABE, *tragédie en cinq actes, en vers, de Ducis, représentée pour la première fois, sur le Théâtre-Français, le 12 août* 1795.

C'est l'un des rares ouvrages d'imagination de Ducis, qui a encombré le Théâtre-Français de prétendues traductions de Shakespeare, et si ce n'est pas sa meilleure pièce, ce n'est certes pas sa plus mauvaise.

C'est un tableau des mœurs patriarcales des Arabes.

Abufar est le chef respecté de la famille; il a un fils et une fille, Faran et Odeïde, avec lesquels il élève Saléma, orpheline qu'il a reçue dans le désert des mains d'une mère mourante.

Faran aime la belle Saléma, qui partage son amour; mais comme il la croit sa sœur et qu'il ne veut pas succomber à une passion incestueuse, il quitte la tente et s'enfuit au désert.

Un autre amour, celui d'un jeune Persan nommé Pharasmin pour Odeïde, divise l'action et sert au dénoûment, facile à prévoir malgré le titre de tragédie donné à la pièce, que Geoffroy a jugée très-sévèrement.

« Le théâtre de Melpomène, dit-il, n'est point fait pour des mœurs sauvages et grossières; mettre les tentes des pasteurs à la place des palais des rois, c'est substituer l'idylle à la tragédie. On ne parle dans *Abufar* que de chameaux, de chevaux, de troupeaux; tout est plein de paysages, de descriptions champêtres. — Ducis croit n'imiter personne parce qu'il n'imite aucun des poëtes tragiques anciens et modernes; mais, sans le savoir, il imite et défigure Gessner; il s'imagine être neuf parce qu'il est étrange, parce qu'il confond les genres et mêle indiscrètement à l'action dramatique les récits de l'épopée.

« Jamais auteur n'a poussé si loin la manie sentencieuse, le jargon sentimental, l'emphase philosophique; tous ses hémistiches sont chargés des noms de *mœurs*, de *vertus*, d'*humanité*; c'est une homélie continuelle; mais il est triste qu'un si fervent apôtre mette la vertu en paroles et le vice en action, et que les héros d'une pièce si sainte ne respirent que l'inceste. — Il était très-maladroit d'aller chercher le crime dans les cabanes; il eût été plus patriotique de nous le montrer sur le trône. Le poëte, qui souvent invective contre le luxe et la magnificence du roi de Perse, aurait dû choisir la cour de ce despote pour y allumer le flambeau d'un amour criminel. Ce n'est pas sous des tentes, dans la simplicité des mœurs rustiques, que les passions douteuses fermentent; c'est dans le palais de David qu'Amnon brûla pour sa sœur Thamar.

« N'est-il pas étrange qu'on nous présente d'un côté des Arabes incestueux, tandis qu'on les exalte de l'autre comme les plus honnêtes gens du monde? J'ose assurer que les Arabes n'ont mérité de la part de Ducis,

> Ni cet excès d'honneur ni cette indignité.

« Chez eux, les femmes et les filles sont vertueuses, grâce à leur ignorance, à leur solitude, au défaut d'occasions; mais les hommes sont des brigands : hospitaliers sous leur tente, par tradition et par habitude, voleurs sur les grands chemins, par instinct et par caractère. — On dit, pour les excuser, qu'ils se prétendent les rois du désert, et croient avoir droit de mettre à contribution les voyageurs qui passent sur leurs terres ; mais une fausse prétention ne justifie pas la violation des droits les plus sacrés.

« Des scélérats habitants d'une forêt n'auraient donc qu'à prétendre qu'ils sont les maîtres de cette forêt, et du grand chemin qui la borde, pour se croire en sûreté de conscience.

. . . .

. . . .

« C'est le dernier effort du génie tragique, d'exposer sur le théâtre une passion qui fait frémir la nature, d'inspirer à la fois de la pitié pour le coupable et de l'horreur pour son crime : le seul Racine était capable d'un tel prodige. Le caractère de Phèdre est un chef-d'œuvre de l'art qui avait trouvé grâce aux yeux mêmes du sévère Arnaud. Ce janséniste ennemi des spectacles ne pouvait s'empêcher d'admirer avec quel talent Racine avait su rendre jusque dans la peinture du vice un si bel hommage à la vertu.

« Campistron osa, depuis, dans son *Tiridate*, nous montrer un frère amoureux de sa sœur. L'ouvrage est faible, mais il ne viole aucune des bienséances de la scène. Ducis semble ne s'être pas même douté des difficultés du sujet ; au lieu d'un incestueux, il nous en présente deux à la fois : le frère et la sœur brûlant l'un pour l'autre d'un feu mutuel ; ils se font des déclarations et des caresses. L'auteur a regardé sans doute la décence théâtrale comme un préjugé dont la Révolution avait débarrassé la scène. Il est vrai que la sœur, après avoir fait à son frère l'aveu le plus brûlant et le plus passionné, pousse un grand cri et se jette par terre ; c'est le seul hommage que l'auteur ait bien voulu rendre à la vertu, et cet hommage est lui-même une indécence, car nous n'aimons pas à voir les personnages tragiques se rouler sur le théâtre. — Il est étrange qu'un poëte qui toute sa vie a fait des tragédies ne sache pas qu'un amour criminel ne doit jamais être un amour partagé. »

ENCYCLOPÉDIE THÉATRALE

Mademoiselle ANTONINE, rôle de Nora Streny, dans *Jean la Poste*.

Ce jugement, peut-être un peu passionné, fournit à M. Hippolyte Lucas l'occasion d'écrire les lignes suivantes :

« Geoffroy, qui n'a jamais regardé le théâtre comme une école de mœurs, aurait pu se montrer moins sévère si sa plume n'avait poursuivi avant tout la résistance de Ducis au gouvernement impérial.

« Cette tragédie ne respire en rien l'inceste, puisque Saléma n'est point la sœur de Faran, et que le spectateur le moins intelligent a deviné cela dès le commencement. Fussent-ils frère et sœur, depuis quand est-il défendu de mettre des passions coupables sur la scène lorsque ces passions sont combattues par le devoir, par la religion, par la raison?...

« L'immoralité n'est jamais dans la passion qui se combat, se déteste, et ne cède qu'avec honte et douleur à ses emportements ; l'immoralité est dans le paradoxe et dans l'effronterie du vice qui s'approuve et se défend. Les docteurs en guerre ouverte avec la société, et qui, après avoir étouffé le remords dans leur conscience, se croient tout permis pour satisfaire leurs désirs ; ces subtils esprits qu'aucun frein ne retient quand il s'agit de conquérir les jouissances de la vie ; les femmes qui, privées du sentiment de la pudeur, s'abandonnent sans remords à des penchants déréglés, tous ces caractères sont d'un pernicieux exemple au théâtre, et produisent l'imitation ; mais la lutte du bien et du mal est toujours favorable, en ce qu'elle force les hommes à faire un retour sur eux-mêmes et à se rendre compte des instincts de leur conscience. »

Voilà sans doute de bonnes raisons, en général, mais comme elles ne donnent en particulier aucun tort à l'appréciation littéraire de Geoffroy, — je continue à la citer :

« La pièce est d'ailleurs fort mal conduite ; le caractère de Faran tient plus de la folie que de la passion. — Il a quitté son pays pour s'éloigner de sa sœur ; son retour n'est point motivé, sa jalousie est fondée sur une méprise très-invraisemblable et qui dure trop longtemps ; avant même d'être désabusé il choisit pour son ami, pour son mentor, ce même rival qu'il a toujours haï. — Le dénoûment est si brusque, qu'il s'élève toujours un murmure général dans l'assemblée lorsqu'on apprend tout à coup que Saléma n'est point la sœur de Faran. — Cette catastrophe n'excuse point l'indécence du sujet, parce que le crime est dans l'intention.

« Au reste, ce drame, qui est très-lugubre et très-sombre, finit gaiement par deux mariages. C'est moins une tragédie qu'une élégie pastorale. »

Cette pièce ne fut pas tout d'abord accueillie comme elle le fut depuis, grâce au talent des interprètes. — L'innovation ne plut pas, et le style, bourré de métaphores orientales, était fatigant. Il y avait du reste des longueurs, et l'auteur s'en aperçut si bien que dès la seconde représentation sa pièce fut jouée en quatre actes et se maintint quelque temps sur l'affiche grâce à Talma, qui, se croyant d'origine arabe, avait pris le rôle de Faran avec amour et en avait fait un personnage d'une profondeur et d'une exaltation sublimes; à Mlle Vanhore, qui créa avec bonheur le rôle de Saléma, et à Mlle Volnay, qui se distingua dans celui d'Odeïde.

ABUFAR, *opéra en trois actes, paroles de ***, musique de M. Léopold Aimon.*

Ne fut jamais représenté, bien que la musique, complétement terminée, eût eu deux auditions partielles et fût reçue à l'Opéra en 1819.

Beffara parle d'un ABUFAR, *ou la Famille arabe*, opéra en trois actes, dont les paroles étaient de MM. Laverpillière et Montferrier, que je serais tout porté à prendre pour le libretto de l'opéra d'Aimon, s'il n'avait été, d'après lui, reçu à correction le 1er mai 1822.

ABUFAR, *opéra de M. Carafa, représenté, sur le théâtre de Vienne, pendant l'été de* 1823.

Fort peu connu en France, où il ne fut jamais joué, ce qui est d'autant plus étonnant et regrettable que, si l'on en croit M. Castil Blaze, c'est le meilleur ouvrage du maître.

M. Castil Blaze était plus qu'un connaisseur, c'était presque une autorité; mais il ne faut cependant pas toujours le croire comme l'Évangile.

ABUKKAZEN, *comédie en trois actes, en prose*, de M. Guillemain, représentée au théâtre Beaujolais en 1790. — Non imprimée.

ABUNDANCE (Jean d'),

Pseudonyme sous lequel se cachait Me Tiburce, — bazochien et notaire royal de la ville du Pont-Saint-Esprit, où il est mort en 1544 dans un âge assez avancé.

Cet officier public a composé plusieurs moralités, mystères et farces, qui furent représentés de son temps et très-probablement par lui. Il ne nous reste que :

Le Joyeux-Mystère des trois Rois ;
Moralité et Figure sur la Passion de Notre Seigneur Jésus-Christ ;
Le Gouvert d'humanité, moralité ;
Le Monde qui tourne le dos a Chacun, moralité ;
Plusieurs qui n'a point de conscience ;
La Cornette, farce nouvelle très-bonne et très-joyeuse, — ainsi que l'imprimaient modestement tous les auteurs ;
Les grands et merveilleux Faits de Nemo,

Et un mystère : Quod secundum Legem debet mori, etc., qui a fait commettre à M. Babault une bévue splendide. Dans ses *Annales dramatiques* (1809), il cite deux d'Abundance : l'un (Jean-Michel) notaire du Pont-Saint-Esprit, et l'autre (Jean) également notaire au Pont-Saint-Esprit, vivant à la même époque, et auteur d'un mystère à personnages de la Passion, que l'on distingue de celui de Jean-Michel par : Quod secundum, etc.

Pour une fois qu'il n'a pas copié servilement les *Anecdotes dramatiques de Laporte*, il a été assez mal inspiré.

ABUS.

Il y aurait tout un livre à faire et peut-être même une bibliothèque entière à qui voudrait relever tous les abus ; mais comme cela ne les ferait pas disparaître, personne ne l'entreprendra jamais.

Je n'ai, moi, à parler que de ceux qui sont les plus à déplorer théâtralement parlant.

Dabord il est fâcheux de voir les directeurs de théâtre se livrer à la fabrication des pièces. — Je sais bien qu'on ne peut pas leur reprocher sérieusement d'être juge et partie dans leur cause; car ils ne font pas de pièces littéraires.

Les messieurs Coignard se font des revenus considérables avec des féeries et des pièces à femmes.

M. Hostein fait de mauvais drames; l'un d'eux, *l'Ouvriere de Londres*, a eu un succès relatif à l'Ambigu. S'il avait bâti cette machine pour faire pièce à son concurrent M. de Chilly, il n'a pas tout à fait réussi. J'aime à croire le contraire, et ce qui le prouverait, c'est que *les Trois Hommes forts*, drame tiré d'un roman comme l'était aussi *l'Ouvrière de Londres*, ont fait un fiasco que le nom d'Alexandre Dumas fils, imprimé incidemment sur l'affiche, n'a pas même pu changer en succès d'estime.

M. Marc Fournier, qui est réellement auteur, a le bon esprit de ne plus travailler pour le théâtre depuis qu'il est directeur; il s'est ruiné à faire de l'art; mais *La Biche au bois* a refait sa position.

C'est du reste, et même commercialement parlant, un très-mauvais système que de vouloir être directeur et auteur à la fois, et la loi qui défendait ce cumul avant le régime de la liberté était une loi très-sage. — Pour aller du grand au petit en citant un exemple, — qu'on se souvienne du théâtre des Champs-Élysées, géré pendant très-peu de temps par Mme de Chabrillan, qui jouait ses pièces; et de la première direction du théâtre Saint-Germain, qui représente les œuvres inexpérimentées de M. Moniot, lequel fait beaucoup mieux maintenant.

Il est certain que dans ce cas-là le directeur a toujours trop de complaisance pour l'auteur, et l'auteur trop de confiance dans le directeur.

C'est pour la même raison qu'à la Comédie-Française on a représenté des pièces plates ou mauvaises tirées de la Minerve de messieurs les sociétaires.

Encore un abus que celui qui fait ces messieurs, et même ces dames, juges en dernier ressort des pièces qui leur sont présentées. — Je sais bien qu'ils en jouent quelquefois contre leur gré; mais le cas d'*Henriette Maréchal* est encore assez rare, et le mode de réception employé au Théâtre-Français, comme aux autres, du reste, est illusoire pour les auteurs nouveaux. Mais, comme après tout les théâtres libres sont des entreprises commerciales, on n'a pas le droit de trouver mauvais que les directeurs s'arrangent à leur gré pour l'exploitation.

On peut déplorer par exemple que les avenues de tous les théâtres soient gardées par des coteries qui n'en laissent approcher personne;

Que les directeurs fassent des traités avec des auteurs en renom pour tant d'actes ou pour tant de pièces;

Que l'on *commande* une grande pièce ou un lever de rideau comme une paire de bottes ou de pantoufles;

Que l'on livre *cela* selon les instincts ou les besoins du jour, c'est-à-dire le plus souvent sophistiqué ou à faux poids ou fausse mesure;

Mais on n'a pas le droit de s'en plaindre.

Charbonnier est maître dans sa maison.

On pourrait regretter aussi l'abus de toutes les féeries, revues, pièces absurdes qui n'intéressent que les yeux par l'exhibition de costumes, de décors, de femmes ou même d'animaux; mais, comme il ne touche que la dignité de l'art, et qu'on en fait si bon marché aujourd'hui, ce serait du temps de perdu.

Ce qui peut permettre d'élever la voix, c'est de voir que dans les théâtres subventionnés par l'État, c'est-à-dire par nous tous, puisque nous concourons proportionnellement aux charges, on suive les errements pratiqués dans les autres boutiques.

On accorde des primes aux auteurs en réputation, comme s'ils ne devaient pas être assez payés par le droit proportionnel sur les recettes : ainsi Scribe touchait un *pot de vins* considérable pour chaque libretto qu'il fournissait à l'Opéra.

Casimir Delavigne n'a jamais donné une pièce au Théâtre-Français aux conditions ordinaires. Alexandre Dumas a empoché jusqu'à 11,000 fr. de prime pour *un Mariage sous Louis XV*, 6,000 fr. pour

Lorenzino, 5,000 fr. pour *les Demoiselles de Saint-Cyr* (je ne cite là que ses pièces qui n'ont pas réussi), et j'aurais bien de la peine à croire, quand on voudrait me le persuader, que M. Émile Augier se contente des 15 pour 100 sur la recette que la Comédie-Française accorde ordinairement aux auteurs, d'autant plus que je sais à quelles conditions pécuniaires il a consenti à donner *la Contagion* à l'Odéon.

Certes, il fallait que M. de la Rounat eût grande envie d'offrir de l'Émile Augier aux habitués de son théâtre; car s'il avait toujours commercé de la même façon, il n'aurait pas contracté la douce habitude de mettre bon an mal an, à titre de bénéfices, toute la subvention dans son secrétaire.

Ces cent billets de mille francs ne devaient cependant pas être désagréables à encaisser, et je connais beaucoup de gens qui consentiraient à ne pas s'occuper des jeunes auteurs à de semblables conditions.

* * *

A propos des droits d'auteurs, messieurs les directeurs emploient maintenant une combinaison économique qu'il n'est pas inutile de signaler.

On sait que les théâtres de genre qui donnent 10 pour 100 sur la recette brute pour une pièce qui tient tout le spectacle, sont obligés de donner 12 pour 100 lorsque plusieurs pièces sont appelées à la composition de l'affiche.

Pour remédier à cela, quelques-uns de ces messieurs s'arrangent pour ne donner que 6 pour 100, en représentant pour moitié des pièces tombées dans le domaine public. Les autres, moins économes, mais qui tiennent plus à attirer le public par des nouveautés, ne jouent que des grandes pièces qui tiennent tout le spectacle et ne leur coûtent que 10 pour 100.

Je ne désapprouve pas tout à fait cette combinaison, bien qu'elle soit nuisible à l'art, car il y a bien des sujets qui seraient plus agréablement traités s'ils étaient moins délayés : le système homéopathique appliqué aux productions de l'esprit noie ce qui serait agréable dans un dé-

ENCYCLOPÉDIE THÉATRALE

Madame Naptal-Arnault, dans *le Comte de Monte-Christo*.

luge de fadaises; mais ce que je blâme, c'est le troisième système, qui consiste, toujours au même point de vue, à n'accepter de lever de rideau que des auteurs de la pièce de résistance. Consultez les affiches des théâtres, et vous verrez que cela se fait partout.

Et l'on veut que les jeunes auteurs commencent par des petites pièces ! Mais qui les prendra donc leurs petites pièces ? — Les directeurs ne sont pas assez ennemis de leurs intérêts pour consentir à abandonner 12 pour 100 sur la recette, quand ils sont sûrs d'avoir des auteurs à 10.

Et puis, quand par hasard un nouveau se produit au théâtre, comme il est obligé de débuter par un ouvrage long, sinon grand, il s'embourbe dans les complications d'une pièce en cinq actes et il ennuie pendant quatre heures, tandis qu'il pourrait amuser ou instruire pendant trois quarts d'heure.

Alors tout le monde répond à ceux qui plaident encore la cause des jeunes : « Mais laissez-nous donc tranquille avec vos jeunes ! Ils n'ont rien dans le ventre. »

Eh ! comment peut-on le savoir, puisqu'on ne veut pas qu'ils donnent ce qu'ils ont, et qu'on les oblige à trouver ce qu'ils n'ont pas ?

Du reste, quant aux rares jeunes qui se produisent, il ne faut rien préjuger, car il n'y a que les médiocres qui puissent par le temps qui court affronter les hasards de la rampe. Je n'ai pas que des théories là-dessus, et je le prouverai quand j'y serai.

Je puis dès aujourd'hui dénoncer un système en vigueur dans certains théâtres qui en exclut tous les talents consciencieux.

Il est vrai que c'est un moyen de se faire jouer ; mais s'il est à la portée des gens riches, il est impossible à tous ceux qui ont trop de délicatesse ou pas assez d'argent.

Vous prêtez mille, deux mille, trois mille francs, selon vos moyens, au directeur d'un petit théâtre ; celui-ci, en échange, vous reçoit une pièce en un, deux ou trois actes, selon l'importance de vos capitaux, et s'engage à la faire jouer jusqu'à ce que les droits d'auteurs qui lui seront assignés atteignent la somme de l'emprunt souscrit par lui.

Comme cela, le directeur gagne tout juste la somme que vous lui avez *prêtée*. Quant à l'auteur, il rentre dans ses frais si la pièce réussit. Si elle tombe... dame, tant pis, ce n'est la faute de personne, il faut recommencer la combinaison.

Je ne prétends pas que tous les directeurs de Paris fassent ce petit commerce, qui en somme n'outrepasse en aucune façon leurs droits d'industriels privés, ce serait en vérité trop malheureux; mais j'en connais qui le font et s'en trouvent bien.

Il en est jusqu'à trois que je pourrais nommer.

Ce n'est pas là que les jeunes qui n'ont que leur talent pour arriver doivent s'essayer. — On a créé et subventionné des théâtres exprès pour cela, direz-vous; rien de plus exact, mais c'est justement sur les scènes privilégiées qu'il leur est le plus difficile de faire représenter leurs pièces.

On ne fait, il est vrai, aucune difficulté pour recevoir les manuscrits, mais on les garde pendant des années avant de se décider à les accepter ou à les refuser; puis quand, par exception et à force de protections, ils sont reçus, on ne songe à les jouer que l'été, quand il ne vient personne au théâtre; encore ne faut-il pas pour cela qu'un auteur déjà connu apporte une pièce.

Cet état de choses a toujours duré et je ne crois pas que malgré les règlements qui imposent de jouer les pièces dans l'ordre de leur réception il puisse changer de longtemps.

Nous avons déjà vu (article ABIMELECH) un auteur se plaindre en 1775 de la lenteur des comédiens français à représenter les œuvres nouvelles, et le fait était si notoire au commencement du siècle que le *Cousin Jacques* (Beffroy de Reigny), en adressant une pièce aux acteurs du Théâtre-Français, y joignit les vers suivants qui sont toujours de circonstance :

> Vous allez, suivant l'usage,
> Employer dix ans à savoir
> Si vous en ferez la lecture.
> Pendant dix autres, l'on assure
> Qu'au premier jour il faudra voir.
> Dix ans après, quelqu'un peut-être

> En me voyant se souviendra,
> S'il peut alors me reconnaître,
> De ma pièce, et puis se dira :
> Il faut s'occuper de cela...
> Dix ans après, plus de délais.
> Vous y songerez, ou jamais...
> Mais priez bien vos descendants
> D'avertir alors le parterre
> Que depuis trente ou quarante ans
> L'auteur est mort sexagénaire.

Sur la question des appointements il y aurait bien aussi quelques réclamations à faire. Les appointements ne sont pas assez mesurés au talent. Il y a cent artistes utiles, intelligents ou consciencieux qui ne gagnent pas leur vie, contre une étoile qui gagne trop. — Je vous assure qu'il m'est complétement indifférent que M. Bagier donne 3,000 fr. par soirée à Mlle Patti, parce qu'après tout M. Bagier est un industriel privé, qui a le droit de faire ce qui lui plaît pour amener l'eau à son moulin. Mais que le directeur de l'Opéra donne 12,000 fr. par mois à Naudin, cela me semble dur, de même que les 90,000 fr. encaissés par Faure, de même aussi que l'énorme quantité de billets de mille francs que coûtent le couple Gueymard et le couple Marie-Saxe. Il est vrai que M. Castelmary n'émarge que 24,000 fr.; c'est encore beaucoup trop, et il me semble qu'il eût été assez payé par le titre de *mari-Saxe* et le droit d'avoir l'air de remplacer Cazeaux.

A cela les matérialistes me diront :

« Mais, monsieur, un simple épicier gagne bien des 150,000 francs par an, et il y a des imbéciles qui gagnent des millions à ne rien faire. »

N'en parlons plus et soyons de notre siècle.

* * *

J'ai encore quelque chose à dire à propos des abus de mots, qui deviennent d'un trop fréquent usage.

Si Victor Hugo a aligné des vers comme ceux-ci dans *les Burgraves* :

> J'ai deux mères, vois-tu, ma mère et mon épée.
> Je suis bâtard d'un comte et légitime fils
> De mes exploits. Il faut faire comme je fis.

ou :

> Fussent-ils plus nombreux que ne sont sur la mer
> Les grêles du printemps et les neiges d'hiver.

ou même dans *Ruy-Blas* :

> Et l'aigle impérial, qui, jadis, sous ta loi
> Couvrait le monde entier de tonnerre et de flamme,
> Cuit, pauvre oiseau plumé, dans leur marmite infâme.

et tant d'autres qu'il serait long de chercher et ennuyeux de citer, il avait son génie pour se les faire pardonner, et du reste il écrivait à une époque qui avait besoin de tout réformer : la croyance littéraire et le style.

Ce n'est pas une raison, parce qu'il a dit :

> Je suis un ver de terre amoureux d'une étoile,

ce qui est en somme une figure très-poétique, pour que ses imitateurs ne nous parlent que de vers et d'étoiles.

S'il appelle ses personnages lions, ours, vautours, aigles, cela n'autorise pas messieurs tels et tels à introduire des ménageries entières dans leurs drames en prose.

Il y a des extravagances dont on ne pense pas à rire dans Shakespeare, et qui font mal au cœur dans ses copistes.

Ceci n'est que grotesque ; mais il y a plus drôle et plus inquiétant, par exemple, de voir le public applaudir *con furore* des phrases composées de mots ronflants, qui pris à part n'ont pas de sens.

Je pourrais citer vingt pages de ces tirades à effet, et rien que dans l'école du bon sens, qui pourtant est moins sujette à l'enflure que le romantisme.

Que dites-vous par exemple de ceci :

« L'antiquité n'admettait l'égalité ni devant la loi humaine ni devant la loi divine ; le moyen-âge l'a proclamée au ciel; Quatre-vingt-neuf l'a proclamée sur la terre. »

Le Fils de Giboyer est farci de phrases comme celles-là.

Ce sont des ballons gonflés par l'auteur et qui éclatent sur le public — comme il prétend dans *la Contagion* « que la vérité se fait jour -- par des coups de tonnerre. » Voilà généralement ce qu'on applaudit le plus. Les vraies beautés ne passent pas la rampe, et elles ne sont recueillies que par les délicats.

Bah! nous allons bien en voir d'autres, pourvu que Dieu nous prête vie. — Voici des vers qui auront, je le parie d'avance, les honneurs d'un hourra dans la prochaine représentation de *Galilée*, de M. Ponsard.

C'est le professeur POMPÉE SIZZI qui parle :

> N'est-il pas vrai que l'homme, et même tous les êtres,
> Au devant de leur chef, ont comme sept fenêtres,
> Savoir : la double ouïe, une bouche, deux yeux,
> Deux oreilles par où l'air, pénétrant chez eux,
> Porte au reste du corps, selon chaque ouverture
> La lumière, le son ou bien la nourriture,
> Et qui sont les sept points les plus intéressants
> Du *microcosme* ou monde abrégé ?

VIVIAN.

> J'y consens.

LE PROFESSEUR POMPÉE.

> De même — notez bien l'identité profonde —
> De même dans le ciel, *macrocosme* ou grand monde,
> Sept planètes en tout composent l'appareil ;
> Deux luminaires : c'est la lune et le soleil ;
> Deux astres, influant d'une façon maligne :
> Mars et Saturne ; deux d'influence bénigne :
> Jupiter et Vénus ; puis Mercure indécis.
> De ces faits, comme encor d'autres non moins précis,
> Soit que l'ordre profane offre les témoignages

> Des sept métaux, des sept merveilles, des sept sages,
> Soit que l'ordre sacré nous montre sept flambeaux,
> Sept psaumes pénitents, sept péchés capitaux,
> Nous devons recueillir ces connaissances nettes :
> Que le nombre de sept est celui des planètes,
> Que c'est tout justement le nombre qu'il leur faut,
> Sans qu'il puisse jamais être plus ou moins haut,
> Et qu'ainsi Jupiter n'a point de satellites
> Puisqu'ils ajouteraient des nombres illicites.

Comme on le voit, c'est tout un cours qui ne doit flatter que médiocrement Messieurs de l'Observatoire en général et M. Leverrier en particulier.

M. Jules Vallés, qui a cité ces vers dans *l'Événement*, dit qu'il leur préfère cette poésie des taupins :

> Le carré de l'hypoténuse
> Est égal, si je ne m'abuse,
> A la somme des deux carrés
> Construits sur les autres côtés.

Je le crois sans difficulté et je partage son opinion; ce qui n'empêchera pas le public d'applaudir, comme c'est son droit... et non son devoir, ce que la plus grande partie s'imagine encore, malheureusement.

M. Glais-Bizoin (auteur dramatique) ne veut plus de l'école du bon sens; il a mis la main à la pâte pour nous ramener au romantisme... d'expressions du moins. On rencontre communément dans son *Vrai Courage, ou Un Duel*... des phrases comme celle-ci : « Vous eûtes recours au *grattoir de la peur*. » Il se trouve là dedans des « gens qui tirent prétexte de leur amour pour la paix pour *mettre leur courage en fourrière dans le temple de la Concorde*. »

Allons, monsieur Glais-Bizoin, encore un peu d'audace! Ce n'est pas tout à fait là le *vrai courage*, arborez carrément le pittoresque — que votre style soit de la force excentrique de quatre Murgers — et nous mettrons sur les moustaches de notre impatience le cosmétique du

ENCYCLOPÉDIE THÉATRALE

Mademoiselle ABINGDON, rôle d'Ève, dans *le Déluge universel*.

silence pour applaudir dans votre théâtre (en France par exemple, si ça ne vous fait rien) des phrases comme celle-ci :

« La virgule est le bouton du milieu de l'habit noir de la phrase; il laisse voir le gilet blanc de l'idée et les breloques du style. »

Cela sera peut-être difficile à faire prendre tout de suite en prose... Ah! si c'était en vers, ce serait bien différent, surtout avec quelques flons-flons !

Car c'est une chose à remarquer — on n'a pas fait encore de couplets assez idiots pour être sifflés, et pourtant il y en a une assez jolie collection qui ne disent rien du tout.

Si l'on voulait seulement remonter à l'époque où florissaient *le Soldat laboureur*, et autres vaudevilles chauvins, on en pourrait faire un volume.

Il suffisait alors pour émouvoir de faire rimer guerriers avec lauriers, victoire avec gloire, vaillance avec France, soldats avec combats, etc., etc.

Comme exemple, je vais citer les quatre derniers vers d'un couplet qui, chanté par Lepeintre aîné dans une pièce de Brazier, fut bissé avec enthousiasme :

> Jamais la peur ne fut de la vaillance,
> Mille revers ne font pas un succès,
> La France, enfin, sera toujours la France,
> Et les Français seront toujours Français.

Il est vrai qu'on a prétendu, depuis, que *ces vers*, intentionnellement idiots, avaient été intercalés par gageure dans le vaudeville la veille de la première représentation, à la suite d'une discussion sur la valeur des couplets chauvins.

Cette excuse est peu valable.

Il y a des pays où l'on appellerait cela se moquer du public; mais en France, où l'on rit de tout, — c'est proclamé un trait d'esprit...

Nous avons encore les abus de réputations qui menacent de devenir une véritable plaie.

Qu'on mette des *vedettes* sur toutes les affiches, je le veux bien, et c'est très-naturel si les artistes qu'on honore de ces grandes lettres, qui sont toujours en proportion des appointements, provoquent les applaudissements, amènent la foule au théâtre... et l'argent dans la caisse.

Mais que de vieux artistes retirés depuis longtemps, usés souvent même avant leur retraite..., persistent à reparaître sur la scène et sollicitent des applaudissements sous le prétexte qu'ils ont eu du talent, voilà qui est déplorable et qui fait réellement de la peine aux vrais amis de l'art; car le respect que l'on doit aux succès passés de ces vétérans est plus que balancé par leurs défaillances actuelles, et qu'au lieu des bravos et des encouragements qu'ils viennent chercher, le public ne peut leur donner que des marques de condescendance ou de pitié.

A ceux-là je ne dirai pas : place aux jeunes, puisqu'il est convenu qu'on se couvre de ridicule à parler toujours des jeunes; mais au moins place aux vivants.

Vous êtes morts depuis longtemps dans la réputation qui vous a faits grands, ne cherchez pas à ressusciter petits. — Respectez le talent que vous avez eu... et ne le galvaudez pas aujourd'hui. — Par pitié pour l'art, laissez-nous les illusions de la tradition qui vous a faits sublimes... et ne venez pas nous faire croire que la génération précédente vous avait mal jugés.

*
* *

Parmi les abus administratifs il y a le droit des pauvres. J'en parlerai en temps et lieu.

Il y a bien aussi la claque... qui est certainement un abus; mais la décadence de l'art l'a rendue en quelque sorte indispensable. Je me réserve d'en étudier le pour et le contre dans des articles spéciaux. — Voir Claque et Sifflet.

ABUSARD, ou la Famille extravagante, *vaudeville-parodie en un acte, par MM. Radet, Barré et Desfontaines, représenté pour la première fois, sur le théâtre du Vaudeville, le 15 mai 1795.*

C'est la parodie d'*Abufar* de Ducis. Cette petite pièce, bien que spirituellement faite, ne dut son succès qu'au jeu du comédien Laporte, qui imitait si bien Talma que celui-ci se donnait souvent le plaisir d'aller applaudir son Sosie quand son service le lui permettait.

ABUS DE CONFIANCE (L'), *comédie en un acte, en vers, par M. le chevalier de Courval.*

Il n'y a pas d'apparence que cette pièce ait été représentée, mais elle est imprimée.

ABUS DE CONFIANCE (L'), *comédie en un acte et en prose, par M. Victor Cholet.*

Pièce pour laquelle son auteur n'a jamais eu les honneurs de la représentation, — au moins sur des théâtres publics. — C'est écrit à l'usage des gens naïfs, — et M. Cholet a voulu sans doute donner des garanties de moralité aux mères de famille — en la faisant imprimer, avec d'autres du même calibre, sous le titre générique de *Nouveau Berquin*. Paris, 1836.

Il faut du théâtre pour les enfants, et cela devient de plus en plus rare, à présent qu'on n'écrit guère que pour des blasés.

ABUS DE L'ABDICATION (L'), *pièce politique dont on parlera à l'article* Buonaparte, *qui est son véritable titre.*

ABUS DE L'ANCIEN RÉGIME (Les), *second titre de* Charles et Caroline. (Voir cet article.)

ABUS DE LA PRESSE (Les), ou les Effets de la calomnie, *comédie anecdotique en trois actes, de M. Després-Valmont, représentée pour la première fois, à l'Ambigu-Comique, le 2 mai 1797.*

Voilà un gros titre, fait pour éveiller bien des susceptibilités. A cette époque, la presse était libre, — on était libre aussi de l'attaquer. — Du reste, la montagne n'accoucha que d'une souris.

Une anecdote très-connue a fourni le sujet de cette pièce. — Une jeune personne, désespérée de voir son nom sur la *Liste des Demoiselles du Palais-Royal*, s'empoisonna. — Il y avait là matière à un drame....., on en fit deux. Nous parlerons de l'autre à l'article GERTRUDE.

Un M. Faussard aime Pauline, fille de Dorval, son ami ; malheureusement son amour n'est pas payé de retour. Pauline a donné sa foi à un certain Durville, plus jeune et plus aimable.

Pour se venger des mépris de la jeune fille, il ne trouve rien de mieux que de faire insérer son nom dans le libelle intitulé : *Liste des Demoiselles du Palais-Royal.*

Benoist, domestique de la maison, le reçoit des mains d'un colporteur et le donne à Dorval, qui tombe de son haut en y lisant son nom de famille; mais comme des lettres anonymes, écrites par le citoyen Faussard, avaient déjà éveillé ses soupçons, il ne doute plus de l'infamie de sa fille et l'écrase de son mépris, sans vouloir écouter les preuves qu'elle s'offre à donner de son innocence.

L'amour croit facilement ce qu'il désire. Durville est convaincu de la pureté de sa fiancée, et soupçonne Faussard d'être l'auteur de cette calomnie. — Il fait des perquisitions pour découvrir la vérité, et arrive à convaincre l'infâme, mais trop tard, car, au moment où Faussard est arrêté dans la maison même de Dorval, Pauline, qui n'a pu se résigner à être méprisée de son père, s'est empoisonnée, et meurt victime de la calomnie, — dans les bras de son père et de son amant qui s'arrachent les cheveux.

Ce drame eut assez de succès pour faire une réputation à Mlle Damas, qui jouait le rôle de Pauline avec beaucoup de supériorité.

ABUS DE L'ESPRIT (L'), *vaudeville en un acte, de MM. Dupaty, Chazet et Cadet de Gassicourt.* — Voir MONSIEUR DE BIÈVRE.

ABUS DE L'INDÉPENDANCE (Les), *pièce affichée plus généralement sous le titre de* LA FILLE NATURELLE, *ainsi qu'on pourra le voir à cet article.*

ABUS DES TALENTS (Les), *comédie en un acte, en vers, par M. Pesselier, non représentée, mais imprimée dans ses œuvres.* Paris, 1772.

ABUS DU MAUVAIS PASTEUR (Les), ET MONSTRANT QUE BIEN HEUREUX EST QUI A CREU SANS AVOIR VU, *espèce de pastorale en vers, à cinq personnages, de Ferrand de Bez (Parisien).*

Ainsi que l'indiquent les quatre initiales F, D, B, P, que porte la pièce, imprimée avec une autre du même genre sous le titre : *Deux Ecclogues ou Bergeries*. — Lyon, 1563.

Rien ne prouve qu'elle fut représentée.

ABUSÉS (Les), *comédie, de Charles Estienne*,

Ne fut probablement pas représentée, ou ne le fut qu'après avoir été imprimée, car il n'en est fait aucune mention sur la seule édition qu'on en connaisse, et qui est datée de 1516.

Cette pièce, tirée, mot à mot, des *Histoires tragiques* de Du Landel, est, comme toutes les œuvres théâtrales de cette époque, sans distinction de scènes ni d'actes.

M. Henri Duval dit que *les Abusés* furent représentés à l'hôtel de Bourgogne, en 1548. Je ne donne son opinion que sous toutes réserves, ne sachant pas où il a puisé ce renseignement.

ABUZEZ DU TEMPS PASSÉ (Les), *dialogue en vers de Roger de Collerye.*

Cette espèce de farce, qui n'est point étiquetée comme tant d'autres : *très-bonne et très-joyeuse*, ne paraît pas avoir été faite pour la représentation. Cependant elle est datée de 1512 dans la première édition des œuvres de l'auteur. — Paris, 1536.

A CACHE-CACHE, OU LES MARIS BATTUS, *vaudeville en un acte, de MM. Delbès et Octave Marquet, représenté pour la première fois, sur le théâtre du Luxembourg, le 17 août 1850.*

Cette pièce, qui n'a pas de valeur littéraire, fut reprise au Petit-Lazari, le 17 août 1853.

Elle n'a jamais été imprimée.

ACADÉMICIEN DE PONTOISE (L'), *vaudeville en deux actes, par MM. Varner et Varin, représenté pour la première fois, sur le théâtre de la Montansier, le 21 avril* 1848 (le Palais-Royal, auquel des susceptibilités républicaines avaient restitué le nom de sa fondatrice).

C'est un imbroglio assez amusant, dans lequel il ne faut pas chercher grand art, mais où l'on trouve beaucoup de gaieté.

Mercadet, membre de l'académie de Pontoise s. g. d. g., est chargé de l'éducation du jeune Édouard, neveu de M. Chester, riche industriel; mais, au lieu d'abrutir son élève de lettres et de sciences, le professeur le laisse conter fleurette à sa petite cousine Clary. Le père découvre bientôt un commencement d'intrigue et charge Mercadet de surveiller les amoureux.

La confiance de Chester est assez mal placée, car l'académicien se laisse gagner par les jeunes gens et entre presque dans leur complot. Édouard le charge d'aller à *Greetna-green*, feindre d'épouser Clary; ce qui lui est d'autant plus difficile qu'il est marié à une certaine Nisiva, actrice très-délurée, qui le surprend dans cette entreprise et lui donne du fil à retordre.

En somme, tout s'arrange à la fin. Édouard épouse Clary et le professeur retourne sous le toit conjugal.

Lestement jouée, cette petite pièce eut un petit succès.

ACADÉMICIENS (LES), *comédie en trois actes, en vers, par Saint-Évremond.*

Cette pièce, qui ne fut jamais représentée, courut longtemps les ruelles et les salons, manuscrite, sous le nom de Descavenels, et fut imprimée la première fois sous le titre de :

« *La Comédie des Académistes*, pour la réformation de la langue française, avec le rôle des représentations faites au grand jour de ladite Académie, l'an de la réforme 1643... »

Les personnages de cette pièce satirique sont tous des contemporains de l'auteur, parmi lesquels on remarque : le chancelier Séguier, Cerisay, Desmarets, Godeau, Colletet, Chapelain, Gombault, Ha-

ENCYCLOPÉDIE THÉATRALE

M. ARMANDI (ténor italien), dans *le Prophète*.

bert, L'Étoile, Boisrobert, Silhon, Gomberville, Baudouin, Mlle de Gournay et autres.

Cette édition était si mauvaise et si remplie de fautes qu'on pria Saint-Évremond de la corriger. Il aima mieux refondre sa comédie de tout en tout, et c'est ainsi qu'elle fut imprimée en 1650.

Depuis Aristophane on n'avait pas encore osé jouer les personnages sous leur propre nom. — Il est vrai de dire que, *les Académiciens* n'ayant pas été représentés, l'exemple de Saint-Évremond ne fut pas suivi.

Cette satire ne brillait pas précisément par le style; on sait que l'auteur faisait aussi mal les vers qu'il écrivait bien en prose.

Un vers cité par Tallemand des Réaux :

Gombault, pour un châtré, ne manque pas de feu,

ne prouve pas beaucoup non plus en faveur de la délicatesse de la critique.

Voici maintenant un fragment de scène entre Godeau et Colletet qui, à tous les points de vue, ne fera pas regretter la pièce :

GODEAU.

Voulez-vous me contraindre à louer votre ouvrage?

COLLETET.

J'ai tant loué le vôtre!

GODEAU.

Il le méritait bien.

COLLETET.

Je le trouve fort plat, pour ne vous céler rien.

GODEAU.

Si vous en parlez mal, vous êtes en colère.

COLLETET.

Si j'en ai dit du bien, c'était pour vous complaire.

GODEAU.

Colletet, je vous trouve un gentil violon.

COLLETET.

Nous sommes tous égaux, étant fils d'Apollon.

GODEAU.

Vous, enfant d'Apollon ! Vous n'êtes qu'une bête.

Et cela continue toujours sur le même ton.
Que c'est bien le cas de dire avec La Fontaine :

Ne forçons point notre talent, etc.

ACADÉMIE (L').

C'est le titre d'un ballet qui ne fut probablement jamais dansé, mais qui fait partie du Recueil de Michel Henri, à la bibliothèque du Conservatoire.

ACADÉMIE (L'), OU LES MEMBRES INTROUVABLES, *comédie en un acte et en vers, par M. Gérard Labrunie (de Nerval), non représentée, imprimée à Paris,* 1826.

C'est une satire contre l'Académie. Toujours la même histoire : le serpent et la lime, en supposant que le serpent ne soit pas méchant et la lime inutile. — La date excuse suffisamment l'auteur de *la Bohème galante*.

ACADÉMIE AU PETIT PIED (L'), *dialogue en vers, de M. J.-B.-F. Meu,*

Non représenté, mais imprimé au Havre, en 1834, avec d'autres ouvrages du même auteur, sous le titre de *Dialogues dramatiques*.

ACADÉMIE BOURGEOISE (L'), *opéra-comique en un acte, en prose, mêlé de vaudevilles, avec un divertissement, par M. Pannard, représenté pour la première fois, à la foire Saint-Germain, le 3 février* 1735.

Belise, bourgeoise ridicule, veut établir chez elle une académie, malgré les remontrances de sa servante, une fille de bon sens qui n'apprécie pas beaucoup les poëtes et qui cherche à convaincre sa maîtresse par un couplet fort bien tourné. (On appelait alors cela un vaudeville.)

> Mille appas, mille gentillesses,
> Mille transports, mille caresses,
> Mille agréments, mille vertus,
> Ce nombre est souvent dans leur style,
> Et l'on ne voit que leurs écus
> Qu'ils ne comptent guère par mille.

Elle en est pour ses frais d'esprit. Sa maîtresse a encore une autre manie, c'est de faire jouer la comédie à ses deux nièces. Elle leur distribue des rôles, toujours malgré l'avis de sa soubrette, qui prétend que :

> Dans les rôles qu'on étudie
> Le cœur puise du sentiment :
> Fille qui voit la comédie
> Réfléchit sur le dénoûment.

Les deux nièces vont apprendre leurs rôles et on ne les revoit plus ; alors Dorante, frère de Belise, procède à l'examen des candidats à l'Académie bourgeoise.

On reçoit un bel esprit, qui ne s'exprime que par sentences ; une nommée Ophise, qui interprète les discours des personnes qui ne parlent qu'à demi-mot, et d'autres burlesques ; mais on refuse divers prétendants, entre autres un déclamateur violent dont les gestes font craindre des accidents.

Enfin on reçoit un maître de ballets, le plus utile de tous, car il compose séance tenante un divertissement qui, renfermant de bons couplets, termine assez agréablement la pièce.

Il n'est pas inutile de remarquer que les divertissements n'avaient en général aucun rapport avec l'œuvre. Voici, pour en donner une idée, un couplet de celui dont on vient de parler :

> Qu'une ville que l'on veut prendre
> Soit encor longtemps à se rendre
> Lorsqu'on est maître des faubourgs,
> C'est ce que l'on voit tous les jours ;
> Mais que dans l'île de Cythère
> Un fort soit longtemps défendu
> Quand le moindre poste est rendu,
> C'est ce qu'on ne voit guère.

L'Académie bourgeoise dut une grande partie de son succès à Mlle Legrand, dont le talent était fort apprécié et qui donnait beaucoup de charme au personnage de Belise.

ACADÉMIE BURLESQUE (L'), ou le Cocu battu et content, *comédie en un acte, en prose, représentée à l'hôtel de Bourgogne en août 1672.*

On l'attribue à Raymond Poisson : il faut alors admettre qu'elle n'eut aucun succès et qu'elle est en quelque sorte indigne de son talent, puisqu'on ne la trouve pas imprimée dans les œuvres de ce comédien-auteur.

ACADÉMIE DES DAMES (L'), *vaudeville en un acte, de MM. Salvat et Clairville, représenté pour la première fois, sur le théâtre des Délassements-Comiques, le 2 septembre 1843.*

ACADÉMIE DES FEMMES (L'), *comédie en trois actes, en vers, par M. Chappuzeau, représentée sur le théâtre des Comédiens français du Marais, en octobre 1661.*

Le mari d'Émilie n'a pas donné de ses nouvelles depuis quatorze mois; chacun le croit mort, et Émilie se livre tout entière à sa passion pour la littérature.

Elle entretient commerce avec les savants et ne s'occupe plus que de livres, sonnets et autres denrées de l'intelligence.

Hortensius s'imagine avoir fait autant d'impression sur le cœur que sur l'esprit de la jeune femme; il lui fait une déclaration d'amour qui est fort mal reçue.

Piqué au vif et voulant jouer un tour à la cruelle, il fait habiller son domestique Guillot en marquis et le présente à Léarque, père d'Émilie, en lui demandant la main de sa fille.

Émilie et les précieuses, ses compagnes, reçoivent le prétendu marquis de la Guilloche avec beaucoup de distinction, et on ne sait ce qu'il en adviendrait si l'on n'annonçait aussitôt le baron de la Roque; c'est le mari d'Émilie, qui revient de son long voyage. Émilie se trouve mal; Guillot, reconnu, est éconduit, et le mari pardonne à sa femme ses extravagances poétiques à la condition qu'à l'avenir elle s'occupera de son ménage.

Cette comédie a l'air d'une mauvaise imitation des *Précieuses ridicules*, mitigée de certains passages des *Femmes savantes*; pourtant il n'en est rien, car, quoique les *Précieuses ridicules* aient paru en 1659, Chappuzeau avait déjà traité le même sujet en 1656, dans une comédie intitulée : *le Cercle des femmes*. Il avoue du reste dans la préface de la pièce qui nous occupe qu'il a emprunté son intrigue dans les *Dialogues d'Érasme*.

Je ne voudrais cependant pas insinuer que la première idée des *Femmes savantes*, qui ne parurent qu'en 1671, pourrait bien avoir été prise dans l'*Académie des femmes*; chacun sait que Molière n'avait pas besoin de s'inspirer de Chappuzeau pour faire un chef-d'œuvre.

ACADÉMIE IMPÉRIALE DE MUSIQUE.

La première Académie de musique a été créée par le poëte Antoine de Baïf, qui, après un long séjour en Italie, désirant faire connaître aux Parisiens les opéras qu'il avait entendus, obtint du roi Charles IX, en 1570, l'autorisation de faire exécuter dans sa maison de la rue des Fossés-Saint-Victor des scènes italiennes, des mascarades et des espèces de ballets.

Ce genre de spectacle fut très-suivi jusqu'en 1589, époque de la mort du poëte. Après lui il n'alla plus qu'en décadence et finit par tomber.

Cette Académie ne peut guère compter dans les origines de celle que nous appelons aujourd'hui et plus généralement théâtre de l'Opéra. Cependant elle lui donna son nom, qui, justifié pour la première, puisque Académie est la francisation d'*Accademia*, qui veut dire concert, ne l'est pour celle-ci que par les lettres patentes qui en autorisent la fondation.

Le cardinal Mazarin pourrait revendiquer la gloire d'avoir introduit l'opéra en France. Amateur passionné de musique, il fit venir, en 1645, des acteurs italiens qu'il établit dans la rue du Petit-Bourbon, près la partie du Louvre où fut élevée depuis la colonnade. Ils représentèrent d'abord une pastorale en cinq actes, intitulée : *la Festa teatrale della Finta Pazza*, ou *Achille in Sciro*, de Jules Strozzi; puis, en 1647, une tragi-comédie : *Orféo e Euridice*, en vers italiens et en musique.

« Ce spectacle ennuya tout Paris (dit Voltaire). Très-peu de gens entendaient l'italien, presque personne ne savait la musique, et tout le monde haïssait le cardinal. Cette fête, qui coûta beaucoup d'argent, fut sifflée, et, bientôt après, les plaisants de ce temps-là firent « le « Grand Ballet et le Branle de la fuite de Mazarin, dansé sur le théâtre « de la France, par lui-même et ses adhérents ». Voilà toute la récompense qu'il eut d'avoir voulu plaire à la nation.

« Avant lui on avait eu des ballets en France, dès le commencement du XVIe siècle, et dans ces ballets il y avait toujours eu quelque musique d'une ou deux voix, quelquefois accompagnées de chœurs qui n'étaient guère autre chose qu'un plain-chant grégorien. Les *Filles d'Acheloüs*, les sirènes, avaient chanté en 1582, aux noces de Joyeuse; mais c'étaient d'étranges sirènes.

« Le cardinal Mazarin ne se rebuta pas du mauvais succès de son opéra italien, et, lorsqu'il fut tout-puissant, il fit revenir ses musiciens italiens, qui chantèrent *le Nozze di Peleo et di Tetide*, en trois actes, en 1654. Louis XIV y dansa. La nation fut charmée de voir son roi, jeune, d'une taille majestueuse et d'une figure aussi aimable que noble, danser dans sa capitale après en avoir été chassé; mais l'opéra du cardinal n'ennuya pas moins Paris pour la seconde fois.

« Mazarin persista; il fit venir en 1660 le seigneur Cavalli, qui donna dans la grande galerie du Louvre l'opéra de *Xerxès*, en cinq actes. Les Français bâillèrent plus que jamais et se crurent délivrés de l'opéra italien par la mort de Mazarin, qui donna lieu, en 1661, à mille épitaphes ridicules et à presque autant de chansons qu'on en avait fait contre lui pendant sa vie.

« Cependant les Français voulaient aussi, dès ce temps-là même, avoir un opéra dans leur langue, quoiqu'il n'y eût pas un seul homme dans le pays qui sût faire un trio ou jouer passablement du violon; et, dès l'année 1659, un abbé Perrin, qui croyait faire des vers, et un Cambert, intendant de douze violons de la reine mère, qu'on appelait alors la *Musique de France*, firent chanter dans le village d'Issy une pastorale qui, en fait d'ennui, l'emportait sur les *Ercole amante* et sur les *Nozze di Peleo*. »

ENCYCLOPÉDIE THÉATRALE

M. Edmond About.

C'est pourtant là que remonte sérieusement l'origine de l'opéra français, car *Andromède*, tragédie à machines de Corneille, représentée en 1650, bien qu'*ornée* de musique, ne peut passer que pour un mélodrame, et les vingt et un ballets que Benserade composa successivement pour faire danser le jeune roi et sa cour ne sont que des divertissements.

Cependant, dès 1649, un véritable opéra français : *Akébar, roi du Mogol*, paroles et musique de l'abbé Mailly, avait été représenté à Carpentras, dans le palais épiscopal. Cette ville, si ridiculisée par les écrivains spirituels de Paris, n'est pas moins le berceau de

... ce palais magique
Où les beaux vers, la danse, la musique,
L'art de tromper les yeux par des couleurs,
L'art plus heureux de séduire les cœurs,
De cent plaisirs font un plaisir unique.

C'est ainsi que Voltaire appelait l'Opéra, quand il fut revenu de ses préjugés.

L'opéra de Perrin et de Cambert, représenté à Issy sous le titre de *la Pastorale en musique, ou la Florale d'Issy*, ne fut pas aussi ennuyeux que le grand poëte voulut bien le dire. Ce n'était certes pas un chef-d'œuvre; mais la curiosité et cette espèce de sentiment de nationalité qui n'abandonne jamais les Français, même dans les arts, lui assurèrent un grand succès.

Perrin et Cambert firent immédiatement deux autres opéras; mais la mort du cardinal de Mazarin en interrompit les répétitions.

Vers la même époque, le marquis de Sourdéac, grand amateur de théâtre et de plus millionnaire, s'occupait du perfectionnement des machines et faisait représenter *la Toison d'or*, de Corneille, dans son château du Neubourg (en Normandie).

L'abbé Perrin demanda et obtint, le 28 juin 1669, des lettres patentes « portant permission d'établir, en la ville de Paris et autres du « royaume, des académies de musique, pour chanter en public des « pièces de théâtre, comme il se pratique en Italie, en Allemagne et

« en Angleterre, pendant l'espace de douze années. » Mais, ne pouvant subvenir seul à toutes les exigences d'un pareil établissement, il s'associa Cambert pour la musique, le marquis de Sourdéac pour les machines, et, pour la partie financière, un certain Champeron. Restait à s'occuper des exécutants : on les fit venir du Languedoc et on les arracha au service des cathédrales pour venir répéter les opéras de Cambert dans l'hôtel de Nevers, aujourd'hui la Bibliothèque Impériale.

Voilà donc l'Académie de musique fondée, et, le 10 mars 1671, elle s'inaugura dans la salle du jeu de paume de la Bouteille, rue Mazarine, vis-à-vis la rue Guénégaud, par la représentation de *Pomone*, qui eut un tel succès qu'on la joua pendant huit mois de suite et que l'abbé Perrin réalisa trente mille francs pour sa part de bénéfices.

C'était bien débuter; mais ce succès fut le seul. La discorde ne tarda pas à désunir les associés. Le marquis de Sourdéac quitte Perrin et élève autel contre autel en faisant représenter en 1672 *les Peines et les Plaisirs de l'Amour*, pastorale de Gilbert, mais toujours musique de Cambert.

L'opéra eut un commencement de succès vite interrompu par la ruine de M. de Sourdéac, qui n'avait reculé devant aucuns frais pour faire bâtir un nouveau théâtre plus solide et plus élégant que le premier.

Cependant Lulli, violon de Mademoiselle, qui, sous la direction de Cavalli, avait composé une partie des récitatifs de *Xercès*, le dernier opéra représenté par la troupe italienne de Mazarin, jaloux des succès de Cambert, usa de l'influence de Mme de Montespan, qui le protégeait et qui l'avait déjà fait nommer surintendant de la musique du roi, pour déposséder l'abbé Perrin de son privilége et se faire délivrer de nouvelles lettres patentes en forme d'édit qui lui donnaient permission exclusive de tenir l'*Académie royale de musique* (1).

---

(1) Voici, pour les curieux, copie littérale de cet acte :

PRIVILÉGE POUR L'ÉTABLISSEMENT DE L'ACADÉMIE ROYALE DE MUSIQUE EN FAVEUR DU SIEUR LULLY.

LOUIS, par la grâce de Dieu, etc., etc.

Les sciences et les arts étant les ornements les plus considérables des États, nous

La direction de Perrin n'avait duré qu'un an et n'avait produit que deux opéras. Il est vrai qu'*Ariane*, de Cambert, était tout prêt à être représenté, et que celui-ci, qui savait ne devoir rien attendre de Lulli, passa en Angleterre, où il le fit jouer avec un grand succès devant la cour.

n'avons point eu de plus agréables divertissements depuis que nous avons donné la paix à nos peuples, que de les faire revivre en appelant auprès de nous tous ceux qui se sont acquis la réputation d'y exceller, non-seulement dans l'étendue de notre royaume, mais aussi dans les pays étrangers. Et, pour les obliger davantage à s'y perfectionner, nous es avons honorés des marques de notre estime et de notre bienveillance; et, comme, entre les arts libéraux, la musique y tient un des premiers rangs, nous avions, dans le dessein de la faire réussir avec tous ses avantages, par nos lettres-patentes du 28 juin 1669, accordé au sieur Perrin une permission d'établir, en notre bonne ville de Paris et autres de notre royaume, des Académies de musique, pour chanter, en public, des pièces de théâtre, comme il se pratique en Italie, en Allemagne et en Angleterre, pendant l'espace de douze années; mais, ayant depuis été informé que les peines et les soins que ledit sieur Perrin a pris pour cet établissement n'ont pu seconder pleinement notre intention, et élever la musique au point que nous nous l'étions promis, nous avons cru que, pour y mieux réussir, il était à propos d'en donner la conduite à une personne dont l'expérience et la capacité fussent connues, et qui eût assez de suffisance pour former des élèves, tant pour bien chanter et actionner sur le théâtre qu'à dresser des bandes de violons, flûtes et autres instruments. A ces causes, bien informé de l'intelligence et grande connaissance que s'est acquise notre cher et bien-aimé Jean-Baptiste Lully au fait de la musique, dont il nous a donné et donne journellement de très agréables preuves depuis plusieurs années qu'il s'est attaché à notre service, qui nous ont convié de l'honorer de la charge de surintendant et compositeur de la musique de notre chambre, nous avons audit sieur Lully permis et, accordé, permettons et accordons par ces présentes, signées de notre main, d'établir une Académie royale de musique dans notre bonne ville de Paris, qui sera composée de tels nombre et qualité de personnes qu'il avisera bien être, que nous choisirons et arrêterons sur le rapport qu'il nous en fera, pour faire des représentations devant nous, quand il nous plaira, des pièces de musique qui seront composées tant en vers français qu'autres langues étrangères, pareilles et semblables aux académies d'Italie, pour en jouir sa vie durant et, après lui, celui de ses enfants qui sera pourvu, en survivance, de ladite charge de surintendant de la musique de notre chambre, avec pouvoir d'associer avec lui qui bon lui semblera pour établissement de ladite académie; et, pour le dédommagement des grands frais qu'il conviendra de faire pour lesdites représentations, tant à cause du théâtre, machines, décorations, habits, qu'autres choses nécessaires, nous lui permettons de donner au public toutes les pièces qu'il aura composées, même celles qui auront été représentées devant nous, sans néanmoins qu'il puisse se servir, pour l'exécution desdites pièces, des musi-

Les premiers chanteurs qui prêtèrent le charme de leurs voix aux premiers compositeurs français sont :

Clédières-Tholet, haute-contre.
Borel de Miracle, ténor grave.
Beaumavielle, baryton.
Rossignol, basse.
Mlles de Castilly et Brigogne, sopranes.

La danse était réglée par Beauchamps, qui avait sous ses ordres

ciens qui sont à nos gages; comme aussi de prendre telles sommes qu'il jugera à propos et d'établir des gardes et autres gens nécessaires aux portes du lieu où se feront les représentations, faisant très-expresse inhibition et défense à toutes peronnes, de quelque qualité et condition qu'elles soient, même aux officiers de notre maison, d'y entrer sans payer, comme aussi de faire chanter aucune pièce entière en musique, soit en vers français ou autres langues, sans la permission, par écrit, dudit sieur Lully, à peine de dix mille livres d'amende et de confiscation du théâtre, machines, décorations, habits et autres choses, applicables un tiers à nous, un tiers à l'hôpital général, et l'autre tiers audit sieur Lully, lequel pourra établir des écoles particulières de musique en notre bonne ville de Paris, et partout où il jugera nécessaire pour le bien et l'avantage de ladite académie; et d'autant que nous l'exigerons sur le pied de celles des académies d'Italie où les gentilshommes chantent publiquement en musique, sans déroger, « nous vou- « lons et nous plaît que tous gentilshommes et damoiselles puissent chanter auxdites « pièces et représentations de notre dite Académie royale de musique, sans que, pour « cela, ils soient censés déroger audit titre de noblesse, ni à leurs priviléges, charges, « droits et immunités. » Révoquons, cassons et annulons, par ces présentes, toutes provisions et priviléges que nous pourrions avoir ci-devant donnés et accordés, même celu¹ audit sieur Perrin, pour raison desdites pièces de théâtre en musique, sous quelque nom, qualité, condition et prétexte que ce puisse être. Si, donnons en mandement à nos amis et féaux conseillers, les gens tenant notre cour de parlement à Paris, et autres, nos justiciers et officiers qu'il appartiendra, que ces présentes ils aient à faire lire, publier et registrer; et du contenu en icelles faire jouir et user ledit exposant pleinement et paisiblement, cessant et faisant cesser tout trouble et empêchement au contraire; car tel est notre bon plaisir. Et, afin que ce soit chose ferme et stable à toujours, nous y avons fait mettre notre scel.

Donné à Versailles, au mois de mars, l'an de grâce 1672 et de notre règne le vingt-neuvième.

Signé : LOUIS.

Et plus bas : COLBERT.

Saint-André, Favier et Lapierre. Il n'y avait pas encore de danseuses; les plus jeunes artistes s'habillaient en femmes.

Lulli fit construire un nouveau théâtre dans le jeu de paume de la rue de Vaugirard, par Vigarini, machiniste du roi, qu'il intéressa pour un tiers dans son entreprise, et, le 15 novembre 1672, il fit solennellement l'ouverture de son Académie royale par les *Fêtes de l'Amour et de Bacchus*, pastorale composée de plusieurs ballets dont il avait fait la musique sur des paroles arrangées par Quinault.

Le succès en fut si grand qu'à la mort de Molière, en 1673, le roi donna, très-probablement sur les instances de Mme de Montespan, au nouveau compositeur, le théâtre du Palais-Royal, bâti par le cardinal de Richelieu, que la troupe de Molière occupait depuis 1660. Les pauvres comédiens, dépossédés, furent bien heureux de trouver le théâtre Guénégaud, construit par l'abbé Perrin.

Lulli s'associa alors avec Quinault, qui, en s'écartant du goût, de la forme et de la coupe des opéras italiens, créa un genre nouveau plus conforme à l'esprit et au goût de la nation. Il imagina des actions tragiques entremêlées de danses, et accidentées par le mouvement des machines et les changements de décorations. Il fit entrer dans ses compositions tout ce que les passions amoureuses peuvent fournir de plus tendre et de plus énergique, selon les situations, se servant de la magie et de la puissance des Dieux pour obtenir du merveilleux.

Lulli fit la musique de tous ces opéras. Son principal mérite est d'avoir trouvé des chants analogues à l'esprit de la langue française. Il excella surtout dans le récitatif, et, bien que quelquefois monotone, il en fit une déclamation naturelle, simple, où la grâce et l'expression se mêlaient à la noblesse ou au sublime. Son talent pour la symphonie est plus contestable : tous ses grands airs semblent fondus dans le même moule; ses ouvertures affectent la même allure, si bien qu'une critique un peu sévère pourrait lui reprocher de n'avoir jamais fait qu'un air dans chaque genre.

Malgré cela, tous les musiciens le regardaient comme leur maître, et le public ne voyait que lui dans ses opéras; si bien qu'on ne tarda pas à l'appeler monsieur de Lulli… gros comme le bras, tandis que Quinault, qui était pour beaucoup dans le succès, n'eut qu'une toute petite part dans la gloire.

Le chant faisait disparaître les paroles ; le poëte était éclipsé par le musicien, qui, il faut le dire, était très-soigneux de sa réputation, et ce n'est que longtemps après qu'on s'est aperçu que Boileau était d'une grande injustice en taxant la poésie de Quinault :

> De lieux communs de morale lubrique
> Que Lulli réchauffa des sons de sa musique.

La direction de Lulli fut assez prospère pour lui permettre de gagner huit cent mille francs, tant comme directeur que comme compositeur de vingt opéras, parmi lesquels brillèrent *Alceste, Thésée, Atys, Amadis de Gaule, Roland, Armide, Acis et Galathée* et le *Triomphe de l'Amour*, célèbre pour avoir été le signal de l'introduction des danseuses sur la scène.

Lulli trouva pour son interprétation des artistes de valeur, qui depuis furent bien dépassés, mais qu'il serait injuste de ne pas nommer. Dans le chant on remarquait : Dumesnil, Gaye, Dun, Hardouin, Beaupui, Laforet, Thévenard, le premier vrai baryton ; Boutelou, le premier ténor léger ; — Mlles de Saint-Christophe, Aubry, Lagarde, Verdier, et surtout Marthe Lerochois.

Dans la danse, toujours sous la direction de Beauchamps : Saint-André, Favier, Lapierre, Pécourt, Ballon, et Mlles Lafontaine, Roland, Lepeintre, Fernon et de Subligny.

A la mort de Lulli, en 1687, ses enfants lui succédèrent dans son privilége. Son gendre Francini, fontainier italien, qui avait pris le nom de M. de Francine, eut la direction, et laissa venir à lui tous les compositeurs ; car les fils Lulli n'avaient ni assez de talent ni assez d'intrigue pour prétendre alimenter l'Opéra. C'est à peine s'ils mirent au jour chacun une composition indigne du nom de leur père. Francini ne put garder seul la direction que jusqu'en 1698, époque à laquelle le roi lui adjoignit Dumont, commandant des écuries du Dauphin. Cette association dura peu, et céda ses droits à Pécourt et Belleville, qui furent forcés de rendre la direction à leurs vendeurs, lesquels la repassèrent à Guyenet, payeur de rentes et riche proprié-

ENCYCLOPÉDIE THÉATRALE

Lafontaine.

taire ; mais bientôt sa fortune est engloutie, et Francine et Dumont laissent leur privilége aux syndics de la faillite Guyenet.

En 1714, ces syndics, s'ennuyant d'une exploitation aussi périlleuse, y renoncent. Francine la reprend tout seul, mais, ruiné à son tour, il ne tarde pas à la rendre à la faillite.

C'est à cette époque que le roi, qui jusqu'alors avait été le directeur suprême de l'Académie de musique, nomme par lettres patentes du 2 décembre 1715 le duc d'Antin régisseur royal de l'Académie.

Les syndics de la faillite Guyenet gardent la direction jusqu'en 1728. Destouches, le compositeur, leur succède, mais ne tarde pas à réaliser un bénéfice certain en ne la gardant pas et en la cédant à Gruer, moyennant trois cent mille livres.

Celui-ci obtint un nouveau privilége de trente ans ; mais on ne lui donna pas le temps de s'y ruiner ; car il fut révoqué dans l'année par arrêt du Conseil d'Etat.

Ses associés, le comte de Saint-Gilles et Lebœuf, terminent une exploitation de dix mois par la ruine et l'exil.

En 1731, le prince de Carignan fut nommé inspecteur général et royal de l'Académie.

En 1733, Eugène de Thuret, capitaine au régiment de Picardie, obtint la suite du privilége accordé à Gruer. Il lui fallut onze années pour dépenser sa santé et une partie de sa fortune ; c'est le cas de dire qu'il avait les reins solides — plus que Berger, qui lui succéda en 1744, car celui-ci mourut à la peine en 1748.

Après lui vint Tréfontaine, qui n'y resta que seize mois, jusqu'au 27 août 1749, jour où le lieutenant de police, porteur d'une lettre de cachet et assisté d'une nombreuse escorte, vint, à cinq heures du matin, mettre les scellés sur tous ses papiers. Tréfontaine présentait un déficit de deux cent cinquante-deux mille francs.

Ce fut un scandale épouvantable. Le roi, pour éviter semblable chose à l'avenir, ordonna à la ville de Paris de prendre l'administration de l'Académie. La municipalité nomma gérants en son nom Rebel et Francœur, qui ne purent y rester que jusqu'en 1754, à cause des tracasseries de toutes sortes que leur faisait éprouver une direction incompétente.

Royer les remplaça pour peu de temps, et Bontemps et Levasseur furent gérants jusqu'en 1757, époque à laquelle la ville de Paris, déjà obérée d'un autre côté, obtint de Louis XV l'autorisation de céder son privilége pour trente années à ses anciens gérants Rebel et Francœur.

C'est sous la direction de ces deux musiciens qu'arriva, 6 avril 1763, le premier incendie qui fit déménager l'Académie de musique; mais ce ne fut pas le dernier, comme on le verra.

L'Opéra était donc resté quatre-vingt-dix ans dans la salle de Molière, et on y avait représenté, avec des chances diverses, les œuvres de Quinault, Campistron, Lamotte, Fontenelle, Duché, Danchet, Roy, Fuzelier, Montcrif, Lamarre, Bernard, Cahuzac, et d'une infinité d'autres poëtes qui travaillèrent en colloraboration avec les compositeurs Lulli, Colasse, Destouches, Marais, Campra, Labarre, Mouret, Mondoville, etc., etc...

C'est là que brillèrent entre les chanteurs : Dumesny, Laforet, Dun, Thévenard, de Chassé, Murayre, Cochereau, Tribou, Jelyotte, Poirier, Cuvellier, Larrivée; Mlles Moreau, Le Rochois, Desmatins, Pélissier, Le Maure, Marie Antier, de Fel, Chevalier, de Metz, Bourbonnois, Coupée, Erémans, de Laguerre ; Mlle Petitpas, qui créa le genre de chanteuse légère, et Mlle Maupin, la première contralto, plus célèbre, il est vrai, par ses excentricités que par son talent.

La danse avait aussi ses étoiles : Marcel, qui avait d'abord été chanteur, et qui voyait tant de choses dans un menuet ; Blondy, Pierre Sody, le grand Dupré, Lany, danseur comique; Dumoulin, Javillier, Fossan et les trois Malter, qu'on désignait, pour les reconnaître, par les sobriquets de l'*oiseau*, le *diable*, et la *petite culotte*.

Et Mlles de Subligny, Prévost, Sallé, la Camargo, Mariette, surnommée la princesse; Florence, plus célèbre par *l'honneur* qu'elle eut de porter dans ses flancs un fils du régent, qui fut archevêque de Cambray après la mort de Dubois; Mlles Leduc, Guyot, Carville, Lebreton, et tant d'autres, qui eurent plus de succès que de talent, tant il est vrai que la danse n'est qu'un art *d'agrément*.

Le *Diou de la danse* fit aussi ses premiers pas sur la scène du Palais-Royal, mais ses succès appartiennent plutôt à la période suivante, qui commence réellement en 1752, à l'époque où des chanteurs italiens vinrent donner à la révolution musicale, qu'avaient préparée les représentations des opéras de Rameau, un essor que *le Devin de village* de Jean-Jacques Rousseau (1753) consolida par un succès retentissant, qu'il ne devait en partie qu'à cette nouveauté, dont les querelles des *Ramistes* et des *Lullistes*, qui duraient déjà depuis vingt ans, avaient fait éprouver le besoin. Ce qui n'empêcha pas le philosophe, dans son dictionnaire de musique, « de ne rien dire de cet établissement célèbre, sinon que de « toutes les académies du royaume et du monde c'est assurément celle « qui fait le plus de bruit. »

Après son premier incendie, l'Opéra s'installa aux Tuileries, dans la salle qui avait déjà servi au théâtre des Machines; puis il revint au Palais-Royal, dans une mauvaise salle inaugurée le 26 janvier 1770 et qui brûla le 8 juin 1781.

Cette période fut fertile en changements et améliorations.

Dans la direction, nous voyons, comme changements, Rebel et Francœur céder leur traité à Berton et Trial, en 1766; mais ceux-ci, se trouvant en perte, résilièrent avec la ville en 1769. Ils restèrent cependant directeurs, conjointement avec Dauvergne et Joliveau.

En 1776, la ville abandonne la direction de l'Opéra, que le roi est bien obligé de reprendre. Il nomme MM. Papillon de la Ferté, Maréchal des Entelles, de la Touche, Bourboulen, Hébert et Buffault, commissaires près l'Académie, ayant sous leurs ordres un directeur, deux inspecteurs, un agent et un caissier.

Cela faisait bien des maîtres; aussi cette combinaison ne dura qu'une année à peine.

La ville reprend l'Opéra dans ses attributions et donne en 1778 une subvention de quatre-vingt mille francs à de Vismes de Volgy. Celui-ci rend son privilége après un an d'essai. Le roi alors retire encore une fois l'Opéra des mains de la ville et nomme (17 mars 1780) Laferté commissaire général et Berton directeur.

Comme améliorations, nous voyons Noverre inventer les ballets, comme Quinault avait inventé les opéras, c'est-à-dire qu'il les régla, qu'il en fit de véritables pièces, où il y avait du mouvement, de l'intérêt, de la grâce et un peu plus d'expression et de naturel.

C'était un petit progrès. La musique en fit de bien plus marqués.

La réforme musicale commencée par Rameau fut achevée par l'arrivée de Gluck (1774), Piccini (1778), mais surtout par les représentations d'une troupe italienne qui alternait trois fois par semaine avec l'opéra français.

Il ne faut pas seulement considérer Gluck comme l'auteur de ces chefs-d'œuvre qui s'appellent *Orphée*, *Armide*, *Alceste*, *Iphigénie* et autres; nous lui devons encore l'organisation de l'orchestre, auquel il sut donner de la vigueur et de l'ensemble. Il apprit aux acteurs à chanter en mesure et à ne plus déclamer le récitatif sur le ton traînant et nasillard qui convenait à la musique de Lulli.

Ce que Gluck fit pour le drame et les grands effets d'harmonie, Piccini l'accomplit pour la mélodie, et ses opéras : *Roland*, *Atys* et *Iphigénie en Tauride*, ne tardèrent pas à disputer la palme à ceux de Gluck.

Quant aux *Bouffes*, ils familiarisèrent le public avec la musique italienne, en chantant les meilleures productions de Sarti, Paisiello, Anfossi, etc., etc., de sorte que la vieille musique française fut enterrée pour jamais.

Mais ce qui arriva pour la première tentative de révolution ne pouvait manquer de se renouveler à la seconde, et, de même qu'il y avait eu des *Ramistes* et des *Lullistes*, il y eut les Gluckistes et les Piccinistes, dont les discussions amusèrent la galerie intelligente et impartiale.

Parmi les étoiles d'alors on remarquait, dans le chant : Legros, Larrivée, Gelin, Mlle Sophie Arnould, Lemierre, Rosalie Levasseur, Laguerre, Durancy, de Beaumesnil; dans la danse : Vestris, dont la grâce et la légèreté éclipsaient complétement d'excellents danseurs tels que Laval, Lyonnois, Maximilien Gardel et Noverre (hors l'art chorégraphique) et Mlles Lany, Allard, Lyonnois, Vestris, puis, en second ordre, Mlle Despréaux, Miré, Cécile, Dorival et autres.

L'incendie du 8 juin 1781 mettait l'Opéra sur le pavé. Il ne devait pas y rester longtemps. Une activité prodigieuse pour l'époque construisit un Opéra provisoire (la salle actuelle de la Porte-Saint-Martin) en soixante jours, et on put en faire l'ouverture, le 27 octobre 1781, par une représentation *gratis*, afin sans doute que ce fût le peuple qui essayât la solidité du monument. Il tint bon, et, dès le lendemain, les gens *comme il faut* y affluèrent.

Cette époque, l'une des plus brillantes de l'histoire de l'Opéra, est marquée par la réforme des costumes. Lekain avait donné l'élan au Théâtre-Français, Talma avait fixé le goût, et les anciens costumes avec lesquels jouaient les artistes de l'Opéra parurent en peu de temps si ridicules qu'il fallut les changer. Ce n'était pas tout à fait la couleur locale, car dans les théâtres lyriques il y a un *vrai* de convention, mais cela approchait déjà.

Les œuvres principales qu'on y représenta jusqu'en 1790, époque à laquelle la ville reprit l'Opéra de la direction du premier gentilhomme de la Chambre, et où elle nomma des commissaires pour l'exploitation, furent *Didon* et *Pénélope*, de Piccini ; *Renaud, Chimène, Œdype, Evelina*, de Sacchini ; *la Caravane* et *Panurge*, de Grétry ; *Phèdre* et *les Prétendus*, de Lemoyne; *les Danaïdes* et *Tarare*, de Sallieri ; *les Noces de Figaro*, de Mozart ; *Demophon*, de Vogel, qui comptèrent parmi leurs meilleurs interprètes Lainé, Laïs, Adrien, Chéron, Rousseau, Chardini, Mmes Chéron, la célèbre Saint-Huberti, Mlles Maillart, Branchu, et autres.

L'art de la danse continuait ses progrès, et Gardel obtint de grands succès avec ses ballets de *Télémaque, Paris, Psyché*, dans lesquels brillaient Vestris le fils, Lepic, Pierre Gardel, Didelot, Milon, Laborie, Coulon, la fameuse Guimard, Mlles Rose, Clotilde, Saulnier, Chevigny, etc.

La municipalité de Paris ne garda pas longtemps la direction. Elle céda son entreprise, le 8 mars 1792, à Francœur et Cellerier, pour trente années ; mais un mandat d'arrêt lancé le 17 septembre 1793 déposséda ces entrepreneurs et plaça l'Opéra sous la gestion de la Commune, qui le fit diriger par un comité choisi parmi les artistes les plus sans-culottes.

Leur administration ne pouvait être prospère, ni au point de vue de l'art, ni au point de vue financier ; ils sacrifièrent aux exigences de l'époque en ne représentant que des ouvrages de circonstance, et en changeant de nom selon l'occasion; c'est ainsi que leur théâtre fut *Académie de musique*, puis *Théâtre de la Nation*, puis *Opéra*.

En 1795, le gouvernement acheta à Mlle Montansier le théâtre national qu'on lui avait laissé bâtir en face de la bibliothèque de la rue de Richelieu, et y réinstalla la ci-devant Académie de musique sous le nom de *Théâtre des Arts*, qu'elle troqua bientôt contre celui de *Théâtre de la République et des Arts*.

Un directeur ne suffisait plus, on en mit quatre: La Chabaussière, Parny, Caillot et Mazade, marquis d'Avize; le théâtre en alla, comme on le pense bien, quatre fois plus mal, et même on poursuivit La Chabaussière pour dilapidations.

On essaya d'une nouvelle organisation qui fit le fiasco le plus complet, puis on rappela De Vismes en 1799; mais comme on l'obligea d'accepter à titre de codirecteur un collègue avec lequel il ne put jamais s'entendre, il lui céda la place vers la fin de l'an 1800.

Sous le Consulat, l'Opéra passa sous l'inspection d'un préfet du palais, avec Morel pour directeur, et n'en alla pas mieux pour cela.

Cette période difficile ne produisit pas grands résultats artistiques: on ne peut guère compter parmi les succès que *la Création du Monde*, oratorio de Haydn; *les Mystères d'Isis*, de Mozart; *Ossian*, de Lesueur; *Anacréon*, de Grétry, et quelques ballets: *les Noces de Gamache, Achille à Scyros, la Dansomanie, le Retour de Zéphire*.

L'interprétation fit quelques bonnes recrues, parmi lesquelles il faut citer Nourrit père, Derivis, Mlle Armand et Mme Branchu pour le chant, et Deshayes, Saint-Amand, Milon, Beaupré, Duport, le rival de Vestris, Mlles Bigottini et Duport pour la danse.

Par décret impérial du 29 juillet 1807, l'Opéra, devenant *Académie impériale*, passe dans les attributions du premier chambellan de l'Empereur, qui en confie la direction à Picard. Celui-ci la garda jusqu'à la Restauration.

Les succès y furent rares, et on n'y peut guère compter que *la Vestale* et *Fernand Cortez*, de Spontini; *le Triomphe de Trajan* et *la Jérusalem*

ENCYCLOPÉDIE THÉATRALE

Mistress Abington, actrice anglaise (1770), d'après une gravure du temps.

délivrée, de Persuis ; *Aristippe* et *la Mort d'Abel*, de Kreutzer, et quelques ballets de Duport, Milon, Gardel et Aumer.

Le chant fit de bonnes acquisitions en s'augmentant du ténor Lavigne et de Mme Albert Hym. La danse donna des succès à Albert, Ferdinand, Montjoie, à Mlles Fanny Bias et Gosselin.

Après Picard vint la direction de M. Papillon de la Ferté, qui s'adjoignit Choron et Persuis. — L'Académie était redevenue *royale* de musique, et relevait du département du ministre de la maison du roi. — Cette direction ne dura pas. M. de la Ferté se retira et Persuis resta directeur de 1817 à 1819. Il n'y fut pas assez longtemps pour le succès de l'Opéra. Son activité et ses talents comme compositeur, mais surtout comme administrateur, galvanisèrent pour un moment la situation du théâtre, qui retomba dans un état déplorable sous la direction de Viotti, son successeur ; il faut l'avouer, celui-ci vint dans un mauvais moment. L'assassinat du duc de Berry (13 février 1820) fit fermer la salle de la rue de Richelieu. L'Opéra fut transféré provisoirement, le 19 avril, rue Favart, et il fallut déménager encore le 19 août 1821, pour venir occuper la salle encore *provisoire*... de la rue Lepelletier. Au mois d'octobre, l'Opéra entra sous la responsabilité directe du ministre de la maison du roi, qui devint surintendant des théâtres royaux, et le comte de Blancas appela à la direction en 1821 le chef d'orchestre Habeneck, qui la garda jusqu'en 1824. C'est alors que le vicomte Sosthènes de la Rochefoucauld, devenu surintendant des théâtres, se couvrit de ridicule en voulant sérieusement réglementer les coulisses, et organiser l'intérieur de l'Opéra comme une confrérie de trappistes.

Duplantys, qui succéda à Habeneck, ne garda le sceptre directorial que jusqu'en 1827, époque à laquelle il fut remplacé par M. Lubbert, qui ne resta à l'Opéra que trois ans.

Pendant toute cette période il y eut peu de succès à enregistrer ; mais la plupart sont des chefs-d'œuvre. Ainsi *le Rossignol* de Lebrun, *Aladin*, de Nicolo et Benincori ; *le Siége de Corinthe, Moïse, le Comte Ory, Guillaume Tell*, de Rossini ; *la Muette de Portici*, d'Auber.

L'interprétation ne fut pas au-dessous de sa tâche : on y comptait, parmi les étoiles, Adolphe Nourrit, Dabadie, Alexis Dupont, Levasseur, Mmes Grassari, Paulin Lafeuillade, Cinti-Damoreau, Leroux-Dabadie, Jawureck et Mainvielle Fodor.

La danse fut peut-être moins bien partagée du côté des productions; il n'y eut guère que le *Carnaval de Venise*, de Milon; les *Pages du duc de Vendôme, Alfred le Grand*, d'Aumer; *Mars et Vénus*, de Blache; *le Page inconstant*, de Dauberval; *la Somnambule, la Belle au bois dormant, Manon Lescaut*, d'Aumer; mais elle gagna beaucoup pour l'exécution par l'admission de Coulon fils, Paul, Perrot, l'aérien, Mmes Noblet, Montessu, Legallois, Julia, et surtout de Marie Taglioni.

La révolution de 1830 changea encore le sort de l'Opéra. M. Véron, docteur-médecin, obtint la direction, à ses risques et périls, avec une subvention de 810,000 francs. Cinq ans après il la cédait à M. Duponchel, après avoir mis un million de côté.

Il faut dire qu'il eut de la chance, ce brave *bourgeois de Paris*, et que s'il est un des rares directeurs qui aient pu gagner de l'argent dans cette galère, cela n'a rien d'étonnant quand on pense qu'il trouva *Robert le Diable* prêt à entrer en répétitions, qu'il joua ensuite *le Dieu et la Bayadère, le Philtre, le Serment, Gustave III*, d'Auber, *la Juive*, d'Halévy, avec la troupe que lui laissait son prédécesseur, renforcée encore de Mme Dorus-Gras et de la Falcon.

Le ballet brilla sous lui d'un éclat qu'il n'a retrouvé que sous la direction Roqueplan. C'était le temps de *la Sylphide, Nathalie, la Fille du Danube*, avec Taglioni, et de *l'Ile des Pirates*, avec Fanny et Thérèse Elssler.

M. Duponchel ne gouverna que cinq ans rue Lepelletier. La place était encore bonne; il y ramassa des billets de banque, que les représentations des *Huguenots* et de *Guido et Ginevra* amenèrent en foule dans la caisse.

Ce fut surtout sous la direction Duponchel que Duprez brilla. A côté de lui, Dupont, Massol, Alizard, Derivis fils et Mlle Nau recueillaient des applaudissements dignement mérités.

M. Léon Pillet succéda à M. Duponchel en 1840. Il fut obligé d'abandonner sa position en 1847, avec 590,000 francs de dettes; et pourtant c'est de son temps que datent les succès de *la Favorite*, *la Reine de Chypre*, *Charles VI*, d'Halévy ; *Don Sébastien*, *Lucie*, de Donizetti ; *Othello*, de Rossini ; *l'Ame en peine*, de Flotow, sans compter les ballets de *Giselle*, *la Jolie Fille de Gand*, *la Péri*, *le Diable à Quatre*.

Il avait pourtant des artistes. Il suffit de nommer Duprez, Mario, Marié, Poultier, Baroilhet, Mme Stolz et Mme Falcon pour le chant, et Petipa, Coralli, Mme Maria Fuoco, Guy Stéphan, Plunkett, Robert, etc., pour la danse. La main ne valait plus rien apparemment.

Après M. Léon Pillet, la direction passa à MM. Duponchel et Nestor Roqueplan, pour lesquels le privilége fut prorogé de dix ans. La retraite de M. Duponchel, après la révolution de 1848, laissa M. Roqueplan seul jusqu'en 1854, époque à laquelle le gouvernement de l'Empereur, prenant en considération les charges considérables qui incombent au directeur par suite de l'énormité des appointements des artistes, des frais de mise en scène qu'on est forcé de faire à chaque ouvrage nouveau, pour que l'Académie, revenue *impériale* de musique, conserve aux yeux de tous le titre de premier théâtre du monde, etc., etc..., fait un décret, du 1er juillet 1854, par lequel l'Opéra passe dans les attributions du ministre de la maison de l'Empereur.

La liste civile se chargeait de l'Opéra moyennant une subvention de 820,000 francs que l'Etat s'obligeait à verser annuellement, après toutefois liquidation par lui des dettes du théâtre.

M. Nestor Roqueplan reçut de la nouvelle organisation le titre de directeur ; mais il fut remplacé fort peu de temps après par M. Crosnier, ancien directeur de la Porte-Saint-Martin, de l'Opéra-Comique, et député au Corps législatif.

M. Roqueplan fit preuve d'une grande activité ; quant à son esprit et à son aptitude, tout le monde les connaissait déjà. Ce fut sous sa direction que parut *le Prophète*, qui fut un si grand triomphe pour Roger et Mme Pauline Viardot ; *Jérusalem*, de Verdi ; mais à part cela, et peut-être encore *Robert Bruce*, de Donizetti ; il n'eut aucun de ces succès qui apportent la fortune à un théâtre.

Citons, parmi les illustrations de cette époque, Roger, Gueymard, Renard, Serda, Mlle Lauters, l'Alboni, Mme Tedesco, Sophie Cruvelli,

Mme Pauline Viardot, dans le chant. La danse était encore plus riche : ainsi on a pu voir ensemble Mmes Carlotta Grisi, la Ceritto et la Rosati, sans compter que Taglioni paraissait encore de temps en temps.

M. Crosnier, sous le titre d'administrateur général, ne resta à l'Opéra que jusqu'en 1856. Il fit jouer *les Vêpres siciliennes*, de Verdi; *le Corsaire*, ballet d'Adam, le plus beau succès de sa direction, et *la Sainte-Claire*, musique de prince qui ne fit que passer... et fut remplacé par M. Alphonse Royer, qui reprit le titre de directeur et le garda jusqu'en 1862.

Sous son administration il n'y eut guère qu'un grand succès : *Herculanum*, de Félicien David. *La Magicienne*, d'Halévy, fit à peu près ses frais, comme *la Reine de Saba*, de Gounod. On donna encore de la musique de prince, *Pierre de Médicis*, qui ne coûta pas trop; mais le malheureux *Tanhauser* aurait ruiné toute autre direction que la liste civile.

Quant aux artistes, M. Royer avait toujours les trois ténors : Roger, Gueymard et Renard; le baryton Bonnehée, les basses Obin et Belval. Il essaya Michot, fit débuter Mlle Marie Saxe, qui prit place au premier rang, entre Mme Gueymard Lauters et Mme Tedesco.

Dans la danse, à l'exception de la pauvre Emma Livry, il ne parut que des étoiles de demi-grandeur.

Nous devons à la direction de M. Émile Perrin, commencée en 1862, *Roland à Roncevaux*, de Mermet, et cette fameuse *Africaine* dont on parlait depuis si longtemps. Il faut aussi lui tenir compte de la reprise de *Don Juan*, la perle des chefs-d'œuvre, et surtout de l'engagement de Faure.

Le brillant baryton est le seul des artistes composant actuellement l'Opéra qui puisse encore compter sur l'avenir. Gueymard est usé; sa femme commence à manquer de voix; Villaret, dont on a fait tant de bruit, est ce qu'on appelle brûlé; Naudin n'est pas un ténor et ne sera jamais un comédien, quand même on doublerait les douze mille francs qu'on lui donne par mois. Reste bien encore Mme Marie Saxe, dont l'organe est riche; mais Mlle Battu est froide et ne se fait guère mieux entendre que Mme Vandenheuvel-Duprez, que ni elle ni d'autres ne peuvent espérer remplacer.

Dans les basses il ne manque pas d'artistes qui ont tout ce qu'il faut pour tenir l'emploi, excepté l'organe. Belval est un bon comédien, un excellent chanteur ; mais il ne suffit pas au répertoire. — Obin, artiste consommé, n'a plus de voix. — Cazeaux, ah ! Cazeaux est parti. — Bonnesseur est rempli de bonnes qualités, mais ce n'est qu'une basse chantante. — David paraît avoir de l'avenir ; à coup sûr il en a plus que Castelmary-Saxe.

Quant à la danse, on peut dire qu'il n'y en a plus, car l'Académie impériale, qui ne manque pas de ballerines pour figurer dans les espaliers, n'a pas une seule danseuse de *primo cartello*. Quand par hasard on veut monter un ballet, on est obligé d'engager des danseuses russes, et on a bien de la peine à trouver quatre artistes de second ordre pour danser un pas de quatre.

Voilà où en est l'Opéra, sans compter que l'orchestre, qui n'est pas suffisamment payé, réclame et se met en grève — au moins de sons ; car à certaines représentions il a joué complétement en sourdine.

Cet état de choses, et probablement les résultats pécuniaires de la direction Perrin, ont effrayé l'Empereur, qui a décrété, le 15 avril 1866, qu'à partir de ce jour l'Académie impériale redevenait industrie privée ; qu'elle serait administrée dorénavant aux risques et périls d'un directeur privilégié qui toucherait, en plus de la subvention, une somme de cent mille francs de la cassette impériale. Il est vrai que pendant cinq ans ce supplément sera versé à la caisse des consignations pour parfaire le cautionnement d'un million exigé du nouveau directeur, afin de donner des garanties suffisantes aux intéressés.

On a cru que c'était une disgrâce pour M. Perrin. Chacun a mis en avant le candidat de son choix. Jusqu'au dernier moment on a parlé de M. Roqueplan, mais l'ancien directeur avait des amis dans le conseil de l'Empereur, et c'est lui qui reste au pouvoir, mais à son corps défendant, depuis le 15 avril.

J'espère, pour M. Perrin, que ses protecteurs lui auront rendu un bon service. Je l'espère, mais je ne le crois pas.

Monumentalement parlant, l'Académie impériale de musique va être enfin dignement représentée. On lui bâtit sur le boulevard des

Capucines un palais que M. Charles Garnier, l'architecte célèbre d'hier, a rendu commode et luxueux : *Utile dulci*.

Mais je voudrais bien savoir par quoi et avec qui on va inaugurer la nouvelle salle. — Vous verrez que cela demandera si longtemps que Faure n'aura plus de voix. — Je ne prétends pas qu'il soit impossible de le remplacer ; — il y en a du reste qui pressent plus que lui.

Bah ! il faut bien croire que la race des compositeurs n'est pas éteinte, pas plus que celle des chanteurs.

Si l'on ne trouve plus de ténors — qu'on se décide à supprimer dans les partitions cette voix qui n'est ni homme ni femme et pas toujours auvergnate.

Il y aurait bien encore un moyen renouvelé de la chapelle Sixtine, mais cela demanderait toute une génération.

Le peu de stabilité de chacune des administrations, tous les changements dans la situation du théâtre, changements du reste excusables le plus souvent par les motifs qui les faisaient faire, ont donné mille occasions à la satire de toutes les époques. On ferait des volumes si on voulait réunir tout ce qui a été publié en ce genre ; aussi m'en garderai-je bien. — Il est cependant impossible de ne pas citer tout au long les prétendus statuts en vers donnés en 1767, sous les noms de Lebreton et Trial — car ils sont encore d'actualité.

Nous qui régnons sur des coulisses
Et dans de magiques palais,
Nous, juges de l'orchestre, intendants des ballets,
Premiers inspecteurs des actrices,
A tous nos fidèles sujets,
Vents, fantômes, démons, déesses infernales,
Dieux de l'Olympe et de la mer,
Habitants des bois et de l'air,
Monarques et bergers, satyres et vestales ;

ENCYCLOPÉDIE THÉATRALE

M. Ira ALDRIGE, dans l'*Othello* de Shakespeare.

Salut : A notre avénement
Chargés d'un grand peuple à conduire,
De lois à réformer et d'abus à détruire ;
Ouï notre conseil sur chaque changement
Que nous désirons introduire,
Nous avons rédigé ce nouveau règlement,
Conforme au bien de notre empire.

Art. Ier.

A tous musiciens connus ou non connus,
Soit de France, soit d'Italie,
Passés, présents, à venir ou venus,
Permettons d'avoir du génie.

II

Vu que pourtant la médiocrité
A besoin d'être encouragée,
Toute insipide nouveauté
Sera, par nous, à grand frais, protégée,
Pour les chefs-d'œuvre de nos jours
Réservant notre économie,
Et laissant la gloire au génie
De réussir sans nos secours.

III

L'orchestre plus nombreux. Sous une forte peine
Défendons que jamais on change cette loi :
Six flûtes au coin de la reine,
Six flûtes au coin du roi ;
Basse ici, basse là, cors de chasse — trompettes,
Violons, tambours, clarinettes ;
Beaucoup de bruit, beaucoup de mouvement,
Pour la mesure un batteur frénétique :

Si nous n'avons pas de musique
Ce n'est pas faute d'instruments.

IV

Sur le récitatif, même sur l'ariette,
Doit peut compter l'auteur des vers,
Comme à son tour l'auteur des airs
Doit peut compter sur le poëte.

V

Si tous deux, tristement féconds,
Sans feu comme sans caractère,
Ne donnent qu'un vain bruit de sons,
En faveur des *messieurs* qui lorgnent au parterre
On raccourcira les jupons.

VI

Des pièces les plus mal tissues
Comme on ne sait plus s'effrayer,
Que même des fragments ne peuvent ennuyer,
Et que les nouveautés sont toujours bien reçues,
Pourrons quelque jour essayer
Un spectacle complet en scènes décousues.

VII

Avions résolu de concert
De régler des ballets et le nombre et la forme,
Mais l'Opéra par leur réforme
Serait régulier et désert.
Que nos ballets soient donc brillants et ridicules;
Qu'on vienne encor, comme jadis,
Danser autour de nos Hercules ;
Que la jeune Guimard, en déployant ses bras,
Sautille au milieu des batailles;

Qu'Allard batte des entrechats
Pour égayer des funérailles.

VIII

Ordre à nos bons acteurs, pour eux, pour l'Opéra,
D'user modérément des reines de coulisses;
Permettons à M....., R....., et cetera,
L'usage illimité de toutes nos actrices.

IX

Pour soutenir l'auguste nom
De la royale académie,
On paiera mieux *Deïdamie*,
Pollux, Armide et *Phaëton;*
Mais qu'ils n'espèrent pas que leur fortune croisse
Jusqu'au titre pompeux de seigneur de paroisse,
Aux donneurs d'eau bénite et de droit féodal :
Roland, dans son humeur altière,
Doit-il se prétendre l'égal,
Ou du chasseur de *la Laitière*
Ou du cocher du *Maréchal?*

X.

Rien pour l'auteur de la musique,
Pour l'auteur du poëme, rien;
Et le poëte et le musicien
Doivent mourir de faim, selon l'usage antique.

XI

En attendant que pour le chœur
On puisse faire une recrue
De quinze ou ving beautés qui parleront au cœur
Et ne blesseront point la vue,
Ordre à ces mannequins de bois,
Taillés en femme, enduits de plâtre,
De se tenir immobiles et froids
Adossés en statue aux piliers du théâtre.

XII

Tout remplis du vaste dessein
De perfectionner en France l'harmonie,
Voulions au pontife romain
Demander une colonie
De ces chanteurs flûtés qu'admire l'Ausonie ;
Mais nous avons vu qu'un castra,
Car c'est ainsi qu'on les appelle,
Était honnête à la chapelle,
Mais indécent à l'Opéra.

XIII

Pour toute jeune débutante
Qui veut entrer dans les ballets,
Quatre examens au moins ; c'est la forme constante :
Primo, le duc qui la présente,
Y compris l'intendant et les premiers valets :
Ceux-ci près de la nymphe ont droit de préséance ;
Secondo, nous ses directeurs ;
Tertio, son maître de danse ;
Quarto, pas plus de trois auteurs ;
Total : onze examinateurs.

XIV

Fières de vider une caisse,
Que celles qu'entretient un fermier général
N'insultent pas dans leur ivresse
Celles qui n'ont qu'un duc : l'orgueil sied toujours mal
Et la modestie intéresse.

XV

. . . .
. . . .
. . . .

XVI

Le nombre des amants limité désormais :
　　Défense d'en avoir jamais
Plus de quatre à la fois : ils suffisent pour une.
Que la reconnaissance égale les bienfaits,
　Que l'amour dure autant que la fortune.

XVII

Que celles qui, pour prix de leurs heureux travaux,
　　Vivent déjà dans l'opulence,
　　Ont un hôtel et des chevaux,
Se rappellent parfois leur première indigence,
Et leur petit grenier, et leur lit sans rideaux ;
　　Leur défendons en conséquence
　　De regarder avec pitié
　　Celle qui s'en retourne à pied,
　Pauvre enfant dont l'innocence
　　N'a pas encor réussi,
　　Mais qui, grâces à la danse,
　　Fera son chemin aussi.

XVIII

　　Item, ordre à ces demoiselles
　　De n'accoucher que rarement,
En deux ans une fois, qu'une fois seulement :
Paris ne goûte point leurs couches éternelles
　　Dans un embarras maudit
　　Ces accidents-là nous plongent ;
　　Plus leur taille s'arrondit,
　　Plus nos visages s'allongent.

XIX

Item, très-solennellement
Prononçons une juste peine
Contre le ravisseur qui vient insolemment,
L'or en main dépeupler la scène.
Taxe pour chaque enlèvement,
Cette taxe imposée à raison du talent,
De la beauté surtout : tant pour une danseuse,
Tant pour une jeune chanteuse ;
Rien pour celles des chœurs, nous en ferons présent.

XX

Et, pour qu'on ne prétende à faute d'ignorance,
Sera la présente ordonnance
Imprimée, affichée à tous nos corridors,
Aux murs des loges, aux coulisses,
Aux palais des Rolands, aux chambres des Médors,
Et dans les boudoirs des actrices ;
De plus, en nos foyers sera ledit arrêt
Enregistré dans la forme ordinaire,
Pour le bien général et pour notre intérêt ;
Détruisant, annulant, autant que besoin est,
Tout règlement à ce contraire.

L'an de grâce soixante-sept,
Fait en notre château, dit en langue vulgaire
Le Magasin, près du Palais-Royal.
Signé : LEBRETON et TRIAL ;
Plus bas : JOLIVEAU, *secrétaire.*

Il est inutile de faire remarquer que les signatures du directeur de l'Opéra ne sont pas celles de l'auteur des statuts, qu'on attribue à Barthe, poëte marseillais.

ENCYCLOPÉDIE THÉATRALE

Madame Ancelot.

ACAJOU, *opéra-comique en trois actes, en prose, avec prologue, de MM. Favart, Lagarde et Lesueur, représenté pour la première fois, à la foire Saint-Germain, le 18 mars 1744.*

Cette pièce, pleine d'esprit et de gaieté, est tirée du conte de Duclos, intitulé : *Acajou et Zirphile*, si répandu alors.

A l'exemple de l'auteur du conte, qui prétend l'avoir écrit pour une suite de dessins de Boucher, dont l'éditeur n'avait pas le placement, Favart dit dans son prologue qu'il a fait la pièce sur des décors et des costumes qu'il a vus dans le magasin du théâtre.

Elle fut d'abord représentée en prose, et eut un immense succès. C'est de cette époque que date la défense aux acteurs de l'Opéra-Comique de parler en scène.

Les comédiens français, déjà jaloux du succès des théâtres de la foire, ne cherchaient qu'un prétexte pour invoquer les droits que leur donnaient leurs priviléges, la pièce de Favart le leur fournit.

Un acteur nommé Cadoret, connu au théâtre sous le nom de Terodac, qui en est l'anagramme, possédait un talent d'imitation tel que l'on croyait voir et entendre les acteurs qu'il parodiait. Favart connaissait trop son public pour ne pas utiliser ce talent dans sa pièce. Effectivement Terodac faisait le rôle d'un métromane qui critiquait le jeu et la diction de tous les comédiens français en réputation. Il n'en fallut pas davantage pour les irriter; ils se remuèrent tant qu'ils obtinrent la défense à l'Opéra-Comique de parler, croyant par là supprimer cette fameuse scène du métromane; mais ils n'y gagnèrent rien, au contraire. Favart mit toute sa pièce en vaudevilles, et comme alors les comédiens chantaient les vers plutôt que de les réciter naturellement, il lui fut très-facile de noter leur déclamation comme Racine l'avait fait déjà sérieusement pour la Champmeslé.

La musique de la scène du métromane s'accordait si bien avec les inflexions et les éclats de voix des tragédiens, que l'on s'apercevait à peine de la différence.

La pièce n'en eut que plus de succès, et ce fut au point que le jour de la fermeture de la foire, que les places étaient toutes à six livres, il y eut tant de monde au parterre que la barrière qui le séparait de l'orchestre se brisa. On fut obligé de faire sortir les personnes qui l'occupaient, afin de raccommoder la barrière ; mais pendant ce temps il arriva tant de monde sur le théâtre, qu'il en descendait au fur et à mesure dans la salle, si bien que le parterre se trouva de nouveau plein, sans que ceux qui en étaient sortis momentanément pussent y rentrer.

Il y eut alors un tumulte incroyable, au milieu duquel il fut impossible de rendre l'argent à tous ceux qui se trouvaient sans place et qui vociféraient des menaces. La police arrêta six des plus mutins ; mais le directeur, M. Monnet, montra beaucoup de prudence et de savoir faire, en faisant relâcher ceux qui étaient arrêtés et en payant les autres d'une harangue fort spirituelle qui lui concilia tous les partis.

On s'encombra comme on put, et la représentation put avoir lieu, c'est-à-dire à peu près, car le théâtre était si rempli de spectateurs qu'il ne pouvait venir qu'un acteur à la fois, et il n'y eut ni symphonie ni ballet, personne n'entendit rien, mais on applaudit *con furore* et chacun se retira content.

Le plus content de tous était le directeur, comme on le pense bien.

Le succès n'étant pas épuisé, on reprit *Acajou* à la foire suivante, où ses représentations furent encore très-suivies, ce qui n'empêcha pas l'Académie impériale de musique de monter la pièce au mois d'octobre 1745.

ACAJOU, *opéra-comique en deux actes, de MM. ....., représenté pour la première fois, sur le théâtre des Italiens, le 19 juillet* 1773.

C'est la pièce de Favart, reserrée en deux actes.

Elle n'eut probablement pas de succès, car elle n'a pas été imprimée.

ACAJOU, *vaudeville en un acte, de MM. Georges Duval, Brazier et Labiche, représenté pour la première fois, sur le théâtre des Variétés, le 29 septembre* 1824.

C'est une petite pièce assez insignifiante, qui, sifflée vertement le premier jour, eut à grand'peine trois représentations.

L'intrigue en est d'une platitude remarquable, et les détails ne sont pas suffisamment amusants pour la relever, ce qui ne se comprend pas de la part des auteurs.

Usbeck, jeune seigneur persan qui a gaspillé une immense fortune, a pour créancier principal son ami Acajou, qui comme lui aime le *vin, le jeu, les belles*, et qui le fait gentiment exproprier pour s'adjuger ses femmes, et notamment Cilerie, jeune Française, qu'il *aime d'amour extrême*. Mais celle-ci, qui a de l'ordre et de l'économie, se trouve assez riche des prodigalités d'Usbeck pour pouvoir acheter tous ses biens, qu'elle lui rend le plus généreusement du monde. — Ce qui est censé prouver une fois de plus qu'un bienfait n'est jamais perdu... quand on le retrouve.

ACANTE, ou L'Homme bien né, *comédie en trois actes, en vers*, de M. Jean-Julien-Aristide Mignon.

M. Goizet cite cette pièce, qui ne fut jamais représentée et dont le manuscrit, daté de 1817, fait partie de la collection Francisque jeune.

ACANTE et CÉPHISE, ou la Sympathie, *pastorale héroïque en trois actes*, poëme de M. Marmontel, musique de Rameau, représentée pour la première fois, sur le théâtre de l'Académie royale de musique, le 18 novembre 1751, à l'occasion de la naissance de Monseigneur le duc de Bourgogne.

Rameau était le compositeur officiel. Les événements qui intéressaient la gloire ou l'amour des Français ne lui ont pas manqué; il est vrai d'ajouter qu'il n'a jamais non plus manqué aux événements.

Le Dauphin se marie, on le charge des divertissements de *la Princesse de Navarre*. Sommes-nous vainqueurs à Fontenoy, il fait *le Temple de la Gloire* et chante encore la victoire dans le prologue des *Fêtes de Polymnie*.

Le Dauphin se remarie, il fait *les Fêtes de l'Hymen*. Le traité de Vienne se signe, il fait *le Prologue de Mars*.

Le Dauphin, dont il avait célébré les deux mariages, ne pouvait décemment pas avoir un fils sans qu'il accordât sa lyre à cette occasion, voilà pourquoi il fit *Acante et Céphise*. Comme pièce, ce n'est pas fort. Marmontel ne s'est pas mis en frais d'imagination ; il a cependant su amener des prétextes à décors, et c'était à peu près tout ce qu'il fallait pour une pièce officielle.

Acante et Céphise, unis par l'amour, sont heureux sous la protection d'une excellente fée ; mais celle-ci est obligée de s'absenter, et avant de partir elle donne à Acante un bracelet magique par la vertu duquel toutes les sensations de sa maîtresse seront reçues par lui, et *vice-versa*.

Le but de la fée est d'empêcher qu'un mauvais génie, voisin de là, et qui aime Céphise, n'ose rien entreprendre d'heureux pour la bergère, dans la crainte de favoriser Acante, ou de fâcheux pour le jeune homme, ne voulant pas faire souffrir celle qu'il aime et pour laquelle il sacrifierait son pouvoir.

Les deux amants vont au temple de l'Amour, où l'oracle leur annonce qu'ils s'épouseront, qu'ils seront heureux en ménage et qu'ils auront beaucoup d'enfants.

Cela rend furieux le génie, qui, n'écoutant plus que sa colère, bouleverse tout et fait enlever les deux amants par les aquilons, sur les bords d'affreux précipices.

Heureusement que la bonne fée reparaît ; elle couronne la fidélité des deux tourtereaux et plonge le jaloux dans les abîmes qu'il a créés pour les autres.

On sent la facture de l'auteur des *Contes moraux*.

Cet opéra réussit beaucoup, ce qui n'est pas étonnant pour la musique de Rameau, chantée par Jelyotte (Acante), l'idole du moment, et Mlle de Fel, qui faisait courir le tout Paris d'alors.

On admira la richesse des décors, la belle ordonnance du ballet, qui tenait à lui seul la moitié de la représentation, et surtout le talent et la légèreté de Vestris et la grâce de sa fille.

Ce fut le premier opéra qui n'eut point de prologue. Le compositeur « a essayé de peindre dans l'ouverture, autant qu'il est possible à la « musique, les vœux de la nation et les réjouissances publiques à la « nouvelle de la naissance du prince, » disait l'affiche.

Probablement que cet essai n'a pas été jugé satisfaisant, car à la huitième reprise de cet opéra, le 6 juin 1752, on le donna avec un prologue.

ACANTE ET CYDIPPE, *ballet héroïque, en un acte, en vers libres, de M. Boutillier, musique de M. Giraud, représenté au théâtre des Grands Danseurs du Roi, en* 1764.

Le manuscrit qui est à la Bibliothèque du Conservatoire n'est pas la pièce originale. Ce n'est qu'une copie faite pour la représentation qui en fut donnée, le 2 juillet 1766, dans les salons de M. Bignon, prévôt des marchands.

ACANTE ET CYDIPPE, *opéra en un acte, en vers libres, paroles et musique de M. Froment, présenté au théâtre de l'Opéra, en* 1781.

Beffara ne dit pas où il a vu le manuscrit; il est probable qu'il est encore à la bibliothèque de l'Opéra.

ACATIS, *ballet héroïque, en un acte, en vers libres.*

Ne doit pas avoir été représenté. Le manuscrit fait partie de la collection Lavallière.

ACCESSOIRES.

En termes de théâtre, on appelle accessoires, tout ce qui sert à la représentation des pièces.

Le soin de rassembler tous les objets dont les acteurs auront besoin dans le courant d'une pièce est très-important. Le régisseur en dresse généralement la liste, ce qu'on appelle *faire les accessoires*, et la remet à l'employé qui est chargé d'apporter et de remporter les flambeaux, potiches, poulets de carton, eau de seltz champanisée, tout ce qu'il faut pour écrire, etc., etc., et qu'on appelle garçon d'accessoires.

Dans le temps du grand art, il y avait peu d'accessoires, le plus souvent on se contentait

D'une lettre
Qu'aux mains du premier rôle un soldat doit remettre.

Mais aujourd'hui que les pièces de genre font seules de l'argent, que la sauce fait passer le poisson, tout est accessoires dans les productions des faiseurs : lumière électrique, décors, ballets, musique, jupons courts, tout cela intéresse le public; quant à la pièce, on n'y fait guère attention; il est vrai que souvent il n'y en a point.

ACCIAJUOLI (Philippe), poëte et compositeur dramatique, est né à Rome, 1637.

Il était destiné à entrer dans l'ordre des chevaliers de Malte; mais les pérégrinations qu'il fut obligé d'accomplir pour son stage lui inspirèrent une telle passion pour les voyages, qu'il visita toute l'Europe, les côtes d'Asie, d'Afrique, et même l'Amérique, d'où il revint chez lui par l'Angleterre et la France.

Son éducation, ses lectures et ses qualités d'observation l'avaient fait poëte. Ses voyages maritimes, qui l'avaient mis si souvent en présence de l'infini et qui l'avaient fait assister au déchaînement des éléments, aux mélodies de la mer et du désert, en firent un musicien.

Il ne fut pas sitôt revenu en Italie qu'il étudia la composition, et fit tant de progrès dans cet art qu'il fut bientôt à même d'écrire correctement ses inspirations poétiques et musicales.

Il ne borna pas là ses connaissances : non content de faire lui-même les paroles et la musique de ses opéras, il voulut aussi être son machiniste et son décorateur, et sa prodigieuse facilité le fit devenir bientôt l'un des plus habiles metteurs en scène de son temps.

C'est ainsi qu'il fit représenter *Il Girello, dramma burlesco per musica*, d'abord à Modène, en 1675, puis à Venise, en 1682.

La Damira placata. Venise, 1680.

Ulisse in Tracia. Venise, 1681.

Il fit aussi *Chi è causa del suo male, pianga se stesso, poëma d'Ovidio, musica d'Orfeo*, mais il est probable que cette œuvre ne fut pas représentée, car Allaci n'en parle pas dans sa *Dramaturgia*.

On peut se donner une idée des progrès que le poëte, compositeur et machiniste fit faire au merveilleux dans l'art de la mise en scène,

ENCYCLOPÉDIE THÉATRALE

ADAMI (Patricia), de la Comédie-Italienne, d'après une gravure du temps.

en lisant ce passage du *Parallèle des Italiens et des Français en ce qui concerne la musique et les opéras*, par Raguenet, — Paris, Moreau, 1702 — :

« J'ai vu à Rome, en 1698, un fantôme de femme, entouré de gardes, entrer sur le théâtre de Capranica. Ce fantôme étendant les bras et développant ses habits, il s'en forma un palais entier avec sa façade, ses ailes, ses corps et ses avant-corps de bâtiment; le tout d'une architecture enchantée. Les gardes ne firent que piquer leurs hallebardes sur le théâtre, et sur-le-champ elles furent changées en jets d'eau, cascades, en arbres qui firent paraître un jardin charmant au devant de ce palais. — On ne saurait rien voir de plus subit que ces changements, rien de plus ingénieux, de plus merveilleux. — Aussi les plus beaux esprits de l'Italie se font-ils un plaisir d'inventer ces machines. Ce sont, le plus souvent, des gens de la première qualité qui régalent le public de ces sortes de spectacles, sans aucun intérêt.

« En 1698, c'était le chevalier Acciajuoli, frère du cardinal de ce nom, qui s'était chargé d'organiser les décorations et les machines du théâtre de Capranica. »

Et nous nous extasions encore devant les trucs et changements à vue de nos *Biches au bois*, et nous donnons des brevets d'intelligence supérieure et quelquefois même des rubans moirés à des directeurs qui n'ont jamais fait qu'imiter les anciens.

Nous sommes, en vérité, bien jeunes, et Salomon avait bien raison de dire : « Il n'y a rien de nouveau sous le soleil. »

Acciajuoli est mort à Rome le 3 février 1700, honoré depuis longtemps du titre de membre des *Arcadi illustri* et laissant une réputation justement méritée.

ACCIDENT EN VOYAGE (L'), ou LES RENCONTRES A VALOGNES, *comédie en trois actes et en prose, par M. Georges Duval, représentée pour la première fois, sur le théâtre de l'Odéon, le 14 novembre 1880.*

Cette pièce était d'abord destinée au Vaudeville, mais l'auteur préféra la faire jouer à l'Odéon, où elle fut d'abord très-bruyamment contestée, mais où l'on s'habitua bientôt à la voir.

Ce n'est pas brillant comme intrigue, mais les détails rachètent en quelque sorte les banalités du sujet.

Un M. Saint-Jules, officier de trente-trois ans, se rend à Cherbourg pour épouser Mme Mareuil, une veuve de quarante ans, qu'il a aimée à la folie quinze ans plus tôt et qu'il n'a pas vue depuis.

Par un de ces hasards qui arrivent quelquefois sur les routes, mais qu'on voit plus fréquemment dans les romans, la chaise de poste de Saint-Jules se brise en entrant à Valognes, et il est obligé de s'arrêter à l'auberge pour guérir quelques contusions sans importance dans tout autre moment, mais désagréables quand on va se marier.

Pendant ce temps, il fait connaissance avec une jeune femme que des revers de fortune ont obligée à se mettre dame de compagnie d'une riche voyageuse descendue aussi à l'auberge, et en devient éperdûment amoureux, si bien que lorsque Mme Mareuil, instruite de l'accident de son futur, arrive au-devant de lui, elle trouve sa place prise dans son cœur.

Fort heureusement, il se trouve là tout à point un amoureux qui lui demande sa main, et la comédie se termine par un double mariage.

Cette histoire invraisemblable est égayée par les allées et venues, consultations et cocasseries d'un M. Prudent, médecin de la plus belle venue, dont le rôle d'un heureux comique a empêché la pièce de tomber pour toujours le soir de la première représentation.

ACCIDENT IMPRÉVU (L'), *comédie en un acte, en prose et en vaudevilles, par M. Bailly.*

Cette pièce fut indubitablement jouée sur quelque théâtre de la foire. — Il n'en est cependant fait aucune mention dans le *Théâtre de Bailly* (Paris, 1761), où elle est imprimée.

ACCIDENTS (Les), *comédie en un acte, en prose, de MM. Benj. Antier, Deflers et Varez, représentée pour la première fois, sur le théâtre de la Gaîté, le 27 mars 1830.*

M. Bontemps a laissé sa femme à Montargis et est venu à Paris pour faire le jeune homme et dépenser ses économies en célibataire.

C'est un monsieur qui n'a pas de chance : s'il lit en se couchant, il met le feu aux rideaux de son lit ; s'il se fait la barbe, il se coupe ; s'il sort, on le bouscule, son chapeau passe par-dessus le pont, il se meurtrit les doigts au marteau d'une porte cochère.

Il devient amoureux, et s'adresse justement à la maîtresse de son neveu.

Il prête son argent, il garantit un ami ; on le poursuit pour les dettes des autres.

En un mot, il est le point de mire de tous les accidents.

Heureusement sa femme arrive de Montargis. Elle est bonne, elle pardonne, paye ses dettes et lui fait convenir qu'il n'y a que dans son ménage qu'on peut trouver le vrai bonheur.

Malgré la haute moralité de cet imbroglio, le succès en fut si contesté que les nombreux auteurs ont cru devoir cacher leur personnalité derrière le pseudonyme d'Athanase.

ACCIDENTS (Les), ou les Abbés, *comédie en un acte, en prose, par Collé.*

Cette pièce ne fut jamais jouée publiquement. Elle avait été faite pour les plaisirs du Régent et de ses roués, et ne pouvait, par sa nature et les gravelures qui l'émaillaient, convenir que sur le théâtre que M. le duc d'Orléans avait fait construire dans sa petite maison de Bagnolet.

Elle fut imprimée in-8°, — Amsterdam, 1786.

M. Goizet parle d'une représentation qui en eut lieu chez l'acteur Préville, à Fontenay-sous-Bois, — le 8 septembre 1769. — Ce n'était assurément pas la première.

ACCIDENTS IMPRÉVUS (Les), ou le Jugement favorable, *comédie-parade en un acte, en prose.*

Cette pièce, qui ne fut pas imprimée, ne fut probablement jamais jouée. — En tout cas, il n'en est fait aucune mention sur le manuscrit qui est à la Bibliothèque impériale, — collection Soleinne.

ACCIUS ou ATTIUS (Lucius)

Appartient au *Dictionnaire des Théâtres* comme un des plus anciens auteurs tragiques de Rome.

Il est né en 160 avant Jésus-Christ, et mourut dans un âge très-avancé, puisque, au dire de Valère Maxime, il connut Jules César.

Fils d'un affranchi, il ne dut son succès qu'à ses talents, qui lui assurèrent de nombreux et puissants protecteurs, au nombre desquels on cite Decimus Brutus, qui fit afficher des vers de lui sur les portes des temples. — Il est vrai d'ajouter que les vers en question étaient à la louange dudit Brutus.

Accius florissait vers l'an 130. Les anciens le préféraient, pour la force du style, l'élévation de la pensée et la variété des caractères, à Pacuvius, son contemporain, plus vieux que lui de cinquante ans, qui connaissait certainement mieux son art, mais qui n'avait pas son génie.

Il ne nous reste guère de toutes ses tragédies que des fragments recueillis par Robert Estienne dans ses *Fragmenta poetarum veterum latinorum* (1564); mais nous avons les titres de ses principales productions. Ce sont :

Les Agamemnonides, les Argonautes, le Jugement des armes (d'Achille), *Atrée, Philoctète à Lemnos*, que Cicéron estimait par-dessus tout; *Eurysacès, les Myrmidons, Andromaque, Clytemnestre, Médée, Andromède, Prométhée, les Trachiniennes, Térée, la Thébaïde, les Troyennes, Astyanax.*

On trouve dans cette dernière tragédie deux vers qui donnent une idée de l'indépendance religieuse de l'auteur :

> *Nihil credo auguribus qui aures verbis divitant*
> *Alienas, suas ut auro locupletent domos.*

Voltaire les a traduits à peu près dans son *Œdipe*:

> Les prêtres ne sont pas ce qu'un vain peuple pense,
> Notre crédulité fait toute leur science.

Les commentateurs sont d'accord pour reconnaître dans les ouvrages d'Accius des beautés plus saisissantes que dans les ouvrages originaux qu'il traduisait ou imitait.

Parmi les œuvres perdues du poëte, on cite encore Brutus, sa seule tragédie nationale, dont le sujet était l'expulsion des rois de Rome, et le Mariage et le Marchand, comédies de mœurs, dont il ne reste que les titres.

Accius avait probablement autant d'orgueil que de talent, car Valère Maxime rapporte que dans les réunions savantes il ne se levait point quand Jules César entrait; et Pline nous apprend avec une certaine pointe de malice que, quoique très-petit, il se fit élever une statue colossale dans le temple des Muses.

ACCOMODEMENT DE L'AMOUR ET DE BACCHUS (L'), *divertissement en vers libres, mêlé de musique, et de vingt-quatre entrées de ballets, paroles de M. de Lamotte, musique de MM. Molinier et Lagrange.*

Cette pièce, imprimée en 1673, ne fut représentée qu'en société, et le libretto nous donne le nom des artistes ou amateurs qui créèrent les rôles. Ce sont MM. Alar, Denzan-Lagrange, Richard, Chantal-Dubuisson, et Mmes de Lamotte mère et fille et de Lagrange.

On trouve la partition manuscrite à la bibliothèque du Conservatoire, collection Philidor.

ACCOMMODEMENT IMPRÉVU (L'), *comédie en un acte, en vers libres, de M. de Lagrange, représentée pour la première fois, au Théâtre-Français, le 12 novembre 1737.*

Léandre, qui a hérité d'un procès contre Mme Argante, devient amoureux de Julie, sa fille, mais, n'osant se présenter à elle sous son nom, qu'elle doit détester, il prend celui de Damis et est fort bien reçu.

On propose alors un accommodement entre Mme Argante et Léandre; celui-ci, presque sûr de gagner son procès, offre de l'abandonner si on veut lui donner la main de Julie.

La mère accepte, la fille résiste quelque temps et finit par couronner sa flamme, comme on dit à l'Opéra-Comique.

Cette petite pièce, agréablement traitée, fut souvent reprise, mais dans sa nouveauté elle n'eut que deux représentations.

Ce mauvais succès peut être attribué à la manœuvre méchante d'un plaisant qui, au parterre, à la première représentation, applaudissait de toute la force de ses mains en criant : « Ah ! que c'est mauvais. »

Ses voisins ne manquèrent pas de lui faire observer qu'il était en contradiction avec lui-même : « C'est que, dit-il, j'ai reçu un billet pour applaudir, et comme je suis honnête homme, je fais ce que j'ai promis, ce qui ne m'empêche pas de trouver la pièce détestable. »

Cet incident mit le parterre en belle humeur, si bien que la pièce tomba.

ACCORD DIFFICILE (L'), *comédie en trois actes, en vers, de M. Léger des Essarts, représentée pour la première fois, sur le théâtre de l'Odéon, le 14 février 1811.*

Cette pièce n'eut vraisemblablement aucun succès, car non-seulement elle ne fut pas imprimée, mais les journaux du temps n'en ont jamais parlé.

ACCORDÉE DE VILLAGE (L'), OU LES AMOURS DE TOINETTE, *comédie en un acte tout en vaudevilles.*

Ni représentée ni imprimée. Le manuscrit est à la Bibliothèque impériale, collection Soleinne; il n'est ni signé ni daté, mais il est certain qu'il remonte à la deuxième moitié du XVIIIe siècle.

ACCORDÉE DE VILLAGE (L'), *comédie en un acte, en prose, de M. Valory, représenté sur le théâtre du Vaudeville, en 1803.*

ACCORDÉE DE VILLAGE (L'), *vaudeville en un acte, de MM. Brazier, Carmouche et Jouslin de Lasalle, représenté pour la première fois, sur le théâtre des Variétés, le 10 février 1824.*

Le père Thomassin va marier un de ses fils à la jeune Rose, qu'il aime et dont il est aimé, quand la petite Toinon, sœur de la mariée, en bavardant, apprend que le fils aîné de Thomassin, qui est militaire, a déserté.

ENCYCLOPÉDIE THÉATRALE

M. Adolphe Adam.

Cette nouvelle atterre les paysans, et fait manquer le mariage projeté.

Mais Toinon, qui tient à danser à la noce, décide son amoureux le garde-champêtre à partir à la place du déserteur.

Ce brave garçon fait ses adieux, quand on apprend que le fils Thomassin, qui s'était seulement absenté quatre jours, est rentré à son régiment.

Ce tableau villageois a réussi, le public a fait bisser plusieurs couplets, qui en général sont fort lestement troussés.

ACCORDÉES DE VILLAGE (LES), *opéra-comique en trois actes, traduction de la Cozza Rara, en prose, par M. Patrat, musique de Vincenzo Martini, représenté pour la première fois, sur le théâtre de la Montansier, le 13 brumaire an VI, 3 novembre 1797.*

Cette pièce ne réussit point. Est-ce faute de chanteurs capables d'interpréter la musique, est-ce toute autre cause, c'est ce que les journaux du temps ne nous apprennent pas. Dans tous les cas, l'insuffisance du livret devait y contribuer pour sa part.

ACCORDÉON (L'), *vaudeville en deux actes, de MM. Gustave Oppelt et B. Fauconnier, représenté à Bruxelles, sur le théâtre des Galeries Saint-Hubert, en 1838.*

Cette pièce eut un tout petit succès de province, qu'elle méritait à peine; les auteurs l'ont cependant fait imprimer.

ACCORDÉS DE VILLAGE (LES), *ballet en un acte, représenté pour la première fois, sur le théâtre des Grands Danseurs du Roi, le 4 mai 1791.*

On n'a ni le nom du chorégraphe ni celui de l'auteur de la musique.

Dans ce temps-là, on faisait un ballet aussi facilement qu'un discours politique, et l'on ne se disait pas pour cela homme de lettres.

ACCORD FAIT LE BONHEUR (L'), *comédie en un acte, prose.*

Imprimée, sans nom d'auteur, dans le *Jardin des Enfants.* — Paris, 1824.

Ceci doit suffire pour donner une idée de la pièce.

ACCORD PARFAIT (L'), *comédie en un acte, de M. Paul de Musset.*

Non représentée, ce qui, du reste, n'a jamais été l'intention de l'auteur.

ACCORDS DE JULIE (Les), ou le Savant dupé, *comédie en un acte, en prose, représentée pour la première fois, au théâtre Beaujolais, le 6 janvier 1791.*

ACCORDS DE PHILIPPOT ET DE PAMÉLA (Les), *opéra civico-matrimonio en un acte, tout en en vaudevilles, par Fr. Marchant.*

Ne fut jamais représenté — et ne devait point l'être, malgré l'époque à laquelle il vit le jour.

C'est une satire contre le mariage du duc de Chartres, visiblement désigné sous le nom de Philippot, avec une certaine Paméla que l'on y dit fille naturelle du duc d'Orléans et de Mme de Genlis.

Les curieux pourront la lire dans les *Sabbats jacobites*, imprimés à Paris, 1791.

ACCORIMBONI (Auguste).

Compositeur de musique, né à Rome en 1754.

Il est plus connu par sa musique sacrée que par ses compositions théâtrales.

Cependant à vingt-huit ans il fit représenter sur le théâtre de Parme *Il regno delle Amazzoni* (1782), opéra seria qui eut tant de succès qu'il fut joué sur tous les théâtres de l'Italie et passa même à l'étranger.

En 1786, il donna à Rome *Il Podesta di Tuffo antico,* qui fit beaucoup moins de bruit.

C'est peut-être ce qui le décida à abandonner le théâtre et à ne plus s'occuper que de musique religieuse.

ACCOUCHEMENT DE LA DUCHESSE DE BERRY (L'), ou Comment les princesses font les enfants.

C'est un dialogue entre la duchesse de Berry, le duc et la duchesse d'Angoulême, Charles X, alors comte d'Artois, le duc de Bordeaux, un caporal qui a fait les campagnes d'Égypte, et Grigou, conscrit.

Il serait superflu d'ajouter que cette pièce ne fut jamais représentée. Elle est imprimée sans nom d'auteur. — Paris, 1831.

ACCOUCHEMENT INVISIBLE (L'), *parade en un acte, en prose, de M. Collé.*

Cette pièce, qui n'est imprimée nulle part, a dû être représentée dans quelques petites maisons.

Dans son *Journal historique*, Collé en fait remonter la date jusqu'en 1753.

ACCUEIL POÉTIQUE ET CHRESTIEN (L'), *pastorale en vers, divisée en trois pauses, par André Mage, sieur de Fiefmelin.*

Voici la suite du titre de cette pièce de circonstance, selon l'usage du temps ; — elle suffira pour en donner l'analyse :

« En faveur de H. et P., dame Anne de Pons, comtesse de Maren-
« nes, Br., Ch. M. et dame de la baronnie d'Oléron, sur son entrée
« ez isles de Sainctonges, le 25 décembre 1597. »

Cette pièce est imprimée à Poitiers. — Marnef (1601).

ACCUSATEUR PUBLIC (L'), *drame en trois actes, en prose, représenté, sur le théâtre du Luxembourg, le 26 juin 1841.*

ACCUSATEURS (Les), ou Rome sous Tibère, *drame en cinq actes, en prose, par M. Fontan jeune.*

Cette pièce, qui ne fut jamais représentée, a été imprimée en feuilletons dans le journal *l'Indépendance* (1856).

A CENT ANS, ou le Mariage d'ambassadeur, *vaudeville en deux actes, de MM. Alfred Vernet et Ménissier, représenté pour la première fois, au théâtre des Délassements-Comiques, le 15 octobre 1844.*

A CE SOIR, ou la Répétition manquée, *prologue-vaudeville en un acte, représenté à Lyon, pour l'ouverture du théâtre des Célestins, le 5 juin 1834.*

On ignore le nom de l'auteur de cette pièce, qui ne fut pas imprimée.

ACHAB, *tragédie de Roland de Marcé, représentée à Paris, en* 1601.

Cette pièce, conduite assez régulièrement, est écrite, comme les anciens mystères, sans distinction de scènes ni d'actes.

Ce n'est, du reste, à proprement parler, qu'un mystère, qui ne s'écarte même pas du sujet biblique.

Achab était un roi d'Israel, digne époux de cette Jézabel qui avait des défauts autrement sérieux que celui de se maquiller et de conserver toujours

. . . . Cet éclat emprunté
Dont elle eut soin de peindre et d'orner son visage,
Pour réparer des ans l'irréparable outrage.

A CHACUN LE SIEN, *vaudeville en un acte, par M. Henri Duffaud, représenté pour la première fois, sur le théâtre du Gymnase-Enfantin, le* 10 *août* 1837.

Il faut beaucoup d'esprit et beaucoup de naïveté pour parler aux enfants; M. Duffaud ne manque ni de l'un ni de l'autre, et presque toutes ses pièces enfantines réussirent..... auprès des parents; car la jeune génération, l'espoir de la patrie, comme dirait Joseph Prud'homme, a toujours préféré Guignol. — Du reste, les faits parlent : le Gymnase-Enfantin est fermé depuis longtemps; Guignol existe toujours, et même en plusieurs duplicata, et son théâtre prospère si bien, qu'on y donne maintenant des pièces féériques, à l'instar de la Porte-Saint-Martin.

ACHÆUS,

Poëte grec, contemporain d'Eschyle, mais rival fort peu redoutable pour lui, vécut de 484 à 449 avant Jésus-Christ.

Il composa plus de trente tragédies, que l'on ne connaît que par des fragments imprimés dans : *Hug. Grotii Fragmenta tragicorum et comicorum græcorum*.....

Il ne faut pas le confondre avec un autre Achæus, surnommé Callicon, qui se distingua par sa stupidité ou ses excentricités (car, à pareille distance, il est difficile de juger des intentions); toujours est-il, qu'ayant pris un pot de grès pour se servir d'oreiller, il prétendit le rendre moins dur et plus commode en le remplissant de paille.

Athénée, qui cite parmi les œuvres du poëte les tragédies de *Cycnus*, *Œdipe*, *Philoctète*, *Omphale*, etc., dit que son style était élégant, quoique souvent obscur et élégiaque.

C'est à peu près le seul jugement contemporain sur lequel on puisse s'appuyer.

Suidas parle d'un autre Achæus, qui, né à Syracuse, aurait fait aussi des tragédies; mais celles-là sont complétement perdues.

A CHAILLOT L'EXPOSITION, *vaudeville en deux actes, de MM. Léon Beauvallet et Clairville; représenté pour la première fois, sur le théâtre Déjazet, le 21 juillet* 1862.

Cette pièce eut si peu de succès, que les auteurs ne l'ont pas fait imprimer.

ACHARD,
Auteur fort peu connu. — Il a fait représenter, en 1760, à la foire Saint-Laurent, *les Précautions inutiles*, opéra-comique qu'il avait fait avec Anseaume, et dont Chrétien avait composé la musique.

On a de lui aussi *le Quartier général*, en collaboration avec Quétant, en 1775.

ACHARD (Amédée), littérateur distingué et auteur dramatique, est né à Marseille, en avril 1814.

Il commença sa carrière par le commerce et concourut en Algérie, en 1834, à la fondation d'une entreprise agricole qu'il quitta l'année d'après pour occuper le poste de secrétaire de cabinet auprès du préfet de l'Hérault, poste qu'il abandonna en 1838 pour venir à Paris faire du journalisme militant.

Il écrivit successivement à *l'Entr'acte*, au *Vert-Vert*, au *Charivari*, à *l'Époque*; mais je ne suivrai pas plus le spirituel écrivain dans sa carrière littéraire que dans sa carrière politique: il ne m'appartient ici qu'à titre d'auteur dramatique.

J'aurai peu à en parler, car M. Amédée Achard ne s'occupa guère de théâtre qu'en amateur, et pour faire voir que tous les genres étaient accessibles à son talent.

Bien qu'il ait plus souvent demandé au roman un succès qui n'abandonne presque plus ses productions, il fit représenter :

Le Socialiste en Province ;
Donnant donnant ;
Par les fenêtres (Gymnase, 1852) ;
Souvent Femme varie (Odéon, 1854) ;
Les Souvenirs de voyage (Théâtre-Français, 1853) ;
Les Campagnes du marquis d'O (Théâtre de Bade, 1858) ;
Le Jeu de Sylvia (Vaudeville, 1859) ;
Le Clos Pommier (Gaîté, 1864).

On lui a prêté l'intention de mettre à la scène *Belle-Rose*, un de ses meilleurs romans. On a même parlé de collaboration avec Victorien Sardou ; mais cette combinaison n'aboutit pas.

Ce ne serait pourtant une mauvaise affaire ni pour les auteurs ni pour le directeur qui monterait la pièce.

ACHARD (Frédéric-Adolphe), acteur et chanteur comique, naquit à Lyon, le 4 novembre 1808.

Il n'était point destiné par ses parents à monter sur les planches ; mais la vocation l'emporta sur toutes leurs prévisions.

Ouvrier tisseur contre son gré, il fréquentait plus le théâtre que l'atelier, et avait plus de camarades parmi les jeunes comédiens que parmi les canuts. Il commença par jouer n'importe quels rôles dans les petits théâtres de société, et ses qualités naturelles le faisaient s'en tirer convenablement, ce qui lui ouvrit d'emblée les coulisses du théâtre des Célestins, séjour qu'il enviait depuis longtemps. Un soir qu'un artiste était indisposé, il eut occasion de le remplacer au pied levé. Le succès qu'il y obtint décida ses parents à le laisser suivre sa vocation.

Dès lors il abandonna complétement le métier et partit avec une

M. Achard, rôle de Charlemagne, dans *Indiana et Charlemagne*.

petite troupe d'amateurs pour faire les délices de Laons-le-Saunier et de l'arrondissement. Sa bourse était légère, mais ses illusions lui tenaient lieu de tout; cependant, comme il fallait manger et que l'occasion s'en faisait de plus en plus rare, il profita d'une discorde qui s'éleva entre les sociétaires pour rentrer au logis paternel, l'oreille basse et la bourse plus plate qu'au départ.

Le père Achard tua le veau gras et installa dès le lendemain à un métier devenu libre son fils l'acteur, qui avait renoncé aux succès dramatiques.

Serment de joueur, que le jeune homme ne put pas tenir. Il ne put rester huit jours sans aller voir ses amis au foyer des Célestins. Là il rencontra le directeur de Grenoble, à qui il manquait un deuxième comique. Achard s'engagea, promettant de jouer au besoin les pères nobles, et il les aurait joués. Je ne garantirais pas que cela ne lui fût jamais arrivé.

En apprenant cette résolution, son bonhomme de père, sentant bien qu'il aurait trop à lutter contre sa vocation, n'eut pas la force de le gronder. Il se contenta de lui dire en l'embrassant au départ : « Tâche d'être plus heureux que la première fois. » Achard s'émut bien un peu des larmes de sa mère; mais il avait vingt ans, il partit à la grâce de Dieu.

A partir de cette époque tout lui réussit. De Grenoble il alla à Saint-Étienne, puis fit une année à Lyon, théâtre de ses premiers succès, se fit applaudir à Roanne, Clermont-Ferrand, revint à Lyon, resta trois ans aux Célestins, et partit pour Bordeaux, où sa bonne étoile devait lui faire rencontrer Déjazet, qui, en y donnant des représentations, remarqua dans le jeune comédien des qualités heureuses et des dispositions meilleures encore, que Paris seul pouvait développer, si bien qu'elle facilita son engagement au théâtre du Palais-Royal.

Achard y débuta avec succès le 10 juillet 1834, dans *Lionel* et *le Commis et la Grisette*, et resta attaché au personnel de ce théâtre, où il eut bientôt un succès de vogue. Mais son ambition n'était pas satisfaite; il ne se contenta pas d'être un comédien plein de naturel, d'abandon et de gaieté, il voulut devenir chanteur; il suivit les cours du

Conservatoire de musique pour perfectionner sa voix, que tous les connaisseurs trouvaient déjà fraîche, claire et mordante dans la chansonnette et expressive dans la romance.

Après quelques années d'études sous Bordogni, et même sous Nourrit, pour la déclamation lyrique, il obtint un second, puis un premier prix de vocalisation, dont il n'abusa pas pour chercher des succès sur les théâtres lyriques.

Par la rondeur peut-être un peu tourbillonnante et la gaieté sentimentale de son jeu, il se plaça au premier rang des comiques du théâtre de genre, et fit les beaux soirs du Palais-Royal et du Gymnase.

Il excellait surtout dans la chansonnette mimée, qu'il mit à la mode : il faut lui avoir entendu dire *Petit Pierre, ou le Moutard de Paris*, dans le genre gai, et *Fleur des champs, ou la Montagnarde*, dans le sentimental, pour se faire une idée des succès mérités qu'il remportait.

Achard fit des créations trop nombreuses pour que j'entreprenne de les citer. Sa présence fit aller aux nues : *Farinelli, l'Aumônier du régiment, Titi le Talocheur, Bruno le fileur, Indiana et Charlemagne*, et tant d'autres pièces qui ont été abandonnées parce que ses rôles demandent un comédien doublé d'un chanteur, ce qui ne se rencontre pas tous les jours.

Peut-être aussi dira-t-on que ce genre a vieilli; mais n'est-ce point plutôt parce qu'aucun des artistes qui jouent maintenant le vaudeville, excepté peut-être Berthellier et Brasseur, ne serait capable de chanter un couplet en mesure, qu'on n'en met plus dans les productions de nos petits théâtres?

Je ne suis pas précisément de ceux qui pleurent la mort de l'ancien vaudeville; mais j'aime à constater un fait à l'occasion.

N'appartenant plus régulièrement au Palais-Royal depuis 1848, afin de travailler plus efficacement dans ses intérêts pécuniaires, Achard passait tout son temps à faire en province des excursions aussi productrices pour sa réputation que pour sa fortune.

Il est mort subitement à Paris, dans la force de son talent et de ses succès, au mois d'août 1856.

ACHARD (Léon), fils du précédent, hérita bien de son organe, mais pas de ses talents de comédien.

Ce n'est cependant pas tout à fait un reproche que je fais au ténor le plus apprécié et, il faut bien le dire, le meilleur de notre Opéra-Comique. Il joue suffisamment pour un ténor.

Nous sommes maintenant habitués à ne plus considérer tout à fait les chanteurs comme des acteurs, bien heureux encore de nous contenter de leurs voix, quand ils en ont.

Et M. Léon Achard en a, pas beaucoup, j'en conviens, mais relativement assez, et du reste la qualité compense la quantité.

Né à Paris en 1832, il étudia d'abord le droit avec assez de succès, puisqu'en 1852 il était déjà reçu avocat; mais une certaine vocation, un excellent organe, le milieu artistique dans lequel il vivait, le nom de son père, et la certitude de gagner plus de réputation et plus d'argent à *représenter* les princes et les bergers depuis huit heures jusqu'à onze heures du soir, que les veuves et les orphelins de midi à quatre heures, le décidèrent à entrer au Conservatoire.

Il obtint le premier prix d'opéra-comique en 1854, et fit de petits débuts en octobre de la même année, au Théâtre-Lyrique, où il chanta pendant deux saisons sans trouver occasion de se faire remarquer.

Ensuite il s'engagea pour la province, et ne commença à avoir de sérieux succès qu'à Lyon, où il fut accueilli comme un enfant du pays qui a du talent.

Il resta quelques années dans la cité des canuts, et ce n'est que depuis le mois d'octobre 1862 qu'il fait partie de la troupe de l'Opéra-Comique.

Ses débuts dans *la Dame Blanche*, qu'il chante du reste admirablement, donnèrent un regain d'actualité à la vieille mais toujours splendide partition, et lui valurent la réputation sur laquelle il vit aujourd'hui.

Il a créé dans les compositions nouvelles divers rôles où il s'est montré, comme toujours, chanteur correct, possesseur d'une heureuse méthode, mais comédien médiocre et très-incomplet.

Je citerai entre autres *la Fiancée du roi de Garbe*, *le Capitaine Henriot* et *Fior d'Aliza*, où il a trouvé son meilleur rôle peut-être.

Bah! M. Achard est jeune et va acquérir les talents qui lui manquent, et nous l'applaudirons parfait comédien quand il n'aura plus de voix.

ACHARD (Charles), autre fils d'Achard du Palais-Royal, a moins de méthode et moins de voix que son frère, et de plus, malheureusement pour lui, une espèce de tic nerveux qui, paralysant tous ses consciencieux efforts, l'empêche de jouer ses rôles comme il les sent, et le fait invariablement tomber dans toutes les villes de province où il débute.

On m'a dit qu'un riche mariage l'avait fait renoncer au théâtre. Si c'est vrai, je l'en félicite bien sincèrement; mais qu'avait-il besoin de cela? sa part de la succession du père Achard pouvait lui permettre ou d'embrasser une autre carrière ou même de ne rien faire du tout.

Ce n'est pas parce qu'on est le fils d'un artiste de talent que l'on est obligé de suivre sa profession. Les messieurs Achard ont un frère qui l'a bien compris : il a mieux aimé être un négociant honorable qu'un artiste médiocre, pour ne pas dire mauvais.

M. Charles Achard a essayé plusieurs fois, à la faveur du nom et de quelques indispositions de son frère Léon, de se faire entendre sur la scène de la place Favart; mais ses tentatives ont été si peu heureuses qu'il n'a jamais été sérieusement admis aux débuts.—Il y a cependant joué pendant une quinzaine de jours à la dernière reprise de *Marie;* il est vrai qu'il n'y allait personne.

ACHARNIENS (Les), *la première comédie d'Aristophane, représentée aux fêtes Lenéennes, la sixième année de la guerre du Péloponèse* (426 *avant Jésus-Christ*).

Cette pièce, que le premier des auteurs satiriques donna sous les noms de Calistrate et Phidonide, célèbres acteurs de l'époque,—plutôt parce qu'il n'avait pas l'âge voulu pour concourir au prix de poésie que dans la crainte d'un insuccès, — fut traduite en français :

En prose, par le Père Brumoy, — dans son *Théâtre des Grecs*, Paris, 1763; — *Id.* Poinsinet de Sivry, Paris, 1784; — Artaud et Destainville, Paris, 1829 ; — et, en dernier lieu, par M. C. Poyard, professeur au lycée Napoléon, Paris, Hachette, 1860.

J'emprunte à ce savant helléniste la notice sur *les Acharniens*, qui tiendra lieu, et très-avantageusement, de l'analyse que j'en pourrais faire :

« Depuis six ans la guerre désolait la Grèce. Athènes surtout souffrait cruellement. Son territoire avait été envahi, dévasté, et la population des campagnes s'était vue contrainte de chercher un asile dans les murs mêmes de la cité.

« Périclès, dont l'ambition avait engagé la lutte et dont le génie aurait pu la soutenir glorieusement, avait péri victime de la peste ; après sa mort, le pouvoir était tombé entre les mains inexpérimentées et corrompues de démagogues qui adulaient le peuple pour l'asservir et s'enrichir à ses dépens ; leur intérêt était de perpétuer la guerre et la misère publique qui en était la suite : ils s'assuraient la soumission absolue de la classe des artisans et des cultivateurs par des distributions de vivres et d'argent, et surexcitaient la susceptibilité de l'honneur national. Aussi cette guerre, née de futiles prétextes et poursuivie sans but sérieux, redoublait-elle d'acharnement.

« Mais si la basse classe était aux gages des orateurs, les citoyens les plus distingués ne voyaient qu'avec horreur et mépris les pratiques honteuses de ces hommes qui, de gaieté de cœur, poussaient Athènes à sa ruine. Le parti aristocratique désirait la paix ; mais ses vœux étaient impuissants en face d'une multitude aveugle et irritée qui l'accusait de pactiser avec l'ennemi, parce qu'il comprenait les véritables intérêts de la cité.

« Aristophane, dans *les Acharniens*, s'efforce de démontrer au peuple, au point de vue matériel, les avantages qui résulteraient de la cessation des hostilités. Dicéopolis, las de la guerre et de la fourberie des démagogues, conclut avec les Lacédémoniens une trêve particulière pour lui et sa famille, malgré les invectives et les menaces des habitants du bourg d'Acharne, qui représentent l'entêtement passionné et les idées étroites de la multitude ignorante. Seul, au milieu des maux de la guerre, il jouit des délices de la paix ; les habitants des pays voisins viennent apporter sur son marché les mets les plus délicieux ; à l'ombre de ses vignes et de ses oliviers, il célèbre, la coupe en main, la fête des Dionysiaques champêtres. Pendant ce temps, on vient annoncer que la frontière est envahie. Lamachus est obligé de partir. Bientôt on le rapporte blessé, hurlant de douleur, tandis que Dicéopolis, proclamé roi des buveurs, rentre en scène, soutenu par deux jeunes filles d'humeur facile.

« Cette comédie est une des plus remarquables de celles d'Aristophane, par sa gaieté toujours croissante, qui aboutit à une véritable ivresse bachique. L'action, vive dès l'exposition, redouble d'entrain et d'ardeur, à mesure qu'elle s'avance vers un dénoûment d'une verve étincelante. Le parallèle de Lamachus et de Dicéopolis, quand l'un fait ses préparatifs de combat et l'autre de festin, est un des contrastes les plus heureux. Des deux côtés du théâtre, même activité. Ici on apporte la lance, le bouclier; là c'est la broche et le pot au vin; ici on orne le casque de son aigrette; là on plume la grive. Et comme les sarcasmes de l'homme heureux pleuvent sur le pauvre guerrier rapporté sanglant du combat! Comme les lamentations de l'un sont tournées en ridicule par l'ivresse de l'autre! Une peinture si vive et si sensible ne devrait-elle pas opérer bien des conversions parmi des spectateurs exténués de misère? »

ACHÈVEMENT.

Ceci n'est pas tout à fait de l'argot théâtral, c'est de la technologie de la veille, de celle qui n'est plus guère usitée de nos jours.

On appelle ainsi la conclusion qui suit l'événement par lequel l'intrigue est dénouée.

Nos premiers auteurs classiques avaient des règles dont ils ne devaient pas s'écarter; ils cherchaient à les réunir dans une pièce comme aujourd'hui on cherche le *chien*, le *mordant*, l'*actualité*, les *décors*, les *costumes*, etc., etc.

L'art dramatique s'est affranchi de toutes les règles gênantes, et tout fait présager que, devenant opération purement commerciale, il ne tardera pas à s'affranchir même du goût.

ENCYCLOPÉDIE THÉATRALE

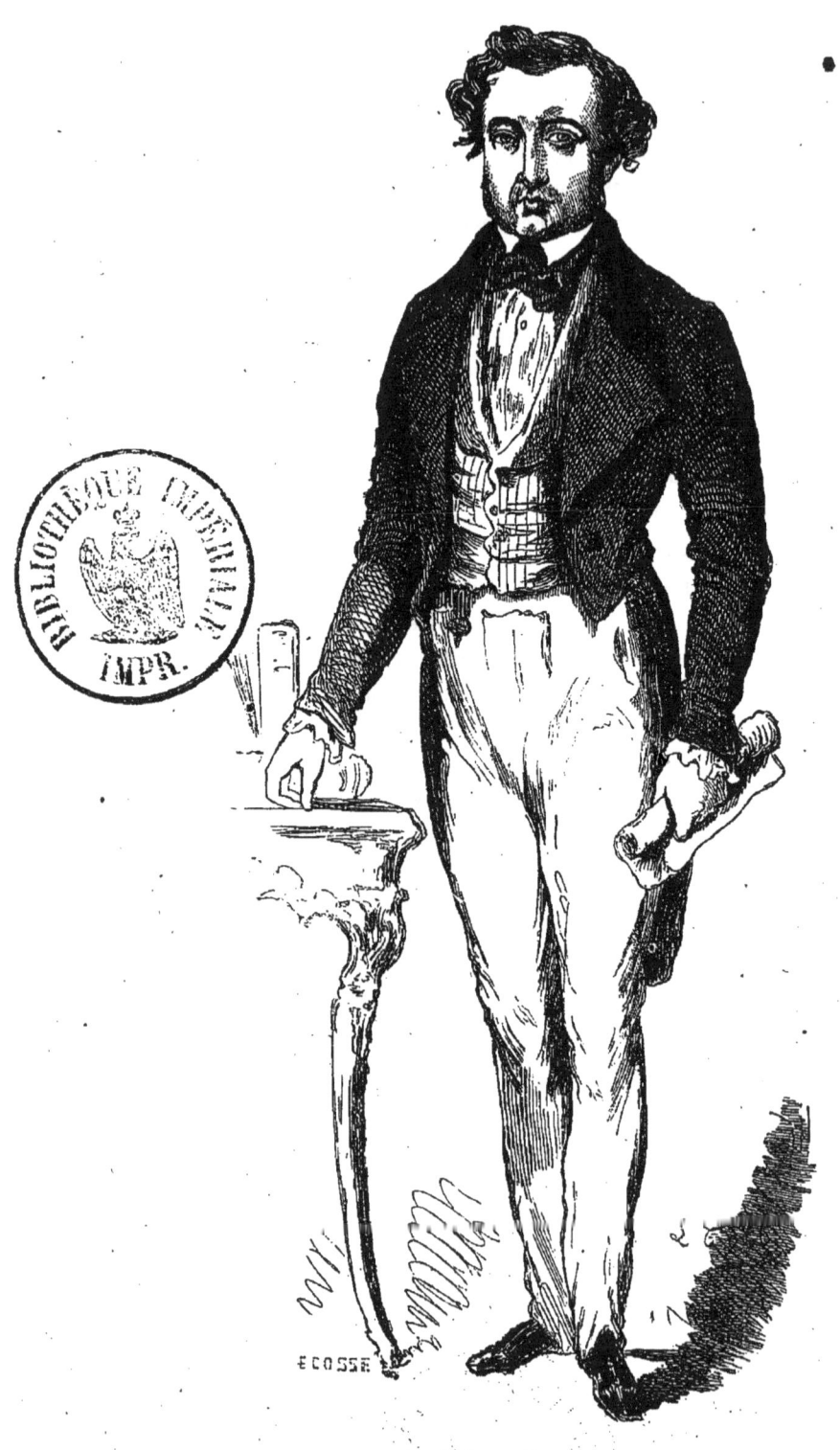

M. ANCELOT.

Il n'est cependant pas inutile de lire ici ce que Marmontel pensait des achèvements à l'époque où les auteurs ses contemporains cherchaient à contenter les critiques :

« L'art du poëte consiste à disposer sa fable de façon qu'après le dénoûment il n'y ait plus aucun doute ni sur les suites de l'action, ni sur le sort des personnages. Dans *Rodogune*, par exemple, dès que le poison agit sur Cléopâtre, tout est connu ; ce vers :

Sauve-moi de l'horreur de mourir à leurs pieds,

finit tragiquement la pièce.

« Mais souvent il n'en est pas ainsi, et la catastrophe peut n'être pas assez tranchante pour ne laisser plus rien attendre.

« Britannicus est empoisonné ; mais que devient Junie ? C'est cet éclaircissement qui allonge et refroidit le cinquième acte de *Britannicus*.

« L'action des *Horaces* est finie au retour d'Horace le jeune, et même avant sa scène avec Camille ; cette scène et tout ce qui suit font une seconde action dépendante de la première et qui en est l'*achèvement*.

« L'*achèvement* de *Phèdre* et celui de *Mérope* sont longs, mais ils sont passionnés, et ils ne font pas duplicité d'action comme celui des *Horaces*.

« Si l'achèvement a quelque étendue, il faut qu'il soit tragique et qu'il ajoute encore aux mouvements de terreur ou de pitié que la catastrophe a produits.

« Œdipe, dans la tragédie de Sophocle, après s'être reconnu pour le meurtrier de son père et pour le mari de sa mère, et s'être crevé les yeux de désespoir, est encore plus malheureux lorsqu'on lui amène ses enfants.

« Le poëte français n'a pas osé risquer sur notre théâtre ce dernier trait de pathétique, il a fini par des fureurs. Œdipe, les yeux crevés et encore tout sanglants, était souffert sur un théâtre immense ; sur nos petits théâtres il eût révolté. Le tragique, en s'affaiblissant, a observé les lois de la perspective, et pour savoir jusqu'à quel degré on peut pousser le pathétique du spectacle, il faut en mesurer le lieu.

« Comme l'*achèvement* doit être terrible ou touchant dans la tragédie, il doit être plaisant dans la comédie et d'une extrême vivacité. Pour peu qu'il soit lent, il est froid. C'est un défaut qu'on reproche à Molière. »

Nos écrivains d'aujourd'hui, j'entends ceux qui font encore de l'art, se préoccupent assez des achèvements; mais ils finissent leurs pièces plutôt sur un mot que sur un effet... Dans les productions commerciales, chaque genre est condamné d'avance par l'habitude à son achèvement; ainsi, dans le drame, c'est la punition du traître; — dans la féerie, c'est une apothéose où l'on couronne la vertu, avec des exhibitions de *Vérités* dans leur vrai costume;—dans le vaudeville, c'est un couplet qui sollicite l'indulgence du public; mais ceci n'est que de tradition, car aujourd'hui qu'il n'y a plus de public, il n'y a plus d'indulgence à demander; — la claque est payée pour applaudir. — Du reste, pour peu qu'on soit un peu en lumière, on peut faire avec les directeurs des traités qui assurent un nombre déterminé de représentations.

Si l'on est riche, il y a un autre moyen pour assurer le succès de ses pièces : c'est de prendre tous les soirs, au bureau, tous les billets disponibles et de les faire distribuer à des gens de bonne volonté ou de loisir, qui consentiront à venir sans rétribution voir vos chefs-d'œuvre.

Il n'y a pas besoin d'avoir *une idée par jour* pour inventer ce moyen-là; mais on peut s'en servir, et l'on n'est jamais obligé de prendre de brevet s. g. d. g.

ACHILLE, *tragédie en cinq actes, en vers, de Nicolas Lefebvre, représentée sur le théâtre du collége d'Harcourt.*

On ne connaît pas la date de cette représentation, que la plupart des auteurs affirment; d'autres, et je pencherais un peu pour cet avis, pensent qu'il y a confusion de noms, et que cette tragédie est la même que celle de Nicolas Filleul.

ACHILLE, *tragédie en cinq actes, en vers, avec chœurs, de Nicolas Filleul, Normand, représentée au collége d'Harcourt le 21 décembre 1563.*

La date de cette représentation, toute certaine qu'elle puisse être, n'est pas celle de la première représentation, car le manuscrit qui est à la Bibliothèque impériale dit que la tragédie a été faite antérieurement pour les confrères de la Passion.

Il est vrai que cela ne prouve pas qu'elle ait jamais été jouée par eux; ce qui l'affirmerait davantage, c'est la seule édition qu'on connaisse de la pièce (*Paris, Richard*), et qui est datée de 1563.

Quoi qu'il en soit, l'œuvre se ressent de l'époque où elle fut composée; elle est encore moins digne d'attention que beaucoup d'autres; car son auteur, qui croyait sans doute se donner du talent en latinisant son nom et se faisant appeler *Nicolaüs Fillelius Quercetanus*, n'a jamais réussi au théâtre, et, bien qu'il ait eu occasion de faire représenter ses ouvrages devant le roi Charles IX, il n'a jamais eu le privilége d'amuser ou d'intéresser ses contemporains.

ACHILLE, *tragédie en cinq actes, en vers, par Alexandre Hardy, représentée sur le théâtre de l'hôtel de Bourgogne en 1607.*

Cette pièce traite de la mort d'Achille, dont elle porte le titre, du reste...

Il était d'usage à cette époque que les auteurs dramatiques commençassent leurs tragédies par l'apparition d'une ombre qui venait en faire le sommaire.

Dans *la Mort d'Achille*, c'est l'ombre de Patrocle qui est chargée de cet emploi. — Elle conseille à Achille, et Nestor à son imitation, de ne pas accepter d'alliance avec les Troyens; mais le bouillant roi des Myrmidons aime Polyxène, fille du roi Priam, et la fait demander à son père.

Au deuxième acte, on assiste au conseil de Priam, qui est réuni pour décider la question. — La séance est très-agitée, et Priam la lève en disant (parlant d'Achille):

> Conclusion, qu'il faut l'appaster, l'allécher,
> Et puis d'un saut mortel le faire trébucher.

Le troisième acte renferme une entrevue d'Achille et de Polyxène, qui l'a en horreur et qu'on a eu bien du mal à décider à lui accorder un tête-à-tête..... sous la surveillance de Pâris.

Achille fait des discours amoureux à perte d'haleine, et finit par prendre congé de Polyxène, qui est assez bien élevée pour ne pas bâiller, en lui roucoulant :

> Adieu, geolière, à qui j'ay mon âme soumis,
> Traite-la doucement.

Pâris croit devoir placer un mot et dit, en manière de salut :

> Apollon te regarde
> D'un œil bénin toujours et te tienne en sa garde.

Cela sent son roi. — Polyxène se venge de l'ennui qu'elle a éprouvé par des imprécations, — à part, — bien entendu :

> Ha! monstre, que ta vue exécrable me nuit!
> Que n'erres-tu deja dans l'eternelle nuit!

Au quatrième acte, Priam et ses fils sont rassemblés et attendent Achille pour l'assassiner. — A peine est-il entré, qu'ils lui font son affaire et s'enfuient.—Achille crie assez fort pour être entendu d'Ajax, qui accourt, et il lui raconte la trahison des Troyens :

> Pâris, le déloyal, le faussaire, l'infâme,
> Qui, masle par le front, a le reste de femme ;
> Dépourvu, désarmé, me surprend, me saisit,
> Aidé de son germain, les coups mortels choisit.

Au cinquième acte, Achille est mort et les Troyens veulent enlever son corps ; mais ils sont repoussés par Ajax. — La tragédie finit par l'oraison funèbre du défunt, prononcée en assemblée générale des Grecs, qui jurent de venger sa mort.

Cette tragédie n'excita jamais des transports d'enthousiasme; elle eut cependant un grand succès. Du reste, ce n'est pas la plus mauvaise de Hardy, qui en fit cinq ou six cents. — Il est vrai qu'il se contentait probablement souvent de changer les titres et les noms des personnages, pour faire servir comme nouvelle une tragédie d'occasion, car il n'en a fait imprimer que quarante et une... dans son *Théâtre*, en six volumes in-8°, — revu et corrigé; trop revu, mais pas assez corrigé.

ACHILLE, *tragédie en cinq actes et en vers, par Éd. Thomas Simon, représentée à Troyes en* 1778.

C'est encore le même sujet, traité nécessairement un peu plus à la moderne.

On sait peu de choses de cette pièce, qui ne sortit point du pays qui l'avait vue naître.

Ce fut un petit succès de province.

ACHILLE, *tragédie en cinq actes et en vers, de M. de Benserade, représentée au Théâtre-Français,* — 1636,

Et imprimée sous le titre :

La Mort d'Achille et la dispute de ses armes, qui, contrairement aux fameuses lois des trois unités, indique déjà deux actions; mais c'est là le moindre défaut de la tragédie du grand fabricant de rondeaux, qui est mal conduite et dont on devine la versification.

Malgré le mauvais goût de l'époque et la passion dominante pour les pointes et les vers galants, cette pièce eut peu ou point de succès.

Voici ce que dit Corneille de la deuxième partie, sur laquelle l'auteur comptait le plus :

« Je ne sçais pas quelle grâce a eue chez les Athéniens la contestation
« de Ménélas et de Teucèr pour la sépulture d'Ajax, que Sophocle fait
« mourir au quatrième acte; mais je sais bien que, de notre temps, la
« dispute du même Ajax et d'Ulysse, pour les armes d'Achille après sa
« mort, lassa fort mes oreilles, bien qu'elle partît d'une *bonne main.* »

Corneille était bien bon pour Benserade; mais il était de son temps et sacrifiait lui-même au faux goût que son génie finit par corriger.

ACHILLE, *tragédie en cinq actes et en vers, par Thomas Corneille, représentée, pour la première fois, sur le Théâtre-Français de la rue Guénégaud, le* 29 *décembre* 1673,

C'est le même sujet que la tragédie de Hardy, traité incomparablement mieux, quoique faiblement ; mais, comme le goût était devenu meilleur, cette pièce eut assez peu de succès.

Il était difficile d'attirer l'attention avec une œuvre très-médiocre, dans le temps que Racine et Corneille l'aîné faisaient des chefs-d'œuvre; pourtant Thomas Corneille eut des succès avec des pièces qui ne valent guère mieux que son *Achille*.

Une anecdote se rattache à cette représentation :

L'acteur qui faisait Achille avait été garçon menuisier. Voulant avoir son portrait, il fit marché avec un peintre pour 40 écus, à condition qu'il serait représenté en Achille.—On avait prévenu le peintre que le comédien était mauvais payeur, et, pour avoir une vengeance toute prête en cas de difficulté, il fit à l'huile son personnage, mais peignit seulement à la détrempe le bouclier qu'il tenait à la main.

Le portrait fut trouvé ressemblant; mais l'acteur, qui voulait en diminuer le prix, prétexta des défauts dans la peinture et n'offrit que 20 écus que le peintre accepta, en recommandant à son client de passer plusieurs fois sur son portrait une éponge imbibée de vinaigre, afin d'avoir un tableau plus brillant.

L'acteur usa de la recette; mais l'acide enleva toute la détrempe et il ne lui resta plus, au lieu d'Achille, qu'un garçon menuisier qui tenait en main un rabot.

Je ne garantis pas cette anecdote, qui est citée dans les *Annales dramatiques*; mais

Si non è vero è ben trovato.

ACHILLE, *tragédie en cinq actes, en vers, de Jean La Fontaine.*

Voyez-vous d'ici notre immortel fabuliste aux prises avec une tragédie, et traitant d'Achille encore.

Aussi ne la termina-t-il point, et si les deux premiers actes ont été imprimés dans ses œuvres complètes, c'est par un culte mal entendu pour la mémoire du plus vrai poëte du siècle de Louis XIV.

La Fontaine ne doit être connu que par ses fables et quelques-uns de ses contes.

ACHILLE, *opéra en cinq actes et en vers, par M. Auguste-Félix Desaugiers.*

Ce livret ne fut jamais mis en musique; présenté une première fois

ENCYCLOPÉDIE THÉATRALE

M. ARNAULT, dans *les Cosaques*.

à l'Opéra, il fut refusé en 1787; mais l'auteur ne se découragea pas, et en 1801 il le représenta de nouveau, après avoir changé l'étiquette. — On refusa la Mort de Patrocle comme on avait refusé Achille et comme on devait refuser, en 1816, la Colère d'Achille, troisième transformation de ce pauvre ours, aujourd'hui hors d'âge, relégué dans les manuscrits de la Bibliothèque impériale.

Eh bien, franchement, il n'en est pas meilleur pour cela. Ses trois chevrons en ont fait un vieux grognard, voilà tout, et ce n'est pas une qualité pour un Achille.

ACHILLE, *opéra en deux actes, en vers libres, de Gamerra, musique de Paër, représenté sur le théâtre des Tuileries en 1808.*

Cet ouvrage n'a jamais été représenté publiquement en France. — Il fut imprimé avec une traduction en prose française dont l'auteur a gardé l'anonyme. — Paris, Delamarre, 1808.

ACHILLE, *opéra en trois actes, en vers libres, paroles de M. Baricou, musique de M. Blasis, représenté sur le grand théâtre de Bordeaux le 24 février 1817.*

Cette pièce eut probablement peu de succès, car elle n'a pas été imprimée.

ACHILLE, *ballet-pantomime en trois actes, de Aumer, musique de Ch. Blum, représenté pour la première fois, sur le théâtre de Vienne (Autriche), le 7 novembre 1818.*

Ce ballet a été refait plusieurs fois par le chorégraphe. D'abord en deux actes, sous le titre: *Achille à Scyros*; puis en un acte, sous le titre de *la Jeunesse d'Achille*; mais ni l'une ni l'autre de ces pièces ne fut représentée à Paris.

ACHILLE, *comédie en deux actes, prose.*

Ni représentée ni imprimée. Le manuscrit, qui est à la Bibliothèque impériale, ne porte ni date ni nom d'auteur.

ACHILLE, ou LES RÉPUBLICAINS DE 1832, *drame en cinq actes et en vers, par J. Domingie.*

Non représenté. — C'est une satire contre les partisans du juste milieu. — Imprimé, Paris, 1832.

Cette pièce est aujourd'hui très-rare. — C'est à peu près son seul mérite.

ACHILLE, *drame en un acte, en prose, par Adrien Hoppe.*
Non représenté, imprimé à Paris, 1837.
M. Goizet croit qu'il ne reste plus que l'exemplaire du dépôt; il ajoute que c'est l'ouvrage d'un fou, et que la famille de l'auteur fit détruire toute l'édition sitôt son apparition.

ACHILLE, artiste dramatique, une des célébrités du boulevard, était, vers 1840, le *Frédérick Lemaître* du petit Lazari.
Son talent était très-apprécié par le public des petits théâtres d'alors. On le rappelait tous les soirs, et quand il était en scène, les masses lui criaient, en guise de témoignage de satisfaction : *Trop bien pour ici, à la Gaîté, à la Gaîté !*
Cette réclame permanente ne lui ouvrit jamais les grands théâtres. Il faut avouer qu'il était d'une indépendance un peu trop remarquable; au point que si un spectateur s'avisait de troubler une scène pathétique par un lazzi inopportun, Achille ne se gênait pas pour interrompre une tirade à effet, et crier à l'imprudent quelque chose comme: *A la sortie je te moucherai, toi;* — ou: *Je te collerai un coup de pinceau dans la giberne.*
Toutes phrases bien senties au petit Laz., et qui feraient un assez mauvais effet au Théâtre-Français.
Achille débuta au théâtre du Luxembourg en 1845, après avoir passé deux ans aux Funambules.
Il y recueillit quelques succès; puis, s'étant brouillé avec Tournemine, alors directeur, il s'éclipsa et partit pour charmer la province.
Il est mort à Marseille il y a une douzaine d'années.

ACHILLE, artiste dramatique, qui fit d'assez beaux débuts à l'Odéon, en 1842..,, et notamment une création remarquable, le rôle de Caius, dans l'*Agrippine* de M. de La Rochefoucauld-Liancourt.

Il avait de la chaleur, du débit et beaucoup des qualités physiques de son emploi. Il ne lui a peut-être manqué que des occasions.

Depuis longtemps on n'en entend plus parler à Paris. Je crois qu'il est aujourd'hui régisseur du théâtre de Lille.

ACHILLE A SCYROS, *tragédie-opéra en trois actes, en vers libres, de Métastase.*

Cette pièce, si souvent mise en musique en Italie qu'il n'est presque pas un compositeur de l'époque qui ne s'y soit essayé, et si fréquemment imitée en France, n'a été traduite littéralement que deux fois.

En 1737, par M. l'abbé Bonnet de Chemillin, trois actes, prose, imprimée avec le texte italien en regard.

Et en 1757, par M. Richelet, qui a, du reste, mis en prose française toute la collection des œuvres lyriques de l'abbé Metastasio.

ACHILLE A SCYROS, *tragi-comédie en trois actes, en vers, de M. Guyot de Merville, représentée pour la première fois, au Théâtre-Français, le 10 octobre 1737.*

Cette pièce eut assez de succès. — L'auteur se fit très-modeste et sollicita l'indulgence du public avant la représentation.

Montmeny, un des acteurs les plus estimés de la troupe, vint débiter, avant la première scène, un petit discours dans lequel il annonçait que la pièce que l'on allait voir n'était que la traduction d'une pièce jouée à la cour d'Autriche, à l'occasion du mariage de la reine de Hongrie avec le prince de Lorraine.

Effectivement, Guyot de Merville a imité l'opéra italien de Métastase, en ayant le bon esprit de laisser de côté les situations froides et les longueurs.

C'est un heureux mélange de tragédie et de comédie, versifié très-agréablement.

Les amours d'Achille et de Déidamie sont trop connues pour que je donne l'analyse de cette pièce, qui suit assez fidèlement la version mythologique.

ACHILLE A SCYROS, *vaudeville en un acte, de M. Desfontaines, représenté pour la première fois, sur le théâtre du Vaudeville, le 17 octobre 1801.*

Probablement sans succès ; car il ne fut pas imprimé.

ACHILLE A SCYROS, *ballet-pantomime en trois actes, de M. Gardel, musique de Cherubini, représenté pour la première fois, à l'Opéra, le 18 décembre 1804.*

C'est le poëme de Luce de Lancival découpé en scènes, ronds de jambe et jetés-battus.

Achille, déguisé en fille, vivait à Scyros, au milieu des nymphes, quand Ulysse, déguisé en marchand, lui présente des armes.

A la vue du casque et de l'armure, son grand cœur tressaille, il saisit un sabre, se couvre du casque, suit les pas d'Ulysse, et quitte les amours pour voler à la gloire.

Ce ballet, parfaitement dessiné et mimé d'une façon supérieure par Duport, a obtenu le grand succès que la musique de Cherubini méritait.

La scène de la bacchanale a toujours été considérée comme admirable.

ACHILLE A SCYROS, *opéra en trois actes, en vers libres, présenté à l'Académie impériale de musique, et refusé le 22 juillet 1811.*

Beffara, qui cite cette pièce, n'en nomme pas l'auteur.

ACHILLE A SCYROS, *opérette en un acte, de MM. Alby et Delmare, musique de M. Laurent de Rillé, représentée pour la première fois, sur le théâtre des Folies-Nouvelles, le 1er septembre 1857.*

C'est de la mythologie arrangée d'une façon grotesque, pour les besoins d'un théâtre qui voulait amuser quand même.

Malheureusement les qualités par lesquelles M. Laurent de Rillé brille comme compositeur n'ont jamais porté ombrage au *maestrino* Offenbach, ce qui fait que la pièce n'alla pas aux nues.

Il faut cependant reconnaître qu'elle était très-gaiement écrite et très-drôlement jouée, surtout par Dupuis, un Achille d'un cocasse achevé sous les accoutrements féminins.

ACHILLE A TROIE, *tragédie en cinq actes, en vers, par M. Guyot de Merville.*

Refusée au Théâtre-Français en 1722, mais imprimée dans les œuvres de l'auteur; édition antérieure à 1763, puisque de Leris la cite comme appartenant au tome III d'une édition introuvable dont il ne donne pas la date.

ACHILLE A TROIE, *tragédie en cinq actes, en vers, de M. de La Rochefoucauld-Liancourt.*

N'eut jamais les honneurs de la représentation, mais ne manqua pas d'être imprimée. On en connaît deux éditions: Paris, 1849 et Paris, 1859.

ACHILLE AUX RIVES DU SCAMANDRE, *tragédie en cinq actes, en vers, de M. Delaunay.*

Je ne m'explique pas trop comment cette pièce ne fut pas représentée; car l'auteur, qui était censeur royal, ne devait pas manquer d'une certaine influence sur les comédiens.

Peut-être le fut-elle... très-peu. Ce qu'il y a de certain, c'est qu'il n'en est fait aucune mention sur l'œuvre imprimée; Paris, 1775.

ACHILLE CHEZ CHIRON, *opérette en un acte, en prose, par MM. Amédée de Jallais et Vulpian, musique de M. Frédéric Barbier, représentée sur le théâtre des Champs-Élysées le 1er octobre 1864.*

Drôlerie musicale assez réussie, mais qui n'eut probablement pas assez de succès au gré des auteurs, car ils ne l'ont pas fait imprimer.

Cette pièce est plus connue sous le titre : *l'Éducation d'Achille*, dont la prononciation, il faut l'avouer, est un peu moins tudesque.

ACHILLE DANS SA TENTE, *opéra en un acte, en vers libres, par Marsollier des Vivetières.*

Cette pièce *inédite* est citée par M. Goizet dans son Dictionnaire des théâtres.

ACHILLE DE NORMANDIE (L'), *vaudeville en un acte, de MM. Ader et Delaunay, représenté pour la première fois, sur le théâtre de la Porte-Saint-Antoine, aujourd'hui Beaumarchais, le 11 août 1838.*

Encore une parodie de l'aventure d'Achille à la cour de Lycomède.

Un jeune conscrit de Normandie, naturellement peu désireux de partir pour l'armée de la guerre, se déguise en femme et se réfugie dans un atelier de modistes.

Un bon gendarme, imitant ou à peu près les ruses du *prudent* Ulysse, le repince, et va le réintégrer sous les drapeaux.

Comme il y a des femmes là dedans, il y a nécessairement de l'amour, et en sa faveur il n'arrivera rien de fâcheux au jeune réfractaire.

Les auteurs ont semé beaucoup de gaieté dans cette petite pièce, qui ne brille pas précisément par l'invention, mais qui, lestement jouée, fit plaisir par ses situations aussi piquantes que comiques.

ACHILLE ET BRISEIS, *opéra en trois actes, et en vers libres, de M. Duplessis.*

Fut présenté à l'Opéra le 19 novembre 1784, mais n'a jamais été confié à aucun compositeur.

ACHILLE ET DÉIDAMIE, *tragédie lyrique en cinq actes, avec un prologue, poëme de M. Danchet, musique de M. Campra, représenté pour la première fois, à l'Opéra, le 24 février 1735.*

Cet opéra n'obtint qu'un tout petit succès; il n'eut que huit représentations et ne fut jamais repris. Pourtant Jelyotte y chantait, en compagnie de tous les chefs d'emploi, Chassé, Dun, Tribou, Mlles Lemaure, Antier, Defel et autres.

Sans compter que la Camargo dansait au quatrième acte, et représentait au prologue la muse Terpsichore donnant une fête à Quinault et Lully.

A la vérité, c'était une malheureuse idée de délayer en cinq mortels actes les amours d'Achille, déguisé en fille, à la cour de Lycomède, et il aurait fallu de la musique hors ligne pour soutenir le vacillant

Miss Adah Isaacs Menken, rôle de Léo, dans *les Pirates de la Savane*.

échafaudage qu'avait laborieusement construit Danchet ; mais Campra n'était pas compositeur à faire des chefs-d'œuvre à propos de rien.

Ce fut le dernier ouvrage des deux auteurs, qui étaient d'un âge très-avancé. Ce qui fit dire plaisamment au poëte Roy :

« Achille et Déidamie ! peste ! ce ne sont pas des jeux d'enfants ! »

La chute de cet opéra inspira à l'abbé Desfontaines quelques lignes qu'on ne sera pas fâché de lire ici.

« Tous les Achille chantants ont eu un destin aussi malheureux
« qu'a été brillant le sort de ce même Achille quand il s'en est tenu à
« déclamer. Le premier sortit en partie des cendres de Lully, recueil-
« lies par Colasse ; mais on les trouva bien refroidies entre les mains
« de ce dernier musicien, qui avait ajouté trois actes de sa façon.
« Colasse ne se découragea pas, et, croyant réussir mieux que son chef,
« environ trente-cinq ans après, sa Muse plus mûrie, soutenue d'un
« poëte sage et grave, fit paraître Achille dans la compagnie de
« *Polyxène* et de *Pyrrhus*. Cet opéra n'eut que trois ou quatre représen-
« tations, et le malheureux Achille se replongea dans son tombeau.
« On l'en a vu ressortir cette année sous de meilleurs auspices ; mais
« comme s'il y avait une fatalité attachée à ce sujet, Achille amant
« de Déidamie n'a pas été plus heureux qu'Achille amant de
« Polyxène.

« J'en conclus qu'Achille enfant et Achille père et vieux ne sont
« pas dans leur point de vue, et qu'il n'y en a qu'un seul à peindre,
« qui est celui que Racine a mis sur la scène. »

ACHILLE et DÉIDAMIE, *parodie en un acte, en prose et en vaude-villes, par MM. Riccoboni fils et Romagnesi, représentée pour la première fois, à Paris, sur le Théâtre-Italien, le 14 mars 1735.*

Les auteurs ont suivi pas à pas, en la resserrant et l'égayant par des lazzi et des critiques très-fines, toute l'intrigue de l'opéra de Danchet.

Les personnages y sont les mêmes, sauf les travestissements nécessaires. Ainsi Pierrot faisait Lycomède ; Sylvia, Thétis ; la petite Thomassin, fille de Dominique, représentait Déidamie ; Achille était déguisé en berger; Ulysse était un major de dragons, Arcas son aide de camp, etc., etc.

On voit d'ici toute la pièce, qui finit, plus gaiement que l'opéra, par le mariage d'Achille avec Déidamie, qui le suivra au régiment en qualité de vivandière.

Cette parodie, très-lestement conduite, eut bien plus de succès que l'opéra, et elle se jouait encore longtemps après qu'il ne fut plus question de la pièce de Campra. Ce qui fit dire à un plaisant que les Italiens violaient le droit des morts.

ACHILLE ET DÉIDAMIE, *parodie en un acte, en vaudevilles, de M. de Boissy, représentée sur le théâtre de la foire Saint-Germain en* 1735.

Achille y était travesti en gardeur de pourceaux, Thétis en poissarde de la Halle, et Ulysse en sergent raccoleur, qui engageait le bouillant Achille.

ACHILLE ET DÉIDAMIE, *comédie en un acte, représentée sur le théâtre du Vaudeville, le 26 janvier* 1802.

C'est encore une espèce de parodie de l'aventure du héros thessalien.

On y remarqua d'abord de jolis couplets; mais des plaisanteries d'un goût douteux firent tomber le rideau sur des bordées de sifflets, et l'auteur ne fut pas nommé.

Je ne sais sur quel fondement M. Goizet attribue cette pièce à Desfontaines; mais je suis tout porté à croire que c'est la même que l'*Achille à Scyros*, représenté l'année d'avant au même théâtre.

Comme ces deux pièces ne sont imprimées ni l'une ni l'autre, on ne peut faire que des conjectures.

ACHILLE ET PATROCLE, *tragédie en cinq actes et en vers, de Ad. Leprevost.*

Cette pièce, imprimée à Paris en 1830, ne fut pas représentée; ce qui n'est pas précisément à regretter, car il y eut assez d'Achille ridiculisés devant la rampe. Je sais bien qu'ils ne sont pas tous accompagnés de l'excellent Patrocle, mais ce n'est qu'une circonstance aggravante.

ACHILLE et POLYXÈNE, *tragédie lyrique en cinq actes, avec un prologue, poëme de M. Campistron, musique de Lully et Colasse, représentée pour la première fois, à l'Opéra, le 7 novembre* 1687.

Cet opéra, qui commence à la colère d'Achille, relate ses exploits guerriers, ses amours pour Polyxène, et finalement sa mort.

Le sujet est traité assez exactement, mais c'est froid et monotone comme tout ce qui sortait de la plume de Campistron (à l'exception peut-être de l'*Andronic*).

A l'égard de la musique, elle avait été commencée par Lully, qui acheva l'ouverture et le premier acte; mais sa mort, arrivée au mois de mars 1687, laissait cet ouvrage inachevé.

Colasse, son meilleur élève, mais qui n'avait que modérément de science musicale et point du tout de génie, crut pouvoir mettre la dernière main à cet opéra.

Il n'eut aucun succès; chanté par Dumesny, Dun, Beaumavielle, et Mlles Moreau, Le Rochois et Desmatins, on crut que l'interprétation pouvait sauver l'œuvre, et l'on essaya de la reprendre le 11 octobre 1712; mais Cochereau, Le Myre, La Rozière, Hardouin, Thévenard, et Mlles Poussin, Antier, Heusé, Journet et Pestel, ne furent pas plus heureux que leurs prédécesseurs.

Comme on le pense, les épigrammes ne manquèrent pas. On a conservé les suivantes :

> Lully près du trépas, Quinault sur le retour,
> Abjurent l'opéra, renoncent à l'amour,
> Pressés de la frayeur que le remords leur donne
>   D'avoir gâté de jeunes cœurs
> Avec des vers touchants et des sons enchanteurs :
> Colasse et Campistron ne gâteront personne.

> Entre Campistron et Colasse,
> Grand débat s'émut au Parnasse,

Sur ce que l'Opéra n'a pas un sort heureux.
De son mauvais succès nul ne se croit coupable :
L'un dit que la musique est plate et misérable,
L'autre que la conduite et les vers sont affreux ;
Et le grand Apollon, toujours juge équitable,
    Trouve qu'ils ont raison tous deux.

Il courut aussi une chanson qui fit assez de bruit pour qu'on l'attribuât à Mme et Mlle Deshoulières. Comme celles-ci ne s'en défendirent point, le véritable auteur réclama par une autre chanson qu'il leur adressa :

Moi qui viens de chanter Achille
D'un style agréable et bouffon,
Souffrirai-je qu'on dise en ville
Que je n'ai pas fait ma chanson.
Réveillez-vous, belle endormie,
Ma gloire, allons, réveillez-vous,
Une redoutable ennemie
Ravit nos lauriers les plus doux.
On dit qu'une Muse savante
A fait, dans le sacré vallon,
Une chanson divertissante
Sur l'opéra de Campistron.
Ce faux bruit m'assomme et me tue ;
Je le ferai cesser, ma foi ;
Achille, en son humeur bourrue,
N'était pas si fâché que moi.
J'éprouve le sort de Virgile ;
Certains vers, quelqu'un lui vola :
Il sentit émouvoir sa bile
Il s'en plaignit ; ainsi parla :
Ceux qui prennent le moins de peine
Sont, disait-il, les mieux payés ;
Si les moutons portent la laine
C'est pour faire nos draps rayés.
Le bœuf qui tire la charrue
N'a pas le fruit de son tourment ;

Tandis qu'il travaille et qu'il sue,
Son maître mange le froment.
L'abeille, à son travail fidèle,
Forme son miel du suc des fleurs.
Tout le travail en est pour elle,
Un autre en goûte les douceurs.
Pourquoi, mesdames Deshoulières,
M'enlevez-vous tous mes couplets ?
Quoi ! n'êtes-vous pas assez fières
Des beaux vers que vous avez faits ?
Restituez donc à Saint-Gilles
Le faible honneur de ses chansons.
Contentez-vous de vos idylles
Et retournez à vos moutons.

Ce à quoi les dames Deshoulières répondirent, modestie à part :

Si le public à l'aventure
A répandu sous notre nom
L'agréable et vive peinture
De l'opéra de Campistron,
Il ne vous a point fait d'outrage,
N'en soyez pas mal satisfait ;
Ce n'est pas tant pis pour l'ouvrage
Quand on dit que nous l'avons fait.

ACHILLE ET POLYXÈNE, *opéra en trois actes, en vers libres, de M. Milcent.*

Présenté à l'Opéra le 11 mai 1782, mais *non accepté*. C'est la formule d'usage ; il est vrai que c'est moins bref que *refusé*.

ACHILLE PLONGÉ DANS LE STYX, ou L'ORACLE DE CALCHAS, *ballet-pantomime en un acte de M. Augustin Hapdé, musique de M. Foignet fils, divertissement de M. Jacquinet, représenté pour la première fois, sur le théâtre du Cirque-Olympique, le 8 juin 1811.*

Ce sont des scènes allégoriques composées à l'occasion du baptême du roi de Rome.

ACHILLE RECONNU PAR ULYSSE, *comédie en un acte, en prose, par M. Vattemare.*

Ni représentée, ni imprimée; le manuscrit est à la Bibliothèque impériale (collection Soleinne).

ACHILLE RECONNU PAR ULYSSE, *comédie en deux actes, en prose.*

Autre manuscrit de la collection Soleinne.

ACHILLE VICTORIEUX SUR LES TROYENS PENDANT LE SIÉGE DE LEUR VILLE, *tragédie de M. Borée, représentée en* 1626.

Cette pièce, fort peu régulière, traite de divers épisodes de la guerre de Troie, et l'on y compte un fort grand nombre de morts. Elle commence au combat d'Hector et de Patrocle, dans lequel, comme chacun sait, ce dernier fut tué couvert des armes de son ami.

Achille venge la mort de Patrocle et tue Hector.

Priam, désespéré de la perte du seul de ses fils qui eût une réputation de héros, implore le secours de Penthésilée, reine des Amazones, et de Memnon, roi d'Éthiopie, qui viennent sur la scène livrer combat à Achille et sont tués l'un après l'autre.

L'auteur a eu la générosité de borner là les victoires de son héros.

Il a suivi de point en point le canevas tracé dans l'*Iliade* par Homère, et, à l'exemple de l'immortel barde, ses personnages ne se gênent pas pour vomir l'injure.

Cette pièce est imprimée dans un volume intitulé : *Les Princes victorieux*. Lyon 1627.

ACHMET, *opéra héroï-comique en trois actes, en vers libres, paroles de Delrieu, musique de Lebrun.*

Présenté à l'Académie royale de Musique le 19 mars 1821. Reçu le 15 mai de la même année, mais jamais représenté.

Cette pièce n'est pas imprimée.

ENCYCLOPÉDIE THÉATRALE

M. AMBROISE, du théâtre du Châtelet.

ACHMET, ou l'Ambition maternelle, *mélodrame en quatre actes, en prose, par MM. Hubert, Laroche et Louis de Bilderbeck, musique de Alex. Piccini, ballet de Hullin, représenté pour la première fois, au théâtre de la Gaîté, le 10 décembre 1811.*

Gros mélodrame très-ordinaire, si ordinaire, qu'aucun des journaux d'alors, qui pourtant ne négligeaient pas les comptes rendus de théâtre, n'en a parlé.

ACHMET et ALMANZINE, *opéra-comique en trois actes, de MM. Lesage et d'Orneval, avec trois divertissements dont les couplets sont de M. Fuzelier, représenté pour la première fois, à la foire Saint-Laurent, le 30 juin 1728.*

C'est, sans contredit, la pièce la mieux conduite et la meilleure de tout le théâtre de la foire; elle eut du reste un immense succès; elle tint le théâtre pendant toute la foire de 1728. On la reprit encore à l'ouverture de la suivante.

En voici le sujet :

Almanzine, achetée pour le sérail du sultan, est aimée du fils du grand vizir, Achmet, qui se déguise en fille, ainsi que son valet Pierrot, et entre dans le sérail du sultan.

L'excellent sultan donne justement Achmet à Almanzine pour la servir, et, comme de raison, les deux amants se livrent au plaisir de s'aimer et de se le dire, secondés par le fidèle Pierrot, qui veille à ce qu'on ne les dérange pas.

Achmet et Almanzine trouvent moyen de s'échapper. Le sultan entre en fureur quand il apprend la supercherie; mais il se calme et pardonne de bonne grâce.

Ce n'était ni bien fait ni bien nouveau, mais, relativement aux autres pièces, c'était un chef-d'œuvre.

Dans le royaume des aveugles, les borgnes sont rois.

Une reprise de cet opéra, en 1740, donna naissance à une tradition qu'on observa religieusement depuis à la foire.

On avait annoncé sur l'affiche de la foire Saint-Laurent la représentation d'Achmet et Almanzine pour le 8 septembre; mais, la veille, l'acteur chargé du compliment vint annoncer, de la part de M. de Vienne, le directeur d'alors, qu'en raison de la solennité de la Nativité de la Vierge, le théâtre ferait relâche le lendemain.

Depuis on ne joua jamais le 8 septembre; l'usage fit force de loi.

Ce qu'il y a de plus bizarre, c'est que ce de Vienne était juif; aussi n'était-ce point pour célébrer la Vierge qu'il s'était privé d'une soirée de recette.

Il avait arrangé, sans y réfléchir, une partie avec la plupart des demoiselles de l'Opéra-Comique, et il aima mieux faire relâche à son théâtre qu'à ses plaisirs.

Il était d'une famille riche de Metz, mais il trouva moyen de se ruiner avec un théâtre qui faisait d'excellentes recettes. Il ne paraissait jamais à son théâtre le samedi pour surveiller la recette, les habits des acteurs, les accessoires, et tant d'autres niaiseries qui amènent le coulage; aussi il était volé de toutes parts. Il s'en apercevait, mais il disait qu'il aimait mieux en souffrir un peu que de manquer aux devoirs de sa religion. Il mourut à la prison pour dettes.

L'opéra-comique de Lesage et d'Orneval fut rajeuni par Anseaume pour une représentation qui en eut lieu à la cour, le 25 octobre 1776.

ACHMET ET CÉPHISE, *comédie en un acte et en prose, représentée sur le théâtre des Grands-Danseurs du roi en* 1772:

C'est une espèce de pastorale vieillotte et sans portée littéraire, dont l'auteur a gardé l'anonyme; qui n'eut vraisemblablement que peu de succès, car les journaux du temps n'en parlent pas.

A CINQ CENTS PIEDS SOUS TERRE, *comédie en deux actes et en vers, mêlée de chants, par J. Ph. Berjeau.*

Elle ne fut jamais représentée, et fut imprimée avec d'autres sous le titre collectif de *Seguidillas*, répertoire de théâtre de société. — Paris, 1839.

ACIS ET GALATÉE, *pastorale-héroïque en trois actes, de Campistron, musique de Lully, représentée pour la première fois, le* 19 *août* 1686, *au château* d'Anet, dans une fête galante que donnait le duc de Vendôme à Mgr le Dauphin, puis sur le théâtre de l'Opéra, vers la fin de septembre de la même année.

C'est la dernière œuvre lyrique de Lully, qui ne l'avait faite qu'à la demande de M. le duc de Vendôme. Quinault ayant renoncé au théâtre, Lully accepta, contre son gré, la collaboration de Campistron, qui n'était pas le poëte qui lui convenait, et traça dans sa pastorale tous ses caractères sur le même modèle.

Malgré ses défauts, cet opéra eut un honorable succès, et Dumesny, Dun et Mlle Rochois emportèrent tous les suffrages des illustres spectateurs.

J'emprunte aux *Annales dramatiques* la citation d'un passage des mémoires du marquis de la Fare, relatif à la représentation de cet ouvrage.

« Il se fit à la cour une cabale pour le prince de Conti, qui, dans la suite, contre-balança la faveur de M. de Vendôme. J'étais depuis quelques années un des amis de ce dernier, bien que je fusse de dix ans plus vieux que lui. J'étais aussi parfaitement uni d'amitié avec l'abbé de Chaulieu, pour lors son favori et entièrement le maître de ses affaires. Les choses étant en cet état, le roi vint à être malade d'une fistule, et se résolut enfin à l'opération ordinaire pour ces maux-là, qui, pour lors, étaient moins communs qu'ils ne l'ont été depuis. Cela fit craindre pour sa vie et réveilla par conséquent les cabales auprès de Monseigneur, qui devinrent alors plus vives, quand, après cette opération, le roi retomba malade d'une maladie qui marquait la corruption du sang, et pour laquelle il lui fallut faire une opération plus rude et plus dangereuse que la première. Quoiqu'il fût effectivement en danger, il ne voulut pas qu'on le crût; aussi cette maladie n'empêcha pas que, pour divertir Monseigneur, à Anet, M. le duc de Vendôme, l'abbé de Chaulieu et moi, n'imaginassions de lui donner une fête avec un opéra.

« Cette fête coûta cent mille livres à M. de Vendôme, qui n'en avait pas plus qu'il ne lui en fallait; et comme M. le grand prieur, l'abbé de Chaulieu et moi avions chacun notre maîtresse à l'Opéra, le public malin dit que nous avions fait dépenser cent mille livres à

M. de Vendôme pour nous divertir nous et nos demoiselles. Mais certainement nous avions de plus grandes vues que cela ; elles se sont évanouies dans la suite, toutes choses ayant bien changé de face, et rien n'étant arrivé de ce que nous imaginions alors avec quelque apparence.

« M. de Vendôme fut si content des paroles de l'opéra *Acis et Galatée*, qu'il envoya cent louis à l'auteur. Une pareille somme était alors très-capable de remplir ses désirs, et il l'aurait acceptée avec bien de la reconnaissance si deux célèbres acteurs, Champmêlé et Raisin, ne l'en eussent empêché en lui disant que ce n'était pas assez pour M. de Vendôme, et qu'il pouvait en espérer une récompense beaucoup plus considérable.

« Campistron trouva ce sacrifice un peu douloureux et ne se rendit qu'avec bien de la peine à ce conseil ; mais, au bout de quelque temps, il se sut bon gré de l'avoir suivi. Le prince, encore plus touché du désintéressement qu'il croyait voir dans l'auteur que du mérite de l'ouvrage, le prit chez lui en qualité de secrétaire de ses commandements.

« Campistron avait tout ce qu'il fallait pour remplir cette place. On lui reprochait seulement un peu de négligence à répondre aux lettres qu'on lui écrivait. Sa réputation était là-dessus si bien établie, qu'un jour qu'il brûlait un tas immense de lettres, M. de Vendôme, qui lui voyait faire cette expédition, dit à ceux qui se trouvaient présents : « Le voilà occupé à faire ses réponses. »

Acis et Galatée fut repris assez fréquemment, notamment en 1734, avec Gelyotte et Mlle Le Maure ; en 1744, avec les mêmes, et en 1752, où il eut encore assez de succès pour que les Italiens en fissent représenter une parodie sous le titre de *Tircis et Doristée*.

ACIS ET GALATÉE, *ballet-pantomime en un acte, de M. Hesse, musique de différents auteurs, représenté pour la première fois, sur le théâtre des Italiens, le 22 décembre 1753.*

Ce ballet, qui est une réduction de la pastorale de Lully, qu'on venait de reprendre avec succès, était ajouté comme divertissement à la *Revue des Théâtres* de M. Chevrier.

Mais l'auteur ayant retiré sa pièce, on donna le ballet séparément. Il n'en eut que plus de succès, qu'il faut cependant plus attribuer à la nouveauté de ce genre de spectacle qu'à toute autre cause.

ACIS ET GALATÉE, *ballet-pantomime en un acte, de M. Audinot, musique de Rigalde, représenté pour la première fois, sur le théâtre de l'Ambigu, en* 1769.

Audinot venait de fonder l'Ambigu; il cherchait à attirer la foule par toutes sortes de moyens, mais ce n'était pas le ballet qui devait réussir à son nouveau théâtre.

ACIS ET GALATÉE, *ballet-pantomime en trois actes, de Noverre, représenté sur le théâtre de Vienne (Autriche) en* 1773.

ACIS ET GALATÉE, *opéra en un acte, poëme de M. Moline, musique de Lépine, représenté pour la première fois, sur le théâtre de Beaujolais, le* 4 *décembre* 1786.

C'est toujours la même pastorale; mais qui, resserrée en un acte, ne se prêtait plus aussi bien à la pompe de la mise en scène, et c'est en partie ce qui l'empêcha de réussir.

ACIS ET GALATÉE, *ballet en un acte, de M. Duport, musique de Darondeau et Gianella, représenté pour la première fois, sur le théâtre de l'Opéra, le* 10 *mai* 1805.

L'auteur était lui-même danseur à l'Opéra. Il jouissait alors d'une grande réputation, très-méritée. L'élève de Noverre et de Gardel était à la hauteur de ses maîtres.

Son ballet était bien tracé, et l'apparition de la petite Hullin, âgée de cinq ans, qui représentait l'Amour, contribua pour beaucoup au succès de curiosité qu'il obtint.

ACIS ET GALATÉE, *ballet anacréontique en un acte, de M. Didelot, musique de M. Cavos, décorations de M. Canobio, machines de M. Thibaut,* costumes de M. Babini, représenté pour la première fois, sur le théâtre de Saint-Pétersbourg, le 30 août 1816.

ACIS ET GALATÉE, *ballet-pantomime en trois actes, de Séb. Gallet, représenté sur le théâtre de Bordeaux le 5 nivôse an VIII (26 décembre 1799).*

Toujours la même pastorale, et nécessairement toujours la même chose, puisque, même en ne traitant pas le même sujet, tous les ballets se ressemblent.

ACIS ET GALATÉE, *ballet en un acte, de Blache père, représenté pour la première fois, sur le théâtre de Lyon, le 4 novembre 1819.*

Encore un; il était écrit que ces aimables bergers inspireraient tous les chorégraphes. Toutes les grandes villes de province ont eu la primeur de quelques *échos* en leur honneur; car nous trouvons encore:

ACIS ET GALATÉE, *ballet-pantomime en deux actes, de M. Castillon, musique de Lynck, représenté pour la première fois, sur le grand théâtre de Marseille, le 29 octobre 1829.*

Et tout cela a réussi plus ou moins, comme réussissent les ballets; car, franchement parlant, ce ne sont pas des pièces, ce sont des prétextes pour l'exhibition de tel danseur, et surtout de telles danseuses.

Les auteurs ne doivent presque jamais se glorifier de leurs succès, car ce n'est pas eux qu'on applaudit.

On aime à voir danser pour bien des raisons; mais le sujet que *cela* prétend représenter est complétement indifférent aux amateurs.

Montrez-leur une jolie femme, bravo! qu'elle danse avec grâce, bravissimo! mais que ce soit Galatée ou Proserpine, ils s'en soucient comme de leur première... illusion.

ACKERMANN (CONRAD-ERNEST), célèbre comédien allemand, et considéré avec raison comme l'un des créateurs du théâtre de ce pays, naquit à Schwerin en 1710.

On ne connaît rien de sa vie jusqu'en 1740, époque à laquelle il s'engagea dans la troupe de Schœnemann, qui seul alors, avec Eckhof,

ADDISON, d'après une gravure du temps.

paraissait comprendre que l'Allemagne dût avoir un théâtre national. C'est là qu'il commença sa réputation, que confirmèrent d'ailleurs les succès qu'il eut à Moscou et à Saint-Pétersbourg, où il donna des représentations en 1749.

En 1753, Ackermann devint lui-même directeur de théâtre, sans pour cela cesser d'être acteur. Son immense talent lui permettait d'aborder tous les rôles ; bien que son goût fût pour les tragiques et que sa nature le vouât aux comiques, comme Molière, au moins dans l'art de la représentation il ne connut point d'obstacles, et sut donner la vie aux personnages qu'il représentait.

Il n'eut qu'une gloire à envier à notre peintre sublime, et malheureusement pour lui ce n'est pas la moindre, c'est le titre de poëte. Ackermann ne composait pas, mais il savait imposer au public toutes les pièces que son goût sûr lui faisait apprécier. C'était un travail d'Hercule, mais sa prodigieuse activité et son dévouement à l'art lui firent vaincre toutes les difficultés.

En 1756, il construisit à Kœnigsberg un théâtre à ses frais. — Il l'abandonna en 1760 pour aller avec sa troupe donner des représentations à Mayence et dans les principales villes de l'Allemagne.

Ces pérégrinations ne firent point sa fortune, mais elles firent celle de l'art en Allemagne ; car on s'habitua partout aux bonnes pièces et aux bons acteurs, et lorsqu'en 1765 il vint s'établir à Hambourg, avec la troupe la plus remarquable qui existât pour l'époque, il n'y eut presque pas de surprise.

Lessing composa toutes ses pièces pour cette troupe de Hambourg, qu'Ackermann abandonna en 1769 pour aller populariser l'art dans les provinces. Malheureusement sa santé ne lui permit pas d'achever son œuvre, et il revint mourir à Hambourg en 1771, laissant pour porter la gloire de son nom sa femme et sa fille.

ACKERMANN (Mme), née Sophie-Charlotte Diereichel, femme du précédent, était actrice et faisait comme lui partie de la troupe de Schœnemann ; mariée alors à l'organiste Schrœder, qui la rendit mère du célèbre Schrœder, auteur, acteur et danseur.

Devenue veuve, elle épousa Ackermann à Moscou, en 1749, et fût depuis attachée à ses succès comme à ses revers de fortune, qu'elle partagea courageusement, méritant probablement les uns et les autres.

Ce qui me porte à dire cela, c'est le honteux abandon qu'elle fit de son propre fils avant de quitter Kœnigsberg pour aller jouer à Mayence avec son mari.

Mais si les qualités de son cœur étaient discutables, son talent était incontestable, et elle brilla dans les principaux rôles des pièces de Lessing, jouées sur le théâtre de Hambourg.

A la mort de Ackermann elle s'associa avec son fils, qu'elle avait fini par réadopter quand il n'avait déjà plus besoin d'elle, et qui plaisait à Hambourg comme comique et maître de ballets, en attendant la brillante réputation qu'il devait se faire comme tragédien; elle s'associa avec son fils pour prendre la direction du théâtre de la ville, qu'elle garda jusqu'en 1781.

Dès lors on n'entendit plus parler d'elle. Il est probable qu'elle suivit son fils à Vienne; ce qu'il y a de certain, c'est qu'elle mourut en 1792, dans un âge relativement patriarcal.

ACKERMANN (CHARLOTTE), fille des précédents, née le 23 août 1757, consacrée de bonne heure au théâtre et qui annonçait déjà les plus favorables dispositions, quand une mort prématurée vint l'arracher, le 10 mai 1775, aux succès qui l'attendaient inévitablement.

D'après la correspondance de Charlotte Ackermann avec son amie la conseillère Sophie Unzer et Sylbourg, major danois, qui habitait alors Hambourg, — il paraîtrait que Charlotte était éprise de ce bel officier, qui avait l'âme aussi basse que le regard assuré, et des mœurs plus que douteuses; et que cette jeune artiste mourut de chagrin d'avoir si mal placé son affection. C'est du moins ce qu'en déduit M. Otto Müller dans son ouvrage intitulé: *Charlotte Ackermann, souvenir du théâtre de Hambourg au XVIII° siècle.*

ACKERMANN (Mme), célèbre cantatrice allemande, née Charlotte Backmann, à Reinsberg, en 1759.

Brillait en 1796 au théâtre de Kœnigsberg, où elle acquit beaucoup de gloire dans les premiers rôles des opéras de Mozart.

Cependant sa réputation n'a jamais été consacrée ailleurs qu'en Allemagne, et elle n'a passé le Rhin que par la tradition.

ACKERMANN (D^{lle} Dorothée), cantatrice allemande, est née à Dantzick en 1752.

On ne connaît rien de ses débuts; mais je serais tenté de croire que c'était la fille aînée du célèbre comédien, car elle ne parut que sur la scène de Hambourg, qu'elle abandonna en 1778, après y avoir acquis une réputation très-brillante, qu'elle devait peut-être plus à son nom qu'à son talent.

A CLICHY, *opéra-comique en un acte, de MM. Dennery et Grangé, musique d'Adolphe Adam, représentée pour la première fois, au Théâtre-Lyrique, le 24 décembre 1854.*

C'est l'histoire de deux jeunes gens qu'un bonhomme d'oncle gratifie de sa succession, à la condition qu'ils oublieront une vieille rancune, sinon les écus passent aux mains d'un certain Béraud, — le plus beau nez de la famille.

Les deux jeunes gens ignorent cette clause; l'un est musicien à Madrid, l'autre poète à Paris.

Le nez du parent commence à flairer la succession; mais Clichy réunit les deux héritiers, qui oublient leur haine et se préparent à dévorer en commun les libéralités du mort.

Ces petites scènes ne poussaient pas beaucoup à la musique. Adam fit deux airs, un duo et un trio de cette musique facile, mais sans élévation, qui grossit un peu trop son bagage d'auteur.

Il y avait cependant d'assez jolies choses.

C'était du reste plus que suffisant pour le livret, et encore très-agréable comme lever de rideau.

A CLIGNANCOURT, ou le Diner de Vacances, *vaudeville en un acte, par M. Al. Bouché, représenté pour la première fois, au théâtre Comte, le 28 septembre 1838.*

Cette pièce, faite pour être jouée par des enfants et écoutée par des enfants, ne manquait pas d'éléments de succès; elle ne conserva pas longtemps l'affiche par la raison qu'il fallait la varier souvent, — pour attirer les collégiens, — qui sont bien la clientèle la plus difficile à contenter.

ACLOQUE (Mlle Éliza), auteur peu connu de deux vaudevilles.

Deux contre Deux, un acte, représenté au théâtre Saint-Marcel en 1860.

Et *la Fête à Pontoise*, un acte, représenté aux Folies-Marigny en 1864.

ACONCE A DÉLOS, *opéra en trois actes, en vers libres, par M. Gouchon-Bèlin (de Lille).*

Présenté au théâtre de l'Opéra, qui le refusa, le 19 mai 1824.
La musique n'en a jamais été faite.

ACONCE ET CYDIPPE, *tragi-comédie, de M. de Gombaud, représentée en 1625.*

Tout ce que l'on sait de cette pièce, c'est qu'elle n'eut aucun succès, et que l'auteur, la reconnaissant bien jugée par le public, eut le bon esprit de ne pas la faire imprimer.

ACONCE ET CYDIPPE, *opéra en cinq actes et en vers, de M. Royaucourt.*

Ne fut jamais mis en musique ni imprimé; le manuscrit, daté de 1744, est à la Bibliothèque impériale (fonds La Vallière).

ACONCE ET CYDIPPE, ou l'Amour enchanteur, *ballet héroïque, en un acte, en vers libres,*

Dont le manuscrit est à la bibliothèque du Conservatoire.

C'est tout ce qu'on sait de la pièce, qui fut probablement représentée dans un salon particulier.

A CORSAIRE, CORSAIRE ET DEMI, *proverbe en un acte, de Théodore Leclercq.*

Plus connu sous le titre de: LE DÉSŒUVREMENT DES COMÉDIENS..

A CORSAIRE, CORSAIRE ET DEMI, *vaudeville en un acte, de MM. Hyppolite Lucas et Jautard, représenté pour la première fois, sur le théâtre des Délassements-Comiques, le 14 décembre 1850.*

C'est une imitation d'un conte bien connu de La Fontaine.

Un marquis, mari plus que volage, veut séduire Mlle Mathilde, une orpheline aimée du chevalier de Gercourt, et, sous prétexte de lui donner des conseils, il lui extorque un rendez-vous; puis, fier de son exploit, il va se vanter de sa bonne fortune au chevalier, qui lui joue, contre huit cents louis, son rendez-vous, qu'il gagne, bien entendu.

Bien entendu aussi, d'un autre côté, l'orpheline, qui a réfléchi, raconte tout à la marquise, et c'est l'épouse qui va au rendez-vous, comptant bien sermonner son mari.

On devine une scène très-piquante... et surtout le dénoûment.

Cette petite pièce, écrite avec beaucoup d'esprit réussit, beaucoup; il est fâcheux qu'elle n'ait pas été imprimée, elle serait bonne à lire.

A CORSAIRE, CORSAIRE ET DEMI, *proverbe en un acte, en prose, par M. Marc Constantin.*

Non représenté, mais imprimé en feuilletons dans la Chronique de la Gironde (novembre 1862).

ACOUBAR, OU LA LOYAUTÉ TRAHIE, *tragédie de M. Jacques Duhamel, avocat en la cour du parlement, représentée sur le théâtre de l'hôtel de Bourgogne en 1586.*

Cette pièce est tirée d'un roman assez répandu à l'époque, qui a pour titre: *Les Amours de Pistion et de Fortunie en leur voyage du Canada.*

Voici à peu près ce que c'est:

Acoubar, roi de Guylan, reconnaissant la supériorité des forces de Castio, roi de Canada, qui protége Pistion, gentilhomme français, et

Fortunie, infante d'Astracan, sa maîtresse, se sert d'un magicien pour jeter l'épouvante dans l'armée de son ennemi.

Ce moyen réussit. Castio est tué, et Pistion, blessé légèrement, se réfugie auprès de Fortunie, qu'il abandonne lâchement à l'approche d'Acoubar, bien qu'il sache fort bien que celui-ci en est amoureux; il est néanmoins fait prisonnier par l'armée de son rival.

Acoubar lui donne généreusement la liberté; il fait plus, il lui permet de prendre part à un tournoi qu'il fait célébrer en l'honneur de Fortunie et dont elle doit elle-même décerner le prix.

Pistion redevient courageux : déguisé en sauvage canadien, il est vainqueur et reçoit le prix des mains de sa maîtresse, qui feint de ne pas le reconnaître, et qui plus tard, par une perfidie peu justifiée par la loyauté relative d'Acoubar, fait tomber celui-ci dans un piége.

Elle lui persuade qu'il est déshonoré par la victoire de ce sauvage, et qu'il doit aller combattre cet étranger et lui enlever le prix avec la vie.

Acoubar est trop amoureux pour ne pas suivre les conseils de Fortunie; il part, mais tombe entre les mains de Pistion, qui lui laisse deviner la trahison de l'infante. Il s'écrie alors :

> Quel sauvage voicy ! O qu'il a bien appris
> Les traverses de Mars et les mots de Cypris.
> Je doute... j'ai grand peur... je crains bien... je pantelle
> Que je ne sois trahy d'une dame infidelle.

Pistion ne le rassure pas du tout en lui répondant :

> Tu soupçonnes ton mal, tu es pris à ce coup.

Puis il profite de ses avantages, force Acoubar à se battre et le blesse mortellement.

Le pauvre roi tombe et demande grâce de la vie, en renonçant à sa couronne et à Fortunie :

> Tu aimes Fortunie; hélas ! je te la cède,

dit-il tout larmoyant.

ENCYCLOPÉDIE THÉATRALE

M. EMILE AUGIER.

Pistion le nargue:

Ainsi j'en diray bien si j'étais sans remède.

ACOUBAR.

Franchement je la quitte.

PISTION.

Et franchement aussy
De visiter Pluton tu prendras le soucy.

Acoubar meurt en priant le ciel de ne pas laisser cette perfidie impunie. Le cavalier français s'en bat complétement l'orbite et s'en va épouser sa belle et se réjouir avec elle.

Comme on le voit la pièce est bien intitulée: *la Loyauté trahie*; le public ne s'est point demandé, au nom de la morale, qui se trouvait puni et qui récompensé; mais il n'a pas cru devoir encourager l'auteur dans une pareille voie.

Celui-ci fit cependant imprimer sa pièce et la dédia à Philippe Desportes, abbé de Tyron et de Bonport, l'un des plus célèbres poëtes de cette époque.

A COUPS DE BATON, *comédie-vaudeville en un acte, de M. Boisselot, représentée sur le théâtre des Folies-Dramatiques le 14 novembre 1854.*

ACQUIT DE CONSCIENCE (UN), *scènes de la vie parisienne (en prose), par Henri Monnier, non représentées publiquement, et imprimées dans l'Almanach comique* (1858).

ACTE.

Le mot *acte*, de *acta*, qui désignait d'abord chez les Romains le genre dramatique tout entier, n'est chez nous que le nom d'une des divisions principales d'une pièce de théâtre.

L'acte, divisé lui-même en scènes, est une partie considérable de l'action dramatique; mais comme la nature de l'action n'exige pas absolument qu'elle soit interrompue ni que la scène reste vide pendant un certain temps, on ne peut donc déterminer ni les actes en eux-mêmes, ni leur nombre par l'essence du drame : il faut attribuer leur origine à des causes purement accidentelles, telles que le besoin de donner aux acteurs et aux spectateurs le temps de reposer leur attention.

Aristote et tous les anciens qui parlent de théâtre disent qu'originairement les spectacles dramatiques n'étaient que des chœurs et que dans la suite on introduisit une action entre les chœurs.

Cette division amena un terrible changement dans les habitudes théâtrales. Ce qui était le spectacle devint le divertissement; car le public préférait l'action, qu'on appelait épisode, aux chœurs, qui se ressemblaient toujours un peu. Si bien qu'on finit par supprimer les chœurs, dans la comédie du moins, parce qu'on s'était aperçu que les spectateurs qui s'ennuyaient avaient inventé l'*entr'acte*.

Plus tard on supprima cet intervalle inoccupé, pour abréger le spectacle; et c'est pour cela que dans les comédies latines les actes se succèdent si immédiatement qu'il est souvent difficile de les distinguer.

Les premiers auteurs avaient adopté cinq actes dans leurs compositions; l'habitude s'en était conservée. Horace voulut en faire une règle de son *Art poétique*.

> *Neve minor, neu sit quinto productior actu,*
> *Fabula, quæ posci vult et spectata reponi.*

Vossius, qui abonde dans le même sens, nous dit que dans le premier acte on expose le sujet ou l'argument de la pièce, sans en annoncer le dénoûment, pour ménager le plaisir du spectateur, et l'on établit les principaux caractères.

Dans le second, on développe l'intrigue par degré.

Le troisième doit être rempli d'incidents qui forment le nœud.

Le quatrième prépare des ressources ou des voies au dénoûment.

Le cinquième doit être uniquement consacré au dénoûment.

Cette division, qui paraît fondée sur l'expérience et qui est approuvée par tous les écrivains spéciaux du siècle passé, pèche par la base; car, si la fable cependant est telle qu'une scène l'expose et qu'un mot la dénoue, comme cela se voit souvent, et même dans la tragédie, qu'est-ce que fera le public pendant les cinq mortels actes qu'on dépensera à l'ennuyer?

D'un autre côté, il n'y a guère de bonne pièce où le nœud ne commence qu'au troisième acte, et où le cinquième tout entier serve au dénoûment.

La tragédie a conservé toutes les règles établies (je parle pour le temps où l'on en faisait), et Corneille lui-même n'osa jamais s'affranchir tout à fait de cet usage ridicule qui ne voulait pas qu'un acte eût deux vers de plus qu'un autre, et dans la préface de ses premières comédies il se félicite d'avoir compté ses alexandrins.

Quant à la comédie, elle n'a pas tardé à renvoyer les règles à l'école. Les auteurs qui ont réussi ont bien fait. Il est certain qu'il est plus agréable de s'amuser à une comédie en un ou deux actes, que de bâiller à une œuvre régulière en cinq actes.

Aujourd'hui on est libre, trop libre même; on bâtit des pièces en un nombre indéterminé d'actes; il est vrai que cela s'appelle maintenant des tableaux. Ce à quoi les auteurs tiennent, c'est à faire des pièces qui durent toute la soirée, afin de toucher des droits plus forts.

La division des pièces est peu importante au point de vue de l'art; l'essentiel est qu'elle ne soit pas arbitraire et que chaque acte soit un pas fait dans l'action.

Un acte doit être à lui seul une petite action qui ait son commencement, son milieu et sa fin. Diderot voudrait qu'on pût donner un titre séparé à chaque acte, et de même que dans le poëme épique on dit : la Descente aux enfers, les Jeux funèbres, le Dénombrement de l'armée, etc., etc., on puisse dire dans le dramatique : l'acte des Soupçons, l'acte des Fureurs, l'acte de la Reconnaissance, etc.

Si les auteurs d'aujourd'hui tiennent peu à cela, il n'en est pas de même des directeurs — de province — surtout, qui inventent au besoin des sous-titres pour donner à leur affiche une apparence formidable et de plus *great attraction*.

Ce à quoi les auteurs tiennent davantage, c'est à ce que chaque acte soit terminé par quelque morceau brillant, quelque phrase ronflante ou une situation dramatique qui autorisent les applaudissements de la claque; et ils n'ont pas tort, car il faut surtout que la fin d'un acte laisse le spectateur dans l'espérance ou dans la crainte, et provoque chez lui le même intérêt que produit sur les lecteurs de romans la phrase sacramentelle :

« La suite au prochain numéro. »

ACTE (L'), *pot-pourri pantomime en un acte de M. Pannard, musique de M. Gilliers, représenté pour la première fois, à l'Opéra-Comique, le 13 février 1732.*

La scène se passe sur le théâtre de l'Opéra-Comique. Les acteurs sont assemblés pour entendre lecture d'une pièce d'un M. de Cousignac, auteur de Bordeaux, qui ne craint rien pour sa pièce et qui le chante même sur l'air : *De tous les capucins du monde.*

> La façon dont j'ai su l'écrire
> Est au-dessus de la satire.
> Rien ne la saurait attaquer :
> Ceci n'est point une hyperbole,
> Je défierais de critiquer,
> Dans tout l'ouvrage, une parole.

Ceci est vrai à la lettre, et la raison c'est qu'il n'y en a point. C'est une pantomime qu'il persuade aux acteurs de représenter séance tenante.

> Il suffit pour cela
> D'un peu d'intelligence,
> Sans gosier ni cadence
> On l'exécutera.
> Il ne faut qu'être preste
> A ce que l'orchestre jouera,
> Et zeste, zeste, zeste,
> Chacun de vous l'exprimera
> Avec le geste.

Cette pièce d'un nouveau genre ne fut pas du goût du public. Après quelques représentations Pannard ajouta des paroles et des vaudevilles, mais elle eut encore moins de succès avec ce rhabillage.

ACTE ALLÉGORIQUE POUR LA PAIX, *ballet-pantomime en un acte, de S. Gallet, présenté à l'Opéra le* 21 *janvier* 1801, *mais refusé.*

Un ballet du même titre, présenté le même jour à l'Opéra, est encore cité par le Dictionnaire de M. Goizet. La seule différence existe dans le nom des auteurs : les citoyens Carrère et Latour.

Je n'ai vu aucun des manuscrits, mais il est certain qu'il doit y avoir double emploi.

UN ACTE DE CONSTANCE, ou la Robe de chambre d'un mari, *vaudeville en un acte.*

Cette pièce n'est citée que par M. Goizet, qui a vu le manuscrit chez M. Francisque jeune.

Elle a du reste fort peu d'importance, n'ayant d'autre titre à la publicité, qu'une réception au Petit-Lazary, — non suivie d'exécution.

ACTE (L') DE FOI, LE PRESBYTÈRE ET L'ÉCOLE, *drame en prose, par M. Mansion, imprimé à Épinal en* 1842, *non représenté.*

ACTE DE NAISSANCE (L'), *comédie en un acte, en prose, par M. Picard, représentée au théâtre de l'Impératrice en* 1804.

L'auteur a voulu peindre le ridicule qu'ont certaines personnes de cacher leur âge; la fable est légère, mais il sut y semer beaucoup d'esprit et de gaieté.

Une veuve un peu mûre est amoureuse de Clairville, jeune notaire, amant aimé de sa fille.

Celui-ci, pour ne pas déplaire à la vieille, feint de partager sa flamme; mais un jour il est surpris aux genoux de son amante, qui ne le repousse pas trop.

Colère de la mère, interrompue par l'arrivée de M. Duboullay, son procureur, qui a besoin, pour gagner un procès d'où dépend toute sa fortune, de prouver qu'elle était majeure il y a vingt ans.

On juge de la grimace de la veuve; car, le fait n'était que trop vrai, forcée d'exhiber son acte de naissance et de le produire aux tribunaux, la vieille, au désespoir, se résout à épouser le procureur, qui lui fait la cour depuis longtemps.

Bien entendu que les jeunes gens profiteront de l'occasion pour ne faire qu'une noce.

Cette petite bluette a beaucoup réussi.

ACTE DE STRASBOURG (L'), *opéra-comique en un acte, représenté avec si peu de succès à la foire Saint-Laurent, en juillet 1731, que les auteurs n'ont pas été nommés.*

ACTE MORTUAIRE (L'), *drame-vaudeville en trois actes et en prose, précédé des* DEUX MÈRES, *prologue, par M. Vorbel, représenté pour la première fois, sur le théâtre du Panthéon, le 15 octobre 1842.*

ACTÉON, *opéra-comique en un acte, paroles de M. Scribe, musique de M. Auber, représenté pour la première fois, le 23 janvier 1836, à l'Opéra-Comique.*

Quoique renfermant des beautés, c'est une des plus faibles partitions du célèbre compositeur. — Il faut avouer qu'il ne pouvait guère s'inspirer du libretto de Scribe, ainsi qu'on peut en juger par cette analyse.

Aldobrandini, grand seigneur sicilien, qui à cinquante ans a épousé une jeunesse, est jaloux comme un tigre; il cache sa femme à tous les regards et la tient enfermée dans un superbe palais, où elle ne voit, en fait d'homme, que lui et un jeune page, cousin de Lucrèce, la jeune femme.

La sœur du prince, Angela, partage aussi cette quasi-captivité et n'en est pas plus contente, car elle ne peut revoir Léoni, un jeune seigneur qu'elle a rencontré de par le monde et qui a trouvé moyen d'hypothéquer son cœur.

On passe le temps comme on peut : à faire de la musique, de la peinture. Lucrèce a même entrepris un grand tableau représentant *Diane surprise au bain...* Ce qui va amener nécessairement le besoin d'un Actéon.

Passe un musicien. Comme il est aveugle, Aldobrandini ne voit pas

ENCYCLOPÉDIE THÉATRALE

Madame ACKERMANN (née BACKMANN), d'après une gravure du temps.

d'inconvénient à ce qu'on le reçoive, ni à ce qu'on le fasse poser en Actéon pour le tableau commencé.

Pendant que Lucrèce fait ses préparatifs pour peindre et que toutes les demoiselles vont se déshabiller pour la séance, Angela reconnaît dans l'aveugle le seigneur Léoni, qui ne perd point son temps et lui chante qu'il l'aime.

Rarrivent toutes les dames. Lucrèce veut faire poser Angela en Diane; sa pudeur s'en alarme. Finalement la ruse est découverte et Aldobrandini consent au mariage de sa sœur avec le faux aveugle.

Mais comme sa femme a besoin d'un Actéon, c'est lui-même qui jouera ce rôle, ce qui est vraiment à craindre; car le jeune page, qui a des yeux et un cœur, n'a pas la langue dans sa poche, et dans le courant de l'acte il a déjà trouvé moyen de faire une belle déclaration à sa cousine; mais ne nous inquiétons pas des suites...

Mme Damoreau, qui avait quitté l'Opéra, eut un immense succès en chantant une *Sicilienne*, qui est du reste un petit chef-d'œuvre de finesse et de grâce.

Le public a aussi fort applaudi l'air *Il est des époux complaisants*, la romance *Jeunes beautés, charmantes demoiselles*, ainsi que le quatuor *le Destin comble mes vœux*, qui ne seraient point déplacés dans les chefs-d'œuvre d'Auber.

ACTÉON, *pastorale en un acte, en vers libres, musique de Charpentier.*

Cité dans les manuscrits de Beffara, qui ne donne pas de date à cette œuvre inédite.

ACTÉON CHANGÉ EN CERF, ou la Vengeance de Diane, *pantomime en deux actes, par Augustin Hapdé, musique de Darondeau, décors de M. Moench, représentée pour la première fois, sur le théâtre du Cirque, le 4 mars 1811.*

ACTÉON ET LE CENTAURE CHIRON, *je ne sais quoi, de MM. Duvert et de Leuven, représenté pour la première fois, au Palais-Royal, le 18 mai 1836.*

Le qualificatif de cette pièce est bien trouvé. On ne sait pas au juste ce que c'est. Cela tient le milieu entre la parade et la parodie, bien que ce ne soit pas plus l'un que l'autre ; c'est un mélange bizarre et excessivement comique d'antique et de moderne, un remède excellent contre le spleen le plus invétéré.

Les auteurs ont dépensé dans ce petit acte énormément d'esprit et de gaieté. Ce fut un succès auquel ne contribuèrent pas peu Sainville, qui, faisant le centaure Chiron, manœuvrait à ravir son arrière-train en carton, et Alcide Tousez, qui était bien l'Actéon le plus naïf que l'on pût imaginer.

ACTÉONISATION (L') DU GRAND VENEUR DE HOLLANDE, *comédie en cinq actes et en vers, par Huliscope*, 1643.

Cette pièce peu connue, et qui n'a jamais été faite pour la représentation, est citée dans le catalogue de Soleinne comme une satire contre Henoflit, grand veneur de Hollande, favori du prince d'Orange.

Ce qu'il y a d'embarrassant pour l'explication, au point de vue historique, c'est que Huliscope et Henoflit sont des pseudonymes, et que du moment où les noms sont déguisés, il n'y a pas de raison pour que le pays ne le soit pas de même.

LES ACTES DES APOTRES, *mystère de Simon et Arnoul Gréban, composé vers l'an* 1450.

Ce mystère est, après celui de la Passion, le plus beau, le plus considérable et le mieux versifié de toutes les productions de cette époque.

Il est à croire que malgré son mérite relatif il fut oublié, ou que ses auteurs ne cherchèrent point à le faire jouer par les confrères, puisque la première édition qu'on en connaisse est celle de 1513, citée par Lacroix du Maine, et qu'il ne fut représenté à Paris qu'en 1540, avec des corrections faites par Pierre Cuevret, chanoine du Mans.

Cependant Lacroix du Maine (*Bibliothèque française*) dit que les *Actes des Apôtres* furent représentés à Angers du vivant des auteurs, devant le roi René, à la cour duquel ils étaient.

Il suppose aussi qu'ils furent joués au Mans en 1510, avant les prétendues corrections de Pierre Cuevret.

Lassay, dans son *Histoire du Berry*, dit qu'en 1536 *les Actes des Apôtres* furent représentés à Bourges, sur un amphithéâtre construit par noble homme Claude Genthon, prevost de l'hôtel du roy, à présent maire de ladite ville. Il nomme même les nobles citoyens et bourgeois qui se réunirent jusqu'à douze pour interpréter ce mystère. C'étaient : Pierre Joubert, Grenetier, Benoist Berthier, Jean Girard, seigneur des Bergeries, Julian le Troing, Maximilien Saultereau, Jehan Senneton et autres.

Il fut aussi représenté à Tours en 1541 ; mais déjà les Parisiens l'avaient admiré, puisque le « *cry et proclamation publique pour jouer* le mystère des Actes des Apôtres, *en la ville de Paris* » (imprimé, 1541), est daté du « jeudy seizième jour de décembre l'an 1540. »

On sait qu'à cette époque il n'y avait point d'affiches, et quel était le cérémonial employé pour annoncer les représentations théâtrales ; mais je crois qu'il ne sera pas indifférent de lire ici la proclamation qui fut faite pour *les Actes des Apôtres* ; la voici en entier :

> Pour ne tumber en damnables décours,
> En nos jours cours, aux Bibliens discours
> Avoir recours le temps nous admoneste,
> Pendant que paix estant notre secours
> Nous dict, je cours es royaulmes, es Cours,
> En plaisant cours faisons qu'elle s'arreste.
>
> La saison preste a souvent chaulve teste
> Pour ce honneste œuvre de Catholicques
> On faict savoir à son et crys publiques
> Que dans Paris ung Mystère s'appreste
> Representans Actes apostoliques.
>
> Notre bon Roy, que Dieu garde puissant,
> Bien le consent, au faict impartissant
> Pouvoir recent de son auctorité ;
> Dont chascun doibt vouloir que florissant

Son noble sang des fleurs de Lys issant
Soit, et croissant en sa félicité;

Venez, Cité, Ville, Université,
Tout est cité; venez gens héroïques,
Graves, Censeurs, Magistrats, Politicques,
Exercez-vous au jeu de verité,
Representant Actes apostoliques.

L'on y semond Poëtes, Orateurs,
Vrays precepteurs, d'éloquence amateurs,
Pour Directeurs de si sainte entreprinse
Mercuriens et aussi Chronicqueurs,
Riches Rimeurs, des barbares vaincqueurs
Et des erreurs de langue mal apprinse,
L'heure est précise où se tiendra l'assise;
Là sera prise au rapport des Tragicques
L'election des plus experts sceniques,
En geste et voix au théatre requise,
Representant Actes apostolicques.

Vouloir n'avons en ce commencement
Débatement, fors prendre enseignement
Et jugement sur chascun personnage
Pour les roollets bailler entièrement
Et veoir comment l'on jouera proprement
Si fault comment, ou teste davantage :
Mys ce partage à votre conseil sage
Doibt tout courage, hors les cueurs paganicques
Luthériens, esprits Diabolicques
Auctoriser ce Mystère et Ymage,
Representans Actes apostolicques.

Prince puissant, sans toy toute rencontre
Est malencontre, et nostre œuvre imparfaict :
Nous te prions que par grâce se monstre
Le jeu, la monstre et tout le reste faict;
Puis le meffait de nos chemins oblicques

Pardonnez nous après ce Jeu parfaict
Representant Actes apostoliques.

L'analyse de ce mystère doit être nécessairement longue, puisqu'il ne contient pas moins de quatre-vingt mille vers. La représentation en durait plusieurs jours, selon que les acteurs se pressaient ou qu'ils étaient sûrs de la patience de leur public.

La représentation de Bourges (1536) dura quarante jours, dit Lassay; mais ce n'est pas une base à prendre. Il vaut mieux admettre que la division que Pierre Cuevret en a faite en neuf livres (et c'est peut-être son seul travail) indiquait le nombre de jours qu'il fallait pour le représenter.

Voici le plus succinctement possible ce que contenaient ces neuf livres, qui sont, à vrai dire, neuf pièces différentes, auxquelles il ne manque que des titres; mais que malgré cela on a souvent représentées séparément.

PREMIÈRE JOURNÉE.

Les apôtres sont assemblés pour élire un successeur à Judas; comme ils ont l'embarras du choix parmi les candidats, ils les font tirer à la courte-paille :

> Baillez les fétus préparés
> Ainsi que l'avons assigné,
> L'ung en y a qui a ung signe
> Comme il appert, signé l'avons
> Pour l'amour de nos compagnons.
> Le second de signe n'a point,
> Dont pour achever notre poinct
> Pierre tenez-les en vos mains
> Et eulx d'eux qui sont incertains
> Où le signe est n'en quelle espèce
> Viendront tirer chacun sa pièce :
> Et celluy auquel escherra
> Le signé, subrogé sera
> Au lieu qui est ja devisé.

Le fétu marqué étant tiré par Mathias, Pierre s'écrie :

> Loué soyt Dieu.
> Çà Mathyas, entre nous autres,
> Faictes nombre des Douze apostres,
> Joyeulx en suis, *proficiat*
> Conferme, soyez en l'estat.

Pendant ce temps-là, Lucifer ordonne aux démons de parcourir le monde; ils ne peuvent pas partir sans avoir reçu sa bénédiction, qu'il leur donne en ces termes :

> Que recevons pour benediction?
> Dyables dampnés en malédiction,
> Dessus vous tous, par puissance interdicte,
> Ma patte estens, qui est de Dieu mauldicte,
> Pour de tous maulx et malfaicts vous absoudre;
> Sortez, courrez, que maledicte foudre.

Les diables se dispersent, et les apôtres, en compagnie de la sainte Vierge, chantent le *Veni Creator*. Le Saint-Esprit les anime, ils composent le Symbole des apôtres et vont faire des miracles au Temple; mais les Pharisiens, inspirés par Satan, les font mettre en prison :

> Allons les cacher pour la pluye;
> Vous serez enfans de la pye,
> Gallans, vous serez mis en cage,

leur dit Griffon, qui les emmène. On les relâche cependant, en leur enjoignant de ne plus prêcher, ce qu'ils se gardent bien de faire. Ils choisissent sept diacres pour les aider dans leur mission, et, après avoir reçu la bénédiction du Seigneur, ils convertissent un nombre considérable de Juifs, qui leur apportent tous leurs biens.

C'est à ce propos que vient l'épisode de Saphire et Ananyas, que le Seigneur punit de mort parce qu'ils gardaient quelque chose pour eux.

M. ALLARD (Théâtre Déjazet), dans l'*Événement*.

Satan et Astaroth emportent leurs âmes en enfer : ce qui met tellement Lucifer en joie, qu'il commande une fête.

LUCIFER.

> Je veuil que la tourbe dampnée,
> Icy, devant mon tribunal,
> Me dye un motet infernal
> En chanterie dyabolique.

Alors, selon ses ordres, Belyal et Burgibus chantent les dessus, Berits, Cerberus les tailles, et Astaroth 'et Léviathan les basses... d'une chanson qui finit par :

> Tant plus a et plus veult avoir,
> Lucifer notre grand dyable
> S'il voyoit âmes pleuvoir
> Tant plus a et plus veult avoir;
> Et toujours il veult recepvoir
> Car il est insatiable
> Tant plus a et plus veult avoir,
> Lucifer notre grand dyable.

Cette musique ne tarde pas à ennuyer Lucifer, qui envoie deux émissaires sur la terre. Cerberus, qui ne voit jamais la lumière du jour, demande à Burgibus de prendre sa place pour accompagner Léviathan, complaisance dont le pauvre diable est bien mal récompensé ; car les deux émissaires, ayant fait buisson creux, rentrent l'oreille basse. Cerberus, qui n'attend rien de bon de la colère de Lucifer, se fait ouvrir secrètement la porte par Burgibus, qu'il laisse dehors et qui, malgré ses protestations, est étrillé bel et bien en compagnie de Léviathan et de Fergalus, un autre diable qui s'est laissé chasser par saint Pierre du corps d'un possédé.

La première journée finit sur cette fustigation, que le zèle des acteurs rendait quelquefois sérieuse. Aussi les rôles de diables étaient généralement peu courus.

DEUXIÈME JOURNÉE.

Saint Étienne est mené à Caïphe et confond les faux témoins qui l'accusent.

« Icy, dit l'auteur, pour exterrir les faux Juifs doibt apparoir le visage de saint Estienne reluysant comme le soleil. »

Ceci donne à réfléchir. Par quel moyen pouvait-on obtenir cet effet de mise en scène? — Est-ce que nos anciens auraient connu la lumière électrique?

Les Juifs, effrayés de l'éclat du visage du saint, prennent l'épouvante et s'enfuient; mais il les rappelle en leur disant qu'il n'a pris ce visage que pour terrifier les faux témoins.

Alors il apparaît sous sa figure naturelle. Sur quoi les pharisiens, scribes et autres le soupçonnent de magie, et poussent le pontife à prononcer sa mort.

JECONYAS.

Cayphe, fais le mettre à mort
Que attendz-tu pour le juger?

HIÉROBOAM.

Cryons de plus fort en plus fort;
Cayphe fais le mettre à mort.

Ce à quoi Caïphe, qui tient probablement à la mise en scène, reprend :

Ha! messeigneurs, vous avez tort,
Je ne puis plustot abreger.

Enfin il condamne le saint diacre et l'abandonne aux bourreaux, pendant que dans le ciel Jésus, qui a une prédilection pour le jeune Saulus, obtient de son père qu'il ne sera occupé qu'à garder les manteaux et qu'il ne trempera pas ses mains dans le sang de saint Étienne. Celui-ci, pendant qu'on le lapide, prie pour ses persécuteurs, ce qui ne laisse pas de les étonner un peu :

AGRIPPART.

Il resve.

GRIFFON.

Il ment.

MAUBUC.

Mais il devine.

DESGOUTÉ.

Il songe.

RIFFLART.

Il nous compte merveilles.

Ce petit dialogue est entrelardé de coups de pierres qui envoient au ciel l'âme de saint Étienne.

Saulus, qui n'a pris qu'une part inactive à cette exécution, fait du zèle. Il va chez Nathaniel et le fait jetter en prison avec toute sa famille. Caïphe, charmé de son ardeur, l'envoie à Damas pour y faire arrêter tous ceux qui seront d'intelligence avec les apôtres.

C'est pendant ce voyage et près d'arriver aux portes de la ville, qu'il ressent les effets de la grâce éternelle.

« Icy (dit l'auteur) doit descendre une grande lumière du ciel dessus Saulus, qui l'abat de dessus son cheval. »

Saulus, aveuglé par cette lumière, prie les Juifs de le conduire à Damas.

Pendant ce temps-là, Candace, reine d'Éthiopie, envoie par son eunuque dix coupes d'or au temple de Jérusalem. Les apôtres élisent saint Jacques le Majeur pour remplacer saint Étienne, et saint Philippe convertit les habitants de Sébaste, qu'il étonne par ses miracles, et baptise l'eunuque de la reine d'Éthiopie, qu'il rencontre sur son chemin.

Cette journée se finit aux enfers. Satan et Durgibus, qui ont été témoins de ce qui est arrivé à Saulus, discutent longtemps sur cet événement, et, après avoir cherché en vain à se le démontrer par des phénomènes physiques, ils se persuadent que c'est un miracle divin;

alors ils s'en retournent aux enfers en criant comme si on les écorchait.

SATHAN.

Au meurtre !

LUCIFER, *d'un ton railleur.*

Voilà bien chanté.

SATHAN.

A la mort.

LUCIFER.

Voilà voix notable.

SATHAN.

Alarme.

LUCIFER, *en colère.*

Paix, de par le Dyable,
Qui vous puysse rompre les testes.

SATHAN.

Enfer est en danger,
Tenez vous pour tout averti.

LUCIFER, *étonné.*

Comment?

SATHAN.

Saulus est converty.
A cette heure, comme je croy.

Alors éclatent des cris épouvantables. Lucifer, furieux, conçoit une violente haine pour Sathan qui lui apporte la mauvaise nouvelle, et la journée finit sur ce charivari.

TROISIÈME JOURNÉE.

Lucifer, qui s'inquiète beaucoup de la conversion de Saulüs, fait feuilleter tous ses livres diaboliques pour voir s'il n'y aurait pas moyen de l'empêcher de lui nuire, ce qu'il reconnaît impossible. Il envoie

cependant sur terre Astaroth et Léviathan pour faire leur possible;
mais ils n'arrivent que pour voir baptiser Saulus, qui n'est pas plutôt
chrétien qu'il prêche jusqu'à se faire chasser de Damas.

Gondofarus, roi d'Inde, voulant faire construire un palais, envoie
Abanès son prévôt pour lui chercher un architecte à Rome. Le Seigneur commande à l'apôtre saint Thomas de profiter de ce prétexte pour pénétrer à la cour du roi d'Inde. Thomas fait quelques difficultés.

> Jesus, je te requiers mercy
> Et te prie de cueur devot
> Que point n'aille avec ce prevost
> Que le Roy faict transmettre icy.
> Le peuple est d'erreur endurcy
> Et d'idolatrie tout noircy,
> De cruaulté plus dur qu'ung os
> Car au vray Dieu tourne le dos.
> Retourner nous n'en pouvons vifs
> *Domine mitte me qui vis,*
> *Præter ad crudeles Judas.*

Mais, rassuré par l'archange saint Michel, il part avec le prévôt.
Léviathan et Astaroth accourent en [diligence raconter cette nouvelle
à Lucifer, et en sont si effrayés que Cerberus, les recevant, ne peut
s'empêcher de dire :

> Ce p..... est plus éperdu
> Et a les mynes plus étranges
> Que s'il étoit de trois cents anges
> Poursuivi jusqu'à notre porte.

Saint Thomas et le prévôt, en passant par Andrinopolis, sont invités
à la noce de la princesse Pélagie, fille du roi, qui épouse le prince
Denys. Pendant le dîner, une fille israélite chante les louanges de
Dieu. Saint Thomas est si attentif à l'écouter, que le sommelier, le
croyant endormi, lui donne un soufflet pour le réveiller. « Le Seigneur punira votre insolence, » dit l'apôtre.

« Icy vient ung lion qui occist le sommellier du roi et lui arrache une main qu'il emporte. »

Le roi, effrayé, prie saint Thomas d'implorer pour lui le Tout-Puissant. Pendant ce temps-là, un palmier naît miraculeusement sur la table. La princesse mange une datte qu'elle y cueille et s'endort. Pendant son sommeil, Dieu lui inspire le désir de se faire religieuse. Saint Thomas ne se fait pas prier pour lui donner le voile, et lui recommande de combattre surtout le démon de la chair.

> De libidineuse foiblesse
> Provient toute corruption ;
> De corruption vient tristesse
> Et pollution,
> Et de pollution s'appresse
> Peché et puis confusion.

Après cela il profite de l'occasion pour baptiser le roi et tous les habitants d'Andrinopolis. Ce qui ne l'empêche pas de continuer sa route avec le prévôt.

Pendant ce temps saint Pierre fait des miracles en Judée : il guérit le paralytique Eneas, puis on vient le chercher pour ressusciter une jeune fille nommée Tabita. Il se rend à son logis et ordonne qu'on le laisse seul avec la morte ; les parents murmurent un peu, mais il les rassure en leur disant :

> Je ne vous fais pas départir
> Pour cause que je veuille faire
> Rien qui soit à la loy contraire.

Resté seul, il ressuscite Tabita, et tout le monde se retire en louant Dieu.

Venait ensuite la scène des Belistres ; c'était un élément comique que les auteurs employaient pour varier un peu les plaisirs du public, qui aurait pu se fatiguer des sottises des diables.

Arrivent trois pauvres qui, après avoir dit beaucoup de grossièretés, dans le but de faire rire, finissent par se reconnaître.

TROUILLARD.

Quand me vis-tu ?

TOULIFAUT.

Ce fut aux Paques.

TROUILLARD.

Tu n'as pas bien lu ton registre.

TOULIFAUT.

Comment ?

TROUILLARD.

Ce fust à la belistre,
Quand moy et ta fille Maunette
Allions ronfler l'esguillette
A la bisette de l'automne.

TOULIFAUT, *à part*.

S'il est vray ce qu'il me jargonne
Enfin, nous trouverons parens.

TROUILLARD.

Quand nous goussames les harengs
Que nous trouvasmes au caignard.

TOULIFAUT.

Comment t'appelle-t-on ?

TROUILLARD.

Trouillard.

« Il fallait donc le dire, » fait l'autre ; et ils s'embrassent et vont ensemble demander la charité à la porte du centenier Cornelius, qui les fait entrer et leur donne à dîner. Trouillard ne se contente pas de ce qu'il peut manger, il emporte un morceau de viande, dont ses compagnons veulent avoir leur part; ils le menacent de le faire appeler devant le juge, à quoi Trouillard répond fort spirituellement :

Je plaiderai la main garnye ;
Vous en devez être adverti.

39

> Enfants, *beati garniti*
> (Comme dit maître Aliborum)
> Vaut mieux que *beati quorum*.
> Retenez cette auctorité.

Les belistres s'en vont et laissent la scène libre pour la vision de saint Pierre, le baptême de Cornelius, la dispute des deux Hérode et autres incidents. Puis on se retrouve chez le roi d'Inde, qui, ayant donné trente mille besants à saint Thomas pour faire construire son palais, est furieux, au bout de deux ans, de ne voir aucune apparence de bâtiments. Il fait mettre l'apôtre en prison ainsi qu'Abanès, qui devait le surveiller. — Il est bon de dire que saint Thomas a distribué l'argent aux pauvres, et que Dieu a bâti lui-même un superbe palais, qu'Agar, frère de Gondoforus, a vu au ciel avant qu'il fût ressuscité par les soins de saint Thomas.

Alors Gondoforus rend la liberté à saint Thomas et lui demande le baptême pour lui et pour tous ses sujets.

Pendant ce temps-là, saint Barthélémy, qui est en Arménie, *province voisine* des Indes, disent les frères Gréban (Dieu les entende!), y fait pas mal de miracles : il guérit la fille du roi Polonius, qui est lunatique, et chasse Astaroth, qui est dans une idole, et lui ordonne de briser ce vain simulacre. Astaroth obéit en murmurant :

> Je croy que dyable ne fut oncques
> Aussi terriblement pugny.

Polonius, frappé de ce prodige, se convertit et reçoit le baptême, naturellement.

Cette journée pourrait s'appeler la journée des baptêmes ; mais nous ne sommes pas encore au bout. Tibère vient de mourir en laissant la couronne à Caïus Caligula, qui, protégeant Hérode-Agrippa, lui donne le gouvernement de la Judée.

Saint Jacques le Majeur revient d'Espagne juste à temps pour opérer un miracle.

Le magicien Hermogène, sachant son arrivée, envoie contre lui son disciple Philetus, qui, loin de vouloir du mal à saint Jacques, lui demande le baptême. Hermogène, furieux, ordonne aux démons de lier de chaînes ce nouveau chrétien. Saint Jacques l'en délivre et se fait amener Hermogène par les mêmes démons.

Le magicien, en présence de saint Jacques, renonce à ses erreurs et veut brûler ses livres.

— Non, non, dit l'apôtre :

> Mieulx vault les gecter en la mer,
> Affin que le faux sentement
> Ne puist vexer aucunement
> Les simples et les ygnorants.

Et la journée finit par le baptême d'Hermogène.

QUATRIÈME JOURNÉE.

Hérode-Agrippa commence bien en Judée : il fait trancher la tête à saint Jacques le Majeur, ce qui fait pleurer la Vierge, qui travaille en soie avec quelques jeunes filles.

Les apôtres enterrent saint Jacques, et saint Pierre est jeté en prison ; mais un ange le délivre. Puis au moment où Hérode se prépare à faire la guerre aux Tyriens et aux Sidoniens, qui lui font des excuses, il tombe malade et meurt, ayant, dit une indication de l'auteur, un chathuant sur la tête.

Les diables — il y avait longtemps qu'on ne les avait vus — viennent le chercher et l'emmènent aux enfers sur un chariot, où les malins esprits dansent en rond autour de lui en chantant :

> Hérode Agrippe, chien mastin,
> Tu viens en l'abyme mortelle
> Où tu auras maint dur tatin.
>
> Tu souloyes gens détirer
> Et faire exiler par envye,
> Destruyre, battre et martyrer,
> Dont plusieurs ont perdu la vie.

Mais tu t'en viens le hault chemin,
En peine et en douleur cruelle :
Ou tu seras dampné sans fin,
Hérode Agrippe, chien mastin.

Pendant ce temps, les apôtres se rassemblent, et le Saint-Esprit leur ordonne d'envoyer Saulus et Barnabé dans l'Asie Mineure.

Saint Paul et saint Barnabé arrivent en Cypre et confondent le magicien Baxin Elymas, puis de là vont à Lystre, où les Juifs veulent les lapider, pour commencer.

Mais les fidèles parviennent à sauver les apôtres, qu'ils cachent dans la maison d'Horestes.

Cependant saint Pierre, qui prêchait à Antioche, est arrêté par les ordres du prince Téophilus, à la sollicitation de Simon Magus, magicien. On le mène en prison, où on doit le laisser mourir de faim. Heureusement saint Paul se trouve là et obtient la liberté de saint Pierre; bien plus, comme il ressuscite le fils de Téophilus, qui est mort depuis *dix ans,* le prince et ses sujets se convertissent et font construire une chaire pour saint Pierre, qu'ils reconnaissent pour leur évêque.

« Icy le portent en la chaire, » dit l'auteur, et c'est ainsi que se termine la journée.

CINQUIÈME JOURNÉE.

Cette journée traite de l'assomption de la Vierge; on pourra en lire l'analyse au mystère de l'Assomption, imprimé à part en 1518.

SIXIÈME JOURNÉE.

La sixième journée commence par les miracles que saint André opère en Myrmidonie (le pays du bouillant Achille) : il rend la vue à saint Matthieu, auquel les Gentils ont crevé les yeux. Celui-ci passe en Éthiopie et guérit deux malheureux que Zaroës et Arphaxat tiennent estropiés par leur art magique. Ces deux sorciers appellent une multitude de serpents; mais saint Matthieu fait venir un dragon qui les dévore tous.

Le fils du roi meurt tout exprès pour être ressuscité par l'apôtre. Ce miracle touche le roi, qui se convertit. Zaroës et Arphaxat, furieux, quittent aussitôt cette cour; nous les retrouvons auprès de Waraduch, duc de Babylone, où ils rencontrent saint Simon et saint Jude. — Ne songeant qu'aux moyens de faire périr les apôtres, ils vont dans les déserts chercher des serpents d'un venin mortel, qui ne sentaient pas très-bon, car le chevalier du duc, les approchant, *estoupe son nez* et dit :

> Ha! par nos dieux ceci est gref;
> Ha! que ces bêtes puent fort.

Saint Simon et saint Jude prennent les serpents et les jettent sur les magiciens, qui crient comme des damnés :

ZAROES.

> Ha! que mauldicte soit la mère
> Qui pour moy son ventre effondra
> Et le père qui m'engendra
> Et ma mauldicte conscience.

ARPHAXAT.

> Ha! que mauldicte soit la science,
> Qui à ceste douleur nous tire.

Le chevalier ne cherche pas à les consoler; il se sauve en leur disant :

> Or endurez vostre martyre,
> Et ce qu'il vous plaira direz.

Mais les apôtres s'approchent d'eux et leur conseillent de prier le Seigneur, qui seul peut faire cesser leurs maux. Les païens résistent :

ARPHAXAT.

> Symon, tu as beau sermonner.

ZAROES.

> Jude, vous perdez votre peine.

SAINT SYMON.
Dieu peult tout pechéz pardonner.
ARPHAXAT.
Symon, tu as beau sermonner.
SAINT-JUDE.
Je viens vos maux medéciner.
SAINT SYMON.
A vous donner salut me peyne.
ARPHAXAT.
Symon, tu as beau sermonner.
ZAROES.
Jude, vous perdez votre peine.

En somme, les mécréants meurent dans l'impénitence finale, en récitant cette espèce de triolet, qui semble bien en situation.

Nous voilà débarrassés d'eux, retournons à saint André, qui continue ses miracles en Myrmidonie, où il juge une vraie cause. Une mère amoureuse de son fils, ne pouvant rien en obtenir, l'accuse d'avoir voulu la violer; mais, animé de l'Esprit-Saint, il découvre la vérité. Un coup de tonnerre pulvérise cette mère incestueuse, et le peuple, émerveillé, demande le baptême.

De son côté, saint Philippe, qui est en Scythie, ne reste pas les bras croisés. L'*évêque* de ce pays — où l'on était païen — veut le forcer à adorer la statue du dieu Mars.

L'apôtre invoque Dieu :

> Dieu puissant, qui pouvoir
> As de veoir et sçavoir
> En cette heure présente,
> Ta grâce me presente
> Pour reconfort avoir.

Alors un dragon qui sort de la statue se précipite sur les assistants, aveugle le fils de l'évêque, tue les tribuns et les valets. L'évêque, effrayé, se convertit, et saint Philippe rend la vue à son fils.

Quant aux valets et aux tribuns, il ne s'en occupe pas, tant il est vrai que, *de tout temps, les petits ont pâti des sottises des grands.*

Saint Paul est en Achaye, où il prêche tant et plus, et apprend aux habitants ce qu'il faut pour gagner le ciel.

> Estre doux aux piteux,
> Souffrir des despiteux,
> Estre en dicts véritable,
> De ses biens charitable
> Aux poures souffreteux ;
> En vertu vertueux,
> Vers Dieu affectueux,
> En foi ferme et estable.
> Estre en Cieulx précieux,
> Fuyez malicieux,
> Pervers, séditieux,
> Et, par droit raisonnable,
> Dessus péché dampnable
> Serez victorieux.

Ce qui n'empêche pas les Juifs de l'emmener au prevost Gallyot, qui leur répond tout uniment :

> Si de sa mort avez envye,
> Ou aucun crime en luy voyez,
> Prenez-le, son cas pourvoyez ;
> Pas ne vueil estre son juge :
> Qui mal y congnois, bien le juge.

Ils vont lui faire un mauvais parti et le maltraitent déjà, quand les fidèles l'arrachent de leurs mains et l'embarquent sur un vaisseau qui passe à Éphèse.

Pendant ce temps, saint Matthieu donne le voile à la fille du roi d'Éthiopie. Hirtacus, fiancé de la princesse, après avoir proposé à saint Matthieu la moitié de son royaume s'il veut lui conseiller de l'épouser, sur le refus de celui-ci le fait assassiner. Il meurt lui-même, *cinq minutes* après, dévoré d'une affreuse lèpre.

Alors saint Barnabé, qui est en Cypre, est conduit en prison, puis au supplice.

Les auteurs expliquent comment on peut feindre de rouer l'acteur qui jouera ce rôle.

Daru, le bourreau, et ses collègues, mettent ses os dans un coffret pour le jeter à la mer; mais pendant qu'ils ont le dos tourné, deux disciples de Barnabé sauvent ses reliques.

Autre incident.—A Babylone, par exemple, la voisine d'un seigneur vient lui annoncer que sa fille vient d'accoucher. Cette fille dit à son père, furieux, que son séducteur est le diacre Eufrosinus. Le père a la bonté d'aller consulter saint Simon et saint Jude, et les deux apôtres, qui ne doutent de rien, ordonnent à l'enfant *nouveau-né* de dire si le diacre est son père. L'enfant répond non. Le seigneur prie les apôtres de lui faire dire quel est le vrai coupable; mais les apôtres s'y refusent, sachant que les lois défendaient la recherche de la paternité. Le seigneur est furieux et dit à la nourrice :

> Remportez l'enfant en l'hostel,
> Que malle rage et malle mort
> Ayt sa mère.

A quoi répond la compatissante voisine :

> Vous avez tort :
> Rien n'a faict qu'à autre n'advienne.

Le bruit de ce miracle vient aux oreilles de l'*évêque* païen de Babylone, qui contraint les deux apôtres à adorer le soleil, la lune et autres idoles; mais ceux-ci ayant brisé les idoles, l'évêque, furieux, tue Simon et Jude de sa propre main.

Nous revoyons Daru; c'est le bourreau de tous les mystères. Nous le retrouverons souvent.

Il vient apprendre au prince Astragès que saint Barthélemy a converti son frère, le roi Polonius, lequel s'est fait ermite et lui a abandonné la couronne. Astragès n'ose le croire et lui demande qui il est.

Ce à quoi Daru répond :

> Par ma foy, Sire, je suis un
> Gentilhomme de basse main;
> Mon frère fut cousin germain
> A l'oncle du nepveu au frère
> De la fille à la sœur du père
> De la mère de mon ayelle,
> Et la mienne portait la voille
> Pour mieux la Dame contrefaire.

Comme il ajoute qu'il est bourreau, Astragès, pour juger de son savoir faire, lui ordonne d'aller arrêter saint Barthélemy. Sitôt qu'il est là, il lui propose de renoncer à la foi qu'il enseigne; le saint refuse et dit que les tourments ne sauraient l'ébranler, ce qui irrite tellement Astragès qu'il ordonne à Daru de le fouetter d'importance.

Cet exécuteur des hautes œuvres fait son métier en conscience, et tout en vergetant les épaules du saint, il s'accompagne de la voix :

> Et zif, et zef, et zof, et zaf,
> Et zif, et zof, et sef, et saf,
> Et croq et craq, et maille et cherge.

Astragès, voyant que Barthélemy ne fait qu'en rire, le fait écorcher vif, après quoi on lui tranche la tête.

L'apôtre n'est pas plutôt mort que les diables arrivent et s'emparent d'Astragès et des bourreaux, et les secouent avec violence. C'est à qui criera le plus fort, tout en courant pour se sauver.

Finalement, ils tombent tous, et les diables les emportent, excepté Daru, qui s'échappe et trouve moyen d'arriver à Hiérapolis juste à temps pour aider à crucifier saint Philippe. Après cela il feint d'être aveugle, et se fait donner l'aumône par un hôtelier d'Hiérapolis et sa femme; mais ceux-ci lui ayant demandé à quoi servent les fouets et cordes qu'il porte à sa ceinture, il répond :

> C'est pour chasser chyens
> S'ils m'aboyaient soir et matin;
> Je fais ainsi passe mastin,
> Arrière, arrière quant il est mort.

Et joignant le geste à la parole, il frappe solidement sur ses bienfaiteurs, ce qui finit assez gaiement la journée.

SEPTIÈME JOURNÉE.

La septième journée commence par le martyre de saint Thomas dans l'Inde. Carienis, irrité de ce que l'apôtre a converti sa femme, le fait arrêter, et Daru, qui se trouve partout, a ordre de le faire marcher sur des fers ardents. Comme cela ne donne aucun résultat, on l'enferme dans un four bien chaud.

Daru profite de ce qu'il est en lieu sûr pour ne faire qu'un saut jusqu'à Philippis en Macédoine, où il met le feu à la maison de saint André, puis il revient voir si saint Thomas est cuit; mais l'apôtre sort du four comme il y était entré.

Alors on le mène au temple des païens, où l'on veut lui faire adorer des idoles; mais il ordonne aux démons de mettre le temple en miettes; ce qui s'exécute à la stupéfaction de l'*evesque*, du roi, et de tous les autres, qui crient à étourdir le brave Daru, qui s'en plaint.

Enfin l'evesque d'Inde venge l'injure de son dieu en traversant saint Thomas de son épée.

Il est à remarquer que les saints, qui résistaient au fer ardent, aux flammes et à tous les autres supplices, n'ont jamais rien pu contre l'épée.

Pour égayer un peu cette scène de mort, les auteurs font passer la scène qui suit dans les Enfers, où les diables font une espèce de révolution : voyant qu'ils ne peuvent rien contre les progrès de l'Église, ils veulent venir sur la terre pour faire leur fortune.

SATHAN.

Au monde yrai être usurier :
Assez ouvrage trouveray.

BERITZ.

Et croyez que m'esprouveray
A être marchant de chevaulx.

> Pour faire ce mestier je vaulx
> Plus de trente milz ducats.

BURGIBUS.

> Je m'en irai aux advocats.

Cerberus veut aller à la cour faire des messages d'amour. Leviathan dit qu'il faudra qu'il se boute

> A l'Eglise, et que je m'adonne
> A servir madame Symonne.

Proserpine jette les hauts cris et parvient à calmer cette émeute; ils rentrent tous en enfer et font un vacarme épouvantable.

Daru ne perd point son temps : nous le retrouvons qui tranche la tête de saint Mathias.

Puis nous voyons saint Pierre qui institue Linus et Cletus *cardinaux*.

Cardinaux, s'il vous plaît, dans les premiers temps de l'Église. Les auteurs, qui étaient chanoines, n'étaient pas fâchés de faire voir l'utilité de la hiérarchie; et du reste, puisque saint Lin et saint Clet sont sur la liste des papes, il n'y a pas de raison pour qu'ils n'aient pas été cardinaux.

Saint Pierre opère ensuite plusieurs miracles et convertit quatre concubines d'Agrippa, prévôt de Rome, où l'on voit mourir l'empereur Claude; Néron lui succède.

Pendant ce temps-là, saint Paul est fouetté en Judée, malgré le titre de citoyen romain qu'il invoque; et saint André délivre la Grèce d'un serpent qui avait cinquante coudées de long et quatorze de large. — Ce devait faire un bel animal; c'est bien fâcheux qu'on n'ait pas pu le conserver pour le muséum d'histoire naturelle.

Après cela, il fait des miracles en Achaye : il guérit Maximilia, femme d'Égée, prévôt de ce pays. Mais comme il profite de l'occasion pour la convertir, Égée veut l'en punir. Pour l'ébattement du public, il est pris d'une colique de *miserere* et s'écrie :

> Ha! Dieu, le ventre; il me convient
> Retourner, plus tenir ne puis

Mon eaue, aussi enflé je suis
Que ung tonneau ; ma douleur se traict
Cy au long...

UN CHEVALIER.

Allez au retraict
Et allegé vous sentirez.

Ce conseil était bon, mais on aurait peut-être pu s'en dispenser. Égée, un peu soulagé, prend la résolution de faire périr tous les chrétiens. — Daru ne pouvait manquer une aussi belle occasion ; aussi le voyons-nous accourir faire ses offres de service.

ÉGÉE.

Et que sçais tu faire?

DARU.

Bien pendre,
Rostir, brusler, escarteler,
Battre de verges, descoller,
Trayner, écorcher, enfouyr,
Et, si on se combat, fouyr
Aussy bien qu'oncques fait personne.

Saint André est mis en croix, où il expire, et les anges viennent prendre son âme, pendant que Satan et Bérith sautent au collet d'Égée, qu'ils entraînent en enfer.

L'action se passe maintenant à Rome, où Simon Magus se présente à Néron comme le fils de Dieu ; il offre, pour le prouver, qu'on lui coupe la tête et qu'il ressuscitera.

Daru, qui a, comme on le voit, le don d'ubiquité, est chargé de cette opération ; mais, séduit par le charme du magicien, il coupe le cou à un mouton. Il y a là un jeu de scène que les auteurs expliquent assez longuement.

Les disciples de Simon, qui fait le mort, l'emportent dans un tombeau, d'où il ne tarde pas à sortir sain et sauf...

Toute la cour de Néron, qui n'y a vu que du feu, est remplie d'admiration. Simon se proclame le Messie et prêche le peuple de Rome, aidé de Satan, qui, en habits de docteur, chante les louanges de l'enchanteur. Sur quoi la journée se termine.

HUITIÈME JOURNÉE.

Encore des martyres. Pour changer, saint Philippe est mis en croix à Hiérapolis, et saint Jacques Alphée est précipité des murs de Jérusalem.

Après cela, on voit un vaisseau dans lequel saint Paul se rend à Rome. Tempête et tout ce qui s'ensuit. Nos anciens ne se privaient de rien pour la mise en scène.

Enfin, saint Paul arrive à Rome dans le moment que Néron et Simon Magus songeaient aux moyens de faire mourir saint Pierre. — Ce dernier lui apprend qu'il a consacré saint Clément évêque de Rome, et le prie de lui faire la révérence, ce que fait saint Paul.

« Selon sa petite science, malgré que saint Clément lui dise : « Il ne le « fault pas. » Ce petit épisode m'amuse beaucoup ; je trouve qu'il résume admirablement les discours que se font aujourd'hui nos académiciens.

Saint Pierre et saint Paul vont ensuite disputer avec Simon Magus, qui appelle les diables à son secours. Ils viennent sous forme de chiens furieux ; mais saint Pierre s'en débarrasse en leur jetant du pain.

Les auteurs ne disent pas que c'était du pain bénit, mais ils ajoutent : « Icy doibvent tous sentir saint Pierre, puis faire un cry et s'enfuir. »

L'apôtre découvre alors la supercherie de Simon, en substituant un mouton à sa place ; toute l'assemblée écoute avec étonnement, et Daru lui-même est à demi convaincu.

> Or ça et si j'ay tué Dieu,
> Et s'est suscité par ses dicts,
> Je suis bourreau de paradis,
> A ces parolles le voyt-on ;
> Et si j'ai tué ung mouton,
> Tant bien qu'ung autre laboureur
> Je suis boucher de l'empereur.
> Que voulez-vous, c'est adventure.

Saint Pierre complète sa victoire en ressuscitant un jeune homme fort aimé de l'empereur et que Simon n'a pu rappeler à la vie. Le magicien, furieux, fait encore une conjuration plus puissante que les autres. Cerberus paraît à son commandement, mais saint Pierre le met en fuite. Simon s'enfuit de rage, et Marcel, son disciple, se jette aux pieds de saint Pierre et lui demande le baptême.

Les auteurs n'ont pas manqué de rendre hommage à l'autorité du pape. — On vient tout raconter à saint Clément, et saint Paul, avant de monter en chaire, vient lui demander sa bénédiction.

Paul va prêcher; un nommé Patroclus, favori de l'empereur, s'endort pendant son sermon, tombe et se tue. L'apôtre, qui, sans doute, reconnaît que son discours manquait de variété, le ressuscite : cela fait grand bruit dans la ville. Patroclus va tout raconter à Néron; mais l'empereur lui donne un soufflet et le fait mettre en prison en compagnie de Barnabus et de Justus, qui veulent prendre sa défense.

Cette journée finit ainsi.

NEUVIÈME JOURNÉE.

Cette dernière partie contient la mort de Simon, qui avait promis de s'élever au ciel et que saint Pierre fait tomber mort sur la place. On y voit aussi le martyre de saint Pierre et de saint Paul.

Daru ne manque point de besogne; il brûle Tyton, Aristarcus et Sydrac, et tranche la tête de saint Paul, que Néron a condamné.

Saint Paul, en allant au supplice, convertit ses bourreaux, qui veulent le faire échapper; mais l'apôtre sait que ce qui est écrit est écrit.

Les auteurs insistent pour « que la teste saulte trois saulx, et à chacun yst une fontaine. »

Saint Pierre, qui a été condamné par Agrippe, demande à être crucifié la tête en bas; ses juges consentent à sa demande et font des jeux de mots sur ce sujet.

Saint Pierre meurt, mais tout n'est pas fini; il faut maintenant la punition des coupables.

Pierre et Paul sont ressuscités et viennent annoncer à Néron la colère du ciel. Ces apparitions le troublent, il est dévoré de remords. D'abord, il fait arrêter Agrippe, qui a condamné saint Pierre. Mais Daru est bien tranquille sur le compte du prévôt, et il fait là-dessus des réflexions assez judicieuses :

> Quoy pourpenser fault sur ce pas ?
> Premier, on ne le pendra pas :
> Il est roy et prevost aussy.
> Le fera-t-on mourir ainsy
> Cy-devant le peuple ? Proteste,
> Jà ne luy osterai la teste,
> Car trop il pourrait couster cher.
> Çà, le fera-t-il escorcher ?
> Je le voldroye bien sçavoir.
> Ha, nenny, il a trop d'avoir.
> Or çà, pensez-vous qu'on le noye ?
> Nenni, il a de la monnoye.
> Je m'abuse : telz prisonniers
> Eschappent assez pour deniers ;
> J'en ai beau parler et beau dire.

Effectivement, on n'entend plus parler d'Agrippe, et Néron est rossé par des anges qui le frappent de fléaux et de bâtons. Il appelle ses domestiques à son secours et invoque la déesse Isis, sa protectrice.

Il ne manque plus à l'empereur que d'être exécré dans l'opinion publique; mais ce châtiment ne lui fait pas défaut longtemps. Albinus apporte un libelle, et il veut savoir ce qu'il contient.

Albinus lit alors un acte d'accusation fort long qui met Néron si en colère après la statue d'Isis, où on l'avait attaché, qu'il la couvre de boue, ordonnant à ses chevaliers d'imiter son exemple, ce qu'ils font en vociférant des injures.

LE PREMIER CHEVALIER.
Tiens, Ysis, farde ton visage.

LE DEUXIÈME CHEVALIER
Tenez, tenez, vielle souillarde.

NÉRON.
Gectez, gectez sur la paillarde
Qui m'a laissé vilipender.

On l'emmène enfin dans sa chambre, où, à bout de colère impuissante, il s'endort. Satan, pendant son sommeil, lui inspire le dessein de se poignarder; il se lève en chemise, ordonne à ses gens de le tuer; mais comme ils s'y refusent tous, il se perce lui-même de son épée en appelant les diables.

Ces messieurs ne se font pas prier, et Satan et ses compagnons l'emportent en enfer, où il se fait, en guise de réjouissance, un vacarme épouvantable.

Le mystère finit par une nouvelle marque de déférence pour le pape, à qui Marcel vient pour tout raconter; mais saint Clément lui dit qu'il sait tout, et termine cette interminable pièce, en disant :

> Si, nous retirons à l'Eglise
> Rendans grâces, et sans fainctise
> Allons faire nostre *Oremus*
> Chantans *Te Deum laudamus*.

Les auteurs ajoutent : « Et se doit commencer le *Te Deum* en Paradis. »

Tel est, en substance, le mystère des frères Gréban, le mieux conduit et le plus sagement versifié, après celui de la passion de Jean Michel.

Cette analyse, forcément un peu longue, fera juger des autres productions de la même époque.

Bayle attribue à tort un mystère des *Actes des Apôtres* à Louis Chocquet. Ce qui l'a induit en erreur, c'est l'édition de 1541, in-folio, par Arnoul et Charles les Angeliers, qui comprend le mystère des frères Gréban, dont on vient de faire l'analyse, et le mystère de l'Apocalypse de saint Jean, dont on parlera à son ordre. Ce dernier est bien effectivement de Louis Choquet; quant à l'autre, comme dans cette édition il ne contient pas de nom d'auteur, Bayle a cru qu'il était du même.

Au reste, du Verdier Vauprivas est tombé dans la même erreur dans sa *Bibliothèque française*.

Paris — Imprimerie Jouaust, 338, rue Saint-Honoré.

www.ingramcontent.com/pod-product-compliance
Lightning Source LLC
Chambersburg PA
CBHW060408170426
43199CB00013B/2047